清华终身学习系列出版物

管理者的财务战略思维
企业决策与风险控制

Financial Strategic Thinking of Managers

宋晓华　蔡　松◎著

清华大学出版社
北京

内 容 简 介

本书是专业理论和前沿视角并重的实战图书，立足管理者视角，将财务、战略、决策三个主题融会贯通，以企业创造可持续发展价值为导向，对战略设计、财务分析、风险管控、财务智能等内容进行深度解构。本书强调方法论与实用性的有机结合，以国内外诸多真实案例和财务数据为基础，精准狙击企业痛点，具备较高的可读性和应用性。

本书可作为企业高层管理者提升管理素养与决策能力用书，也可作为财务管理、会计、工商管理等专业领域的本科及研究生学习教材。

图书在版编目（CIP）数据

管理者的财务战略思维：企业决策与风险控制 / 宋晓华，蔡松著. —北京：清华大学出版社，2023.5

ISBN 978-7-302-63522-2

Ⅰ.①管… Ⅱ.①宋…②蔡… Ⅲ.①企业管理—财务管理—风险管理—研究 Ⅳ.①F275

中国国家版本馆CIP数据核字(2023)第080151号

责任编辑：付潭娇
封面设计：汉风唐韵
版式设计：方加青
责任校对：宋玉莲
责任印制：曹婉颖

出版发行：清华大学出版社
   网　　　址：http://www.tup.com.cn，http://www.wqbook.com
   地　　　址：北京清华大学学研大厦A座   邮　　编：100084
   社 总 机：010-83470000   邮　　购：010-62786544
   投稿与读者服务：010-62776969，c-service@tup.tsinghua.edu.cn
   质 量 反 馈：010-62772015，zhiliang@tup.tsinghua.edu.cn
印 装 者：天津安泰印刷有限公司
经　　销：全国新华书店
开　　本：170mm×240mm   印　张：20.5   字　数：332 千字
版　　次：2023 年 6 月第 1 版   印　次：2023 年 6 月第 1 次印刷
定　　价：89.00元

产品编号：096523-01

本书编委会

主　编

宗　燕

副主编

李思源

委员（按姓氏笔画排序）

王爱义　刘志彬　孙　茗　吴志勇　张玉坤
林兆广　武为民　周远强　徐学军　唐　玲

"清华终身学习系列出版物"总序

我们已进入了终身学习时代！

法国著名教育家保罗·朗格朗（Paul Lengrand）1965 年在联合国教科文组织主持召开的第三届促进成人教育国际委员会会议上提交了"终身教育议案"，重新认识和界定教育，不再将教育等同于学校教育，而视教育为贯穿整个人生的、促进个体"学会学习"的全新概念。1970 年，保罗·朗格朗首次出版《终身教育引论》，详细阐述其对终身教育的理解，带来了革命性的终身教育和终身学习的思想，使我们进入终身教育、终身学习时代。终身教育、终身学习思想，它不仅仅是一种思想体系，更是一种教育改革和教育政策制定设计的基本原则，是构建未来教育体系的指针。

进入 21 世纪以来，国际组织愈发倾向以终身学习（Lifelong Learning）覆盖终身教育（Lifelong Education）。 2008 年，欧洲大学协会制定并发表《欧洲大学终身学习宪章》，明确提出在大学发展战略中应植入终身学习理念，大学的使命和发展战略中应包含构建终身学习体系的规划，为营造终身学习的文化氛围发挥关键作用。2015 年 11 月，联合国教科文组织发布《教育 2030 行动纲领》，确立了"确保全纳平等优质的教育，促进终身学习"的宏大目标，标志着全球教育进一步迈向了终身学习的新时代，是否践行终身学习理念，成为衡量一个国家教育现代化水准的一面镜子。

终身学习理念也促进人们对工作、学习及人生的深层次思考。2016 年，伦敦商学院（LBS）教授琳达·格拉顿（Lynda Gratton）和安德鲁·斯科特（Andrew Scott）在两人合著的新书《百岁人生：长寿时代的生活与工作》（*The 100-Year Life: Living and Working in an Age of Longevity*）中预言，人类已经进入长寿时代，我们这代人活到 100 岁将是大概率事件。长寿时代，我们的人生格局将会发生巨大改变。传统的学校学习、单位工作、退休养老的三段式人生终将被更多段式的人生格局所取代。所谓更多段式，就是一辈子被分割成 4 段、5 段，甚至 7 段、8 段，乃至更多小阶段。每一小段都有自己不同的主题，各段之间穿插进行，不会再有明确边界。所以，从个人生命周期来说，学习将成为人的一生的习惯及人生的常态，"学生"将是贯穿一生的唯一职业。而多段式人生的学习应该是连接过去、通往未来的终身学习，这将是未来多段式人生节奏中的一种经常出现的状态。

我国党和政府也十分重视终身教育和终身学习，党的十六大、十七大、十八大、十九大都有相关论述。习近平总书记对于终身学习有着一系列重要表述。2013年9月9日在教师节致全国广大教师慰问信中，他特别要求"牢固树立终身学习理念"。2013年9月25日在"教育第一"全球倡议行动一周年纪念活动贺词中，他指出"努力发展全民教育、终身教育，建设学习型社会"。2019年11月召开的中共十九届四中全会明确把"构建服务全民终身学习的教育体系"作为推进国家治理体系和治理能力现代化的重大战略举措，并提出"完善职业技术教育、高等教育、继续教育统筹协调发展机制"。

继续教育既是终身学习理念的倡导者、传播者，也是终身学习的重要载体。美国教育社会学家马丁·特罗认为：高等教育是学校教育和终身学习两个系统的关键节点，必须担负起不可替代的历史重任。因此，发展继续教育是高校应承担的使命和责任，以终身学习理念引领推动高校本科、研究生教育与继续教育统筹协调发展，构建体系完备的人才培养体系，是高等教育综合改革的一个重要趋势和方向。

清华大学继续教育以终身学习理念引领改革和发展，以"广育祖国和人民需要的各类人才"为使命，努力办出特色办出水平。为了更好地总结清华大学继续教育三十多年的创新实践，清华大学继续教育学院启动了"清华终身学习丛书"编写出版工作，该丛书以习近平新时代中国特色社会主义思想为指导，顺应国内外终身学习发展的大趋势，围绕终身学习/继续教育基本理论、创新实践及学科行业新前沿，理论创新与实践应用并重，争取在五年内推出一系列精品图书，助力中国特色、世界一流的继续教育建设。

聚沙成塔、集腋成裘。希望通过这套丛书，倡导终身学习理念，弘扬终身学习文化。

郑力

清华大学副校长

前言

如何在激烈的市场竞争中，运用财务战略思维，科学高效开展财务战略决策，是企业面对新时代社会主义市场经济的重要课题。

本书从管理者视角和诉求出发，围绕管理者的财务战略思维，将财务、战略、风险、决策等互有交集的主题融会贯通、兼收并蓄，以为企业创造可持续发展价值为宗旨，对经典和前沿理论及当今市场发展的最新态势进行解构。通过理论和实践相结合，以多元化的专业视角，从企业价值本源切入，在战略设计、财务分析、风险管理、智能财务等维度对财务战略管理进行深入解读，并紧密结合国内外企业案例，深入剖析企业在不同商业场景下的决策及其影响，为企业提供应对管理环境快速变化的解决之道。

全书分为五篇，共十七章。第一篇开篇以企业本源初心——价值创造为缘起，讨论企业价值创造的底层逻辑、核心环节及企业价值观与企业生存状态的关联。第二篇从宏观环境、行业环境及企业内外部环境等分析入手，从价值维度阐述企业战略、竞争战略及财务战略形成与构建的逻辑推演。第三篇通过对财务报表的解读，穿透战略与价值的内在关联，从财务视角研判战略的执行与落地状态。第四篇从融资、经营、内控和投资等几个视角探讨相关的风险识别与管理，居安思危，防患于未然。第五篇介绍智能财务的现在并展望其未来，未来已来，先利其器，让财务战略思维，在现代技术手段的加持下得到实现并迭代升级。

本书力求专业、前沿、生动、实战，主要有以下特点。

（1）尝试探寻在"钱"这个看得见的价值之外，更具无形价值的东西，与读者一起思考企业基业长青之本。

（2）以价值为主线，从价值创造到战略的制定与执行，到风险管控，再到智能财务，尝试呈现一个完整的管理者财务战略思维体系。

（3）以企业痛点为主要阐述对象，引用大量真实案例，希望为管理者在企业经营过程中存在的疑惑提供可能的方案与方法。

（4）力求润物无声，以轻松浅显的表述方式让生硬晦涩的专业术语变得更有温度，以期读者愿意了解、接纳并利用相关知识与方法。

本书得到了清华大学继续教育学院、华北电力大学经济与管理学院的领导与老师的倾力支持与帮助，感恩给予本书与读者见面的机会！

本书内容设计汲取了众多企业管理者所分享的经验、教训、痛点与感悟，如果阅读本书时偶尔被触动，那是来自企业管理者的感受，感恩这些企业管理者的无私分享！

本书在撰写时借鉴并推荐了很多优秀书籍、文献、音像作品等，编者在此对这些作品的作者及因篇幅所限虽已借鉴却不能完全呈现的其他作品的作者一并表示感谢！

在本书撰写过程中，万凌寒、李嘉茜、张盼盼、熊思佳、邢达、江水、李嘉婧、皇甫豫冬等同学积极参与资料整理、数据校核，以及文稿校对等工作，感谢同学们的辛勤劳动和真挚付出！

期待企业管理者及其他读者能够从本书中有所得、有所思、有所悟和有所用，让思维得到碰撞，那将是本书莫大的荣耀。

由于编者的学识能力有限，难免存有错误或遗漏等不足之处，恭请广大读者给予批评和修改意见，使本书进一步优化与完善。

编者

2022年9月

目录

第八章

现金流量表——血液与循环 / 138

第九章

财务综合分析——升维和格局 / 155

第十七章

辅助决策——服务支持 / 301

第一篇

价值创造：
勿忘初心

　　不忘初心，方得始终。价值创造是企业成立的初心。初心不在于价值有多大，而在于为谁创造价值。初心正确与否决定了企业未来能走多远、路有多宽、进而决定能做多大。初心易得，始终难守。很多企业走着走着便忘记了初心，价值也就不在了。而坚守下来的企业，因兼顾社会价值的创造，在历史上留下浓墨重彩的一笔，借以温暖世人。

第一章

价值创造——本源初心

1. 认知格局为什么决定价值创造的大小？
2. 价值归属的定位为什么决定企业命运？
3. 企业价值是如何被创造、放大和叠加的？
4. 行业选择对价值创造的作用是什么？
5. 商业模式对价值创造的作用是什么？
6. 资本运营对价值创造的作用是什么？
7. 品质信用对价值创造的作用是什么？

第一节　价值归属的定位决定企业命运

一、认知格局决定价值创造的大小

企业是很难赚到认知之外的钱的，认知决定格局，而格局会决定结局。

价值创造是企业设立的缘起和初心，不同的价值认知体现了不同的格局。

很多人认为价值创造就是为自己赚钱。如果是这种认知，无论这个"自己"是谁，实质控制人也好，大股东也好，高管也好，基本上都赚不到大钱，或者赚不到钱，甚至还可能会惹来一身的麻烦。为什么呢，因为把自己看得太重了，格局小了，于是这个赚钱"局"里便容不下太多的人，自然也就少了很多赚钱的机会。

那么大的格局是什么？不只是为自己赚钱、为企业获益，还为利益他人，为促进社会繁荣，为推动人类正向发展。有这种认知，做事便不会狭隘，"局"就会很大，里面装的人就会很多，让更多人有机会获一份利或受一份益，这便开启了良性循环，接下来会有人不断创造机会合作。爱出者爱返，福往者福来，循环往复！

做企业特别不容易，要考虑生存，考虑员工吃喝，考虑明天还交不交得起房租，考虑明天会不会和客户如期签约等。做企业和过日子一样，有时会一地鸡毛，不如意的事十之八九。每天忙碌、辛苦劳顿，处理各种各样问题，第二天早起之后，仍然要面对林林总总的问题，仿佛无休无止。

当我们被困在一个无法超越的平面里，很痛苦却很难脱离。这时可以试着打开一下自己，尝试着升维，跳出眼前的局限与常规的解法，也许会看到不一样的风景。

升维的目的是什么？是为了跳出企业日常具象化的琐事，高位思考决定价值创造最本源的东西——企业价值观。

企业价值观就是企业与员工信仰什么、认同什么、肯定什么，是对企业目标定位与经营取向的价值选择，是对企业存在意义的终极判断。一经确定并融入血脉，不管外部环境如何变化，它都不会改变，它代表着企业存在的理由，是企业领导者与员工行为和决策的准则，引导着企业的发展方向。

长久的财务盈利是在正确的价值观支撑下完成的，否则今年辉煌，明年可能就没落了。勿忘初心，方得始终。

但是，初心易得，始终难守。在现实中，有一些企业"我本善良"，但那颗纯善之心每天被大量信息不停地动摇着，初心被慢慢侵蚀，逐渐消逝，最终走上所谓的"成功捷径"，为了取得金钱、地位上的成功，那颗纯粹炽热的心慢慢变得冰冷，最终忘记了初心与使命，活成了自己曾经讨厌、唾弃的样子。不过也有企业坚守初心，活成了自己想要的模样。

二、价值观与企业命运

拉长时间，仔细观察，会发现企业价值观不同命运也会不同。

如果把为股东赚钱作为企业价值观，那么当股东赚钱与向国家纳税、成本费用投入发生矛盾和冲突时，企业会很自然地选择前者，使纳税和成本费用投入服从股东赚钱的需要。

如果把大股东利益作为企业价值观，那么当大股东利益与小股东利益发生矛盾和冲突时，企业会很自然利用大股东拥有决策权之便，使小股东利益服从大股东利益的需要。

如果把提升管理者业绩薪酬当作企业价值观，那么当管理者业绩薪酬与产品研发、核心竞争力塑造发生矛盾和冲突时，企业会很自然地选择前者，使产品研发、核心竞争力塑造服从管理者业绩薪酬提升的需要。

如果把企业员工利益放在很高的位置，那么企业在获得利润时，会很自然地考虑与员工分享收益，甚至还会给予员工更多精神层面的支持。

如果把为客户提供高质量价值服务作为企业目标，那么在生产选材、工艺做工、安装调试等方面就会想客户之所想，同样的价格会提供更为优质的产品或服务。

如果在兼顾利益相关者基础上，还以社会繁荣、人类发展为己任，以正念、良知、品质、信用治理经营企业，那么在利他的过程中也一定会实现自利。

可以看到，企业对股东、管理者、客户、员工、社会、人类发展如何做，都是一念之间，而这一念和一念下的行为，会决定结局。

结局可能是什么呢，很多企业为一己私利，偷漏税、生产低劣产品、出售损害消费者身心健康的产品或服务，大股东侵吞小股东利益，管理者占用股东财富等等。最终结局就是企业价值不在，甚至有的企业股东或经营者锒铛入狱，所有曾经赚的钱一夜之间灰飞烟灭。

而那些保持正念，善待各种利益相关者、造福社会、促进人类正向发展的企业，其核心价值长期稳定增长，持续不断地得到社会的巨额奖励。

何为正确的企业价值观？简单地讲，发心是善的，愿望上是利他的，知行是合一的。

当然，企业价值观表述很容易，但是真正做到、做好很难。伪装的"价值观"更可怕。例如，安然公司曾对外宣称企业价值观是"沟通、尊重、诚信、卓越"，但揭开面纱之后发现完全是一个伪装。在伪装被撕掉之后，员工、股东等多个利益主体遭受了巨额损失，而设计这个伪装的人也得到了非常严厉的惩罚。

人生数十载，勿忘初心与使命，勿忘誓言与梦想，勿忘斗志与激情，方得始终。终有一天，会感谢自己的坚持，内心宁静如水。

三、读企业，感不同

下面摘录几个大家熟知的优秀企业对价值归属的定位。

（一）福耀玻璃

名利场者，"天下攘攘，皆为利往，天下熙熙，皆为利来"。古往今来，名利场下埋葬了多少英雄好汉？侥幸可以窃得，又有几多能逃身后骂名。常感慨，名利之科学取得有如真空镀膜技术，虽沐浴"名利场"中，但却钝化气场辐射，似有若无，似无若有，于在或不在间，入木，入肉，入骨，带来永恒，是谓道。……发宏愿祈求身边的社会和谐、稳定并与之共同发展。……在其中领略了无常之真谛，体悟到祖宗"谋求发展，兼济天下"的真实意义与价值。——曹德旺（摘自《心若菩提》）

（二）华为

华为的公司价值体系的理想是为人类服务，不是为金钱服务。我们赚了钱，不给股东，也不给员工，我们给客户。就是说，这些钱一方面是投入未来的科学研究，另一方面是为客户服务的精神落实到底。——任正非（摘自纪录片《华为是谁》，2019）

（三）京瓷

善意的动机引导事业走向成功。以利他行为发起的动机，比起无此动机的行为，成功的概率更高，有时甚至会产生远超预期的惊人的成果。——稻盛和夫（摘自《心》）

也有一些企业反其道而行之，最终结果可想而知。

2021年11月12日下午，广州市中级人民法院对康美药业（600518）证券集体诉讼案做出一审判决：

一、被告康美药业股份有限公司于本判决生效之日起十五日内，向原告顾华骏、黄梅香等 52 037 名投资者赔偿投资损失 2 458 928 544 元。原告所获赔偿金额的计算方法为投资差额损失与相应的佣金、印花税、利息损失之和……

二、被告马兴田、许冬瑾、邱锡伟、庄义清、温少生、马焕洲对本判决第一项确定的被告康美药业股份有限公司债务承担连带清偿责任。

三、被告马汉耀、林大浩、李石、罗家谦、林国雄、李建华、韩中伟、王敏在本判决第一项确定的被告康美药业股份有限公司债务的 20% 范围内承担连带清偿责任。

四、被告江镇平、李定安、张弘在本判决第一项确定的被告康美药业股份有限公司债务的 10% 范围内承担连带清偿责任。

五、被告郭崇慧、张某某在本判决第一项确定的被告康美药业股份有限公司债务的 5% 范围内承担连带清偿责任。

六、被告广东正中珠江会计师事务所（特殊普通合伙）、杨文蔚对本判决第一项确定的被告康美药业股份有限公司债务承担连带清偿责任……

——摘自《顾华骏、黄梅香等 55 326 名投资者等证券虚假陈述责任纠纷民事一审民事判决书（2020）》（粤 01 民初 2171 号）

从以上正反两方面的案例可以看出，胸怀客户、社会、天下的企业，最终实现了价值的可持续发展。而企业创造的价值强行被实质控制人、大股东、管理层据为己有的，最终是要还回来的，而且是连本带利。

建议读者阅读一下《心若菩提》《价值为纲》《心》等记录企业正向价值观、书写成长历程的书籍。心是企业经营的起点，明心才能参性，跳出企业本身思考企业运营。

🏆 第二节 价值创造的内在逻辑

一、企业价值是如何被创造、放大、叠加的

接下来抛开企业运营过程中纷繁复杂的外在表象，进一步探索价值的形成逻辑。企业价值是在行业选择、商业模式设计、资本运营，以及品质信用积累过程中不断被创造、放大和叠加的。这里用一个简单的示意图来描述企业价值

的塑造过程，如图 1-1 所示。

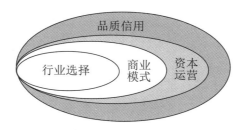

图 1-1　价值创造过程

二、行业选择对价值创造的作用

行业选择是企业战略中的第一步，它决定一个企业价值创造的基本能力。俗话说："女怕嫁错郎，男怕入错行"。不同行业的价值创造能力差异很大。以盈利的基础毛利率为例，有的行业平均毛利率一直很高，如医疗服务行业和医疗器械行业近五年毛利率的平均值超过 40%；但有的行业平均毛利率很低，如批发零售行业、建筑行业近五年的毛利率平均值不足 15%。选定一个行业后，意味着价值创造的起点与其他行业已经不同了。

只要进入了一个行业，企业所有的投入就都是沉没成本，即使后悔也没有办法撤销这波操作所付出的代价。因此，在进入一个行业前，企业一定要深思熟虑，仔细测算，绝不能"拍脑袋"。

三、商业模式塑造对价值创造的作用

商业模式就是想办法在同一个行业中塑造一个与众不同的自己。通过观察，会发现每个行业中都有一些翘楚，这些企业即使在竞争激烈的行业中也能获得超过行业平均利润水平的收益。到底是什么使得这些公司持久地获得高于同行的巨额利润呢，很多时候是商业模式在起作用。

四、资本运营对价值创造的作用

如果说行业选择和商业模式创造了产品利润，那么资本运营就是利用资本的撬动力量，创造资本利润。资本运营主要体现在资本筹集与资本运用两个方面。例如，通过上市融资，在融资中形成很高的资本溢价，如果原始股东每股1元/股，上市首次公开募股（initial public offering，IPO）时20元/股，每股溢价19元，19元/股就是资本产生的增值，它与产品利润是不同的。再如企业并购，也是通过资本撬动迅速扩大企业，通过资本投入达成对目标企业的控股权，如果并购成功，目标企业的业绩瞬间融入合并财报，企业价值迅速提升。

正因为如此，很多企业痴迷于资本运营，因为他们发现资本带来的溢价增值更快、幅度更大。甚至有的企业会说，干得好不如卖得好。于是，编个商业计划书就去游说资本，希望把股份卖个好价钱。这就本末倒置了，没有干得好，就不可能真正卖得好，即使短时间内获得收益，时间拉长后，还是要还回去的。

五、品质信用对价值创造的作用

前述三点是价值创造非常重要的手段，但从某种意义上来讲那些是"术"，比"术"更重要的一定是"道"。只有"术"没有"道"，企业获得的价值一定是短期的，难以长期为继。那么"道"是什么？就是对品质信用的坚守，也就是前面所说的把正知正念注入企业价值观。

诚信经营是企业生存和发展之根本。在这个物欲横流、复杂喧嚣、充满激烈竞争的环境下，太多企业为了自己的蝇头小利，不惜以次充好，妄语骗人，放下做人的底线，甚至置消费者的危险于不顾，只为多赚一点点钱。结果是什么，看似眼前占便宜了，看似得到一点利益，但是当不"利他"的时候，最终一定不会"自利"。要么被客户放弃，要么被客户诉讼，要么被政府监管，要么入狱受罚，最终"竹篮打水一场空"。反之，将利他纳入价值体系的企业，长久良性生存，本固方能枝叶盛。

本章延伸思考

1. 企业价值被创造、放大、叠加的具体过程是什么？

2. 品质信用对企业价值创造的作用在现实中有哪些表现？

3. 在实际中，如何平衡企业价值创造与社会价值创造之间的关系？

第二章

价值创造——
次第而行

1. 如何选择行业？

2. 如何从财务视角看行业的价值差异？

3. 构建商业模式需要哪些关键要素？

4. 财务对商业模式塑造的作用有哪些？

5. 利用资本运营如何迅速提升价值？

6. 为什么品信优良是持续创造价值的王道？

🏆 第一节　行业选择——定位聚焦

一、行业选择决定了价值创造的基因

创建企业的第一件事就是选择一个行业，这也是企业价值创造的第一步。行业选定的那一刻就带上了浓重的行业烙印及行业基本属性。就好比我们的基因在出生的那一刻就已经决定了，后天的可改变空间不大。同样，企业选择了一个行业，也就携带了这个行业的基本特征，也就具有了这个行业创造价值

的基本特点，这个行业好，企业大概率跟着好，这个行业差，企业也大概率跟着差。

行业选择失误，可能会使企业一直背负着沉重的生存压力，即便很努力也难以取得期望的收益。如果转型又会面临诸多不舍，因为虽然赚钱不多，但企业毕竟已经为此付出了大量的资金与成本，如果转型到其他行业，很多投入就会变成沉没成本"打水漂"了，因此心有不甘。而且懵懂进入的上一个行业虽然知道选错了，可是并没有从中总结、提炼出选对行业的技巧和经验，对进入什么样的新行业心里完全没底，所以要么在新行、旧业间徘徊，要么拼命努力奔波、车马劳顿，但却收益甚微。

二、如何选择行业

（一）顺势而为

顺势而为者，方有所成。企业是生存在大周期当中的，踏对周期非常重要。顺势而动，往往如鱼得水，事半功倍。但逆势而行，要么翻船、要么行不快。

往往会看到有的企业一直顺风顺水，做得不是很辛苦但却很赚钱，大概率是因为他所选择的行业顺应大环境、大政策、大趋势。就像二十年前做房地产，只要在这个行业，行业的洪流就会带着企业往前走，在 2006—2007 年房地产行业 PE（每股价格与每股净利润的比例）倍数大概为 50～60，当时属于高成长行业；但是"势"会变，时过境迁，今天再看，房地产行业 PE 倍数大概 5～6 倍甚至更低。势涨则起，势跌则停。

有时也会看到，有的企业做得很辛苦却赚不到什么钱。其中原因可能很多，但一个很可能的原因是他们选择的行业整体在衰落，靠一己之力是无法力挽狂澜的，最后注定会随着行业的衰落而衰落或者行进艰难。

（二）掌握方法论

掌握行业选择的方法论，可以一定程度上避免遗漏行业选择的重大关键因素。PEST 分析法、波特五力分析法、SWOT 分析法等是很好的辅助分析方法，具体内容将在第三章进行详细介绍。

《底层逻辑》一书中介绍了几个很有趣的概念，对行业选择有一定启发。

其中一个概念是边际交付时间，就是每多提供一项服务或者一个产品所增加的交付时间。

举个例子，美甲店服务的边际交付时间较高，因此，一个美甲店不可能满足很大的市场需求，难以达到垄断或者指数级增长。在这样的行业中，企业的盈利水平往往是呈现一个正态分布的状态。也就是说，这个行业中最好和最差的企业很少，大部分企业处于平均盈利状态。即使美甲店做连锁经营，虽然可能做大，但是由于连锁店增多带来的管理成本也是几何数级的增长，管理复杂度的力会把它往平庸方面去推，进一步限制它的连锁数量，因此很难做到超大规模。

而互联网金融、网上商城，理论上可以同时服务无数个客户，边际交付时间几乎为零，因此可以出现指数级增长。例如，喜马拉雅中的音频，录一次，可以让无数人听到，实现指数级增长。这样的行业中很容易形成大部分市场份额被几个龙头企业所占据的局面，即幂律分布。

基于以上分析，如果选择了正态分布的行业，如美甲店，未必会成为巨无霸，但这个行业也不会因为个别企业占据绝大部分市场而导致其他企业没饭吃；如果选择了幂律分布的行业，如网上商城，就要知道在这个行业里只有极少数企业可以获得巨大成功。

（三）用数字说话

在行业分析中，尽可能寻找数据来辅助判断行业具体情况，重点看行业市场容量有多大，行业更迭速度有多快，行业平均收益有多高，行业平均风险有多大等。

三、从财务视角看行业的价值差异

行业选择过程中会有很多主观判断，定性的主观判断固然很重要，但如果能用一些数据做支撑，定性结合定量会让分析结果更为全面、客观。而在定量分析中，财务是一个非常好的切入点。

从财务视角分析行业价值时，可以借助一些金融数据库。一般至少要看近五年的财务数据，因为时间太短看不出趋势与规律。在利用财务数据时，尽可能细分到最细的行业，这样更能体现其真正行业特征。

下面以发电行业为例，根据从 Wind 金融数据库中信证券三级行业指数的火电、水电、风电、光伏发电四个细分行业的部分财务指标，从财务视角评价行业的价值差异。

（一）盈利能力角度

从毛利率和净利润率两方面观察各电力细分行业的盈利状况。水电处于发电行业的前列，近五年毛利率和净利润率分别在 55% 和 40% 左右徘徊；风电、光伏发电水平差不多，相比来说盈利能力一般，毛利率基本略高于 20% 以上，净利润率在 10% 以下；火电从发展趋势来讲盈利性是最差的，且在 2021 年出现骤降，毛利润为 3.33%，净利润率为 -4.16%。

（二）偿债能力角度

先从流动比率和速动比率两方面来观察短期偿债能力。水电和火电近五年流动比率和速动比率均在 0.5 左右，低于一般水平下流动比率的参考值，但不能以此为依据简单地说水电、火电的偿债能力都很差。对于盈利性相对较好的水电来讲，虽然看似流动比率的指标数据不理想，但综合考虑较强的盈利能力及较快的存货与应收账款周转状况，短期偿债能力是相对较强的。而对于盈利性较差的火电来讲，短期偿债能力应该重点被关注。风电和光伏发电流动比率和速动比率大约在 1.2 左右，没有明显的短期偿债风险。

再从资产负债率这个指标来观察长期偿债能力，水电最强，火电最差。水电资产负债率近五年有下降趋势，平均值大约为 50%，2021 年降到 50% 以下。火电近五年的资产负债率的行业均值都在 60% 以上，财务杠杆相对是最大的。

（三）资产周转能力角度

评价资产周转能力主要通过存货周转率、应收账款周转率和总资产周转率等几个指标来观察。如前所述，发电行业的产品为电力，没有产成品的库存是发电行业最大的特性。其中火电行业原材料是煤炭，一般还有原料类库存的；而对水电、风电、光伏发电来说，原材料类库存则非常少，甚至可以忽略不计。因此，火电的资产周转速度相比于水电、风电和光伏发电来说慢一些。在以风电、光伏发电等为主业的企业，存货周转率会非常高，如光伏行业龙头企业浙江新能、金开新能两家公司,其主营业务为光伏发电,其存货周转率均在 100 次以上。

这里提醒一点,如果读者在阅读一些行业财务指标或行业中某企业财务指标时,发现指标数值与一般常规判断不相吻合,那往往是因为该行业的很多企业是多元化经营,财务指标的行业特性被多元化业务"冲淡"了。举个例子,在光伏发电行业中的东旭蓝天、京运通两家公司,其存货周转速度远不如前述浙江新能、金开新能两家公司那么高。通过分析其财务报告可以发现,光伏发电业务仅是东旭蓝天、京运通两家公司的一部分,还有发电设备的生产与研发等其他业务。因此,当发现财务指标或财务数据的行业特性不突出时,如果想进一步了解该行业相关指标的真正特征,建议参考该行业中主业比较聚焦,即以单一化业务为主的企业的相关财务指标或财务数据。

(四)发展能力角度

评价发展能力时,主要观察营业收入增长率和资产增长率。风电与光伏发电的发展潜力处于发电行业前列,营业收入增长率在 7% 左右,资产增长率每年都在增长,2021 年光伏发电资产增长率达到 22.3%;水电虽然收入发展态势很好,收入增长率达到 40% 左右,但由于我国水电资源开发潜力已经很小了,所以表现出来的资产增长率是四个细分行业中最低的,不足 1%;火电行业营业收入增长率表现出来的整体成长性相对是最差的,2021 年为 -4.16%。

上述分析所利用的财务指标种类相对有限,实际分析时,建议根据行业特性与企业实际情况从金融数据库找到更多适配的财务指标,同时也可以加入行业龙头企业进行横向对标。

如果希望分析结果更为全面、精准,除上述财务指标的量化分析外,还要结合宏观政策、行业发展、财务报表项目等多方面的具体情况来深入分析。例如,在"双碳"目标背景下,作为高碳排放的火力发电将会按照国家规划逐步从主力电源向辅助电源再向备用电源慢慢过渡。这些政策的演进最终都会呈现在财务报表和财务指标的变化上。

财务分析相关内容将在后文中详细阐述,这里只是简单说明如何利用财务数据分析行业的价值差异。

第二节　商业模式——攻守之道

一、选择商业模式放大价值优势

（一）什么是商业模式

正如第一章所说，每个行业中都有一些行业翘楚，这些企业往往能获得大大超过行业平均利润水平的收益。而使这些公司持久地获得高于行业平均利润的往往是商业模式。商业模式是指企业想办法在同一个行业中塑造一个与众不同的自己，是获得更大价值的基础，也是在资本市场上被投资者判断优劣进而形成不同估值的关键。

那么什么是商业模式？国外学者对此有很多不同的看法。威尔（Weill）等人从利益参与者角度出发，将商业模式视作解释公司与客户、合作伙伴等相关利益者之间定位与利益关系的系统。提斯（Teece）认为商业模式解释了公司向客户创造、传递与获取价值的机制，其中获取价值机制包括收入、成本与利润结构。福斯（Foss）等人认为，近些年对商业模式的定义逐渐收敛于价值角度。

国内也有很多学者做了深入研究，魏炜、朱武祥认为商业模式本质上是利益相关者的交易结构，完整的商业模式包括定位、业务系统、关键资源能力、盈利模式、自由现金流结构和企业价值六个方面。这六个方面相互作用，构成有机的商业模式体系。原磊，提出商业模式四个组成元素：价值主张、价值网络、价值维护和价值实现，运用它们能为企业创造价值。

可见，对商业模式内涵的解读有很多种。但无论对其如何表述，也无论其形式多么纷繁复杂，它的内核一定是创造价值，为社会、客户、员工、股东、供应商等创造价值。就像做一桌餐食，中餐也好，西餐也罢，无论什么风格，本质上一定美味新鲜、营养均衡、食材良好等。同理，只有综合考虑相关各方利益的商业模式才是好的商业模式，如果抛开这一点，商业模式就会有致命的缺陷，不会长久。

（二）为什么成功的商业模式会打造高于同行的价值

好的商业模式最终能够体现为产品市场的认同和资本市场的青睐。优秀的商业模式可以成为一种杠杆，实现以小搏大、以弱胜强的效果。

例如：有的企业轻资产，轻资产的投入可以使成本投入相对更低，如果收入目标同样可以达成，那么自然能实现比同行更高的利润。

有的企业处在微笑曲线的顶端，把底端低附加值的生产全部外包，自己保留微笑曲线顶端的研发与销售等具有更高附加值的部分，自然能比同行赚取更多的收益。

有的企业在同行中并没有明显的产品质量优势，但可以通过降本、降价，形成同质产品的价格优势，带来高速周转，实现高于同行的利润。

有的企业利用主业带流量，虽然主业盈利性不高，但可以通过流量带动主业背后其他收入的形成，使得综合收益高于同行其他企业。

有的企业不拥有商品，却可以成为庞大的电商平台；不拥有出租车，却可以提供大量出租车；不拥有任何一家酒店和房间，却可以提供很多住宿选择；等等。

当然，商业模式不限于以上这些类型，尤其是在互联网这一大背景下，有无限的想象空间。

二、商业模式选择的关键

（一）构建商业模式的关键要素及步骤

商业模式很难用精炼的语言概括清楚，因此，商业模式的构成要素和设计步骤就显得格外重要。只要不遗漏关键要素，实施了必要的步骤，就抓住了商业模式的主要矛盾，大方向上就不会太跑偏。

接下来看商业模式的要素有哪些，逻辑起点是什么？

商业模式设计的基本思路是从价值中来到价值中去。具体步骤如下。

（1）以价值逻辑分析为设计起点。寻找哪些因素可以带来价值提升，思考未来商业模式可以在哪些因素上起作用，让商业模式带有清晰的价值创造特性。

（2）明确企业定位。确定企业业务能力、明确客户需求、确定具体服务对象。

（3）搭建外部关系网络。为达成对客户服务的目标，明确需要与哪些关系主体进行协同与配合。

（4）明确企业核心内部资源。明确企业有哪些关键资源，如何设计企业资源与外部关系网络的关联关系，以实现企业与客户的高效、通透的连接。

（5）设计盈利模式及收益分配规则。细化企业的收入、成本及现金流的具体项目，确保企业的盈利性，同时也建立企业与关系网络中各相关主体的收益分配规则。

（6）评价价值创造效果。价值创造是商业模式的终点。因此，应该评价商业模式是否真正创造了价值，是否达成了预期目标。

（二）为什么以价值逻辑分析作为商业模式设计的起点

有很多失败的商业模式，在设计之初，由于思路新颖、突破了常规认知而被广泛宣传，引来诸多资本的青睐。例如，曾经的共享单车，在共享经济刚被大家关注的时候，多家共享单车如雨后春笋般发展了起来，五颜六色的单车在街道上大行其道，但最后大多惨淡收场。究其原因，可以看到这些商业模式虽在当时看似新颖，吸人目光，但是并不具备价值创造的能力。自购单车这种重资产的模式导致成本太高，很难用微薄的单车租赁收入（低价竞争）进行弥补，无法形成企业及相关利益主体的收益。这种不能实现最基本的目标——价值创造的商业模式，必然是失败的。

因此，设计商业模式的第一步应以价值创造为切入点，以终点作为起点，思考怎样做可以带来价值的提升，思考为了达到这样价值提升的效果，需要设计什么样的商业模式。

从价值创造维度切入，可以让我们抛开复杂的外在表象，研判商业模式的底层逻辑。从价值创造出发设计商业模式，才比较容易保证这个商业模式具备基本的价值创造能力。避免一番复杂操作、动用各种资源、付出很多成本之后，才发现这个商业模式不具备最基本的价值创造能力。

这里的价值创造主要包括两个方面：一个是出售产品/提供服务带来的价值，另一个是企业股权融资或者IPO上市得到的资本溢价。前者是本，没有本，即使有的企业侥幸得到资本青睐也走不长；没有本，只靠割韭菜的方式赚取资本利润，不能说是真正意义上的价值创造。前者做好了，后者才会持续起到资本杠杆作用，进一步放大价值，实现企业的长期发展。

如何研判商业模式是否具备良好的价值创造能力呢？

可以尝试从杜邦分析法入手。先看什么要素可以提高价值，再进一步思考商业模式可以从哪方面着手。

杜邦分析法的具体原理将会在第九章进行介绍，这里只是通过这个体系观察企业如何能够形成更高的股权回报进而形成价值，虽然此价值看似仅限于股东层面，但在价值形成过程中可通过细节设计兼顾其他相关利益者。

杜邦分析法如图 2-1 所示。重点看其中深色的三个部分。

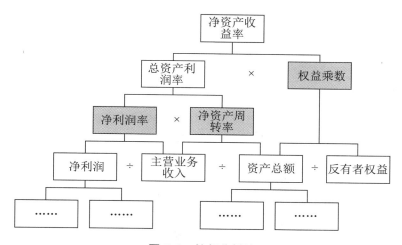

图 2-1 杜邦分析法

可以看到，净资产收益率（股权回报率）的提升是来自于三个基本要素，一是净利润率，二是资产周转率，三是权益乘数（简单理解为财务杠杆）。这三个要素是相乘的关系，每一个要素都对股权回报率有很大的影响。其中前两个要素是企业经营的根本，第三个要素是"放大器"，可以把前面两个要素的好变得更好，但如果前两个要素出现问题，这个"放大器"也可以把前面的坏变得更坏。因此，对前两个要素的分析最为重要。

接下来进一步分析前两个要素。净利润率的提升要么靠增加收入，要么靠降低成本；资产周转率的提升，要么增加收入，要么降低资产规模。那么在设计商业模式时，一定要从这几个方面审视，思考未来商业模式到底为收入、成本、资产规模带来哪些变化？这些变化对于股权回报的提升是有利还是不利？

仍以前面所分析的共享单车为例，该模式带来的租金收入少，购买单车及维护成本高，重资产导致资产规模大，这些因素对于股权回报的提升都是负面的。如果说在一开始以价值逻辑分析作为起点，看到这样的商业模式很难带来价值提升，也许就会调整或优化商业模式，进而避免最后陷入困境。

当然可能有人会说，他们是靠第三个要素权益乘数，即财务杠杆或者上市融资来赚钱。但是当前面要素做不好时，后面"放大器"的效果一定不会好，即使好也只能维持短期。当年很多共享单车都没有熬到上市就曲终人散了，即使熬到上市，靠割韭菜方式得到的资本溢价也胜之不武，只要没有真正创造价值，倒下是迟早的事。

（三）明确企业定位

当把价值逻辑捋顺之后，接着就围绕经营之本进一步推演。经营之本也是企业安身立命之道，做好定位会使经营之本变得牢固扎实。

这里的定位主要包括企业能做什么？谁是我们的客户？如何走进客户的内心？如何打造客户眼中的与众不同？如何长期维持良好的交易关系？等等。

在回答企业能做什么的问题时，不能模糊、笼统，否则起不到作用。应明确在什么行业中具体做哪些业务。

具体在哪个行业可以参照国家统计局发布的四级行业分类。把企业明确的放入某个行业的好处在于方便对比行业整体状况，如这个行业收益的平均水平、龙头企业的水平，据此对企业未来能有个大概的预判。

接下来明确在这个行业中具体从事哪些业务。应该有所为有所不为，不要什么都做，否则资源被分散后反而很难做好事情。如提供的是产品（如冰箱），是内容（如咨询），是预期保障（如保单），是技术解决方案，还是销售平台等。如果做软件行业，是做业务咨询，还是提供软件系统，是做整体服务方案，还是只针对某一个细致领域做专项精细方案。如果做商品流通业是赚买卖差价，还是做资源整合收取平台费，等等。

再进一步，要确定谁是我们的客户。企业是服务高端客户还是普通客户？这些客户的需求有哪些？自己的资源更适合满足哪一类客户的需求？在哪个区域服务这些客户？例如，美国西南航空主要定位的是对价格敏感、对时间要求比较高的客户群体，因此它选择了点对点短途航空。这种定位使它在次贷危机或者美国航空业竞争越来越激烈的状态下仍然能够保持相对较强的竞争力和盈利性。

如何走进客户的内心？精细地了解客户需求后就容易走进客户内心。知己知彼，方能百战百胜。例如，西南航空在了解定向客户群体需求后，用低价、高效的方式吸引客户，打造客户眼中的与众不同，并坚持良好的服务品质，从而与客户保持着长久、良好的合作关系。

（四）搭建外部关系网络

为了实现定位，需要很多相关方的协作与配合，具体需要明确哪些主体参与协作配合、每个主体有哪些资源、如何整合各方资源、如何构造各主体间的协作流程、如何让协作更为高效等问题。

关系网络中的主体有可能是供应商、生产厂商、资本提供者、销售代理商、租赁商、广告商、平台提供商、信息服务商、物流服务提供商等。

在确定具体需要哪些相关主体时，重点考虑这个相关主体是否可以带来价值逻辑分析中提升股权回报的效果，如降低成本、提高收入、提高资产运转效率、降低资产规模等。如果某一个关系主体能带来正向效果，就纳入关系网络；反之，就舍掉这个主体。

为了能够构建高效的关系网络，还需要进一步明确主体的主要明细资源，这些资源到底连接了企业与客户之间的哪一段空缺，解决了什么问题，是否会比自己投入资金解决这个问题带来更好的效果。

在明确上述因素后，还要在不断庞大的关系网络下，明确如何建立高效的协作流程，是选择传统金字塔式还是互联网下常见的扁平式？方式选择时需要重点考虑管理成本、沟通成本、协作效率等状况，然后梳理资金流、实物流、信息流、工作流等如何流转。

（五）明确企业内部核心资源及能力

资源是商业模式的内核，具体包含技术、资金、原材料、人力资源、作业方式、矿产资源、销售方式、品牌等。能力包括企业的管理协同能力、组织能力及交易能力等。良好的资源及能力有如下表现。

（1）金融资源。资金获取渠道包括股权融资、债务融资以及留存收益，需要判断股东关系、债权人关系以及形成收益的持续获取能力。思考是否能够在需要资金的时候，有畅通的融资渠道和较低的资金成本。

（2）人力资源。人是企业长期发展的重要因变量，判断如何可以建立一支具有战略思维、洞察商业逻辑、学习潜力、专业技能与知识、沟通协调能力、落地执行以及充满正能量等特性的人才队伍。

（3）实物资源。如机器厂房、原材料、商品、矿产资源、所处地段等，需要判断是否具有必要的实物资源，每项资产的数量是多少，更重要的是这些资源如何可以为企业带来收益，无法带来收益的资源应该被忽略。

（4）无形资源。盘点企业拥有的专有技术、专利、软件著作权、特许经营权、商标、企业文化、商誉等资源，同时确认未来如何为企业带来效用。

（5）客户关系。客户关系维系对销售收入、成交效率、交易成本、交易机会的影响至关重要，需要梳理并明确客户关系的方式、渠道、客户粘性、客户忠诚度等。

（6）关系网络。与企业外部相关利益主体建立良好的关联关系。

（7）管理协同能力。有能力将内外部资源进行高效调动等。

（六）设计盈利模式及收益分配规则

1. 盈利模式

首先，梳理企业盈利的可能来源，也就是钱从哪来。来源大致可以分成终端客户即 To C、企业客户即 To B、政府即 To G，还有投资者 To I。

收益可以从各类客户那收取，这是最常见的。也可以不从客户那收取，而是以客户作为流量支撑，利用广告方式来变现。还可以建立平台，收平台服务佣金，等等。互联网的迅猛发展，给盈利模式带来了无限想象空间。

收入的类型包括资产销售、权利使用、订阅、租赁、授权、中介服务、广告等。可以靠主业带来主营业务收入，也可以利用主业引流利用其他渠道获得其他业务收入，也可以通过借用政策利好获得补贴收入，等等。需要梳理所设计的商业模式里每一类收入可能的形成情况，越细致对未来操作越有利。

成本的类型可以从固定成本和变动成本两个角度去梳理，固定成本包括房屋租金、市场推广、人力成本、管理成本、研发成本等。变动成本包括原料成本、支付的销售佣金、销售运费等。这样梳理能够很好厘清成本的大概范畴，以及成本与企业销售规模间的数量关系。

2. 与相关利益主体的收益分配规则

商业模式设计时，一定要在考虑企业自身盈利的同时也让相关利益主体获得应有的收益，才能保证长期合作共赢。

收益分配规则可以用交易量与交易价格来计算，就像一般的市场交易，也可以在此基础上由于长期合作尝试议价，还可以通过持股方式形成深层次渗透，然后按照持股份额分配收益，等等。

（七）评价价值创造效果

价值创造是商业模式的终点。那么如何评估商业模式形成后的价值创造效果？

前面利用经典的杜邦分析法进行了价值逻辑的分析，对商业模式设计的每一步都紧密围绕价值展开很有帮助，但它是面向过去的，当面向未来时，还需要用此原理进一步推演，得到与未来自由现金流相关的杜邦分析法。这里所说的自由现金流既是企业未来价值创造的来源，同时也是资本方评估企业价值时考量的基本计算要素。

基于自由现金流的杜邦分析法如图 2-2 所示。

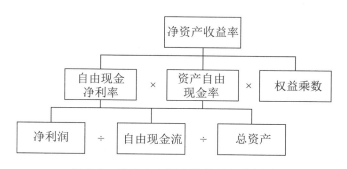

图 2-2　基于自由现金流的杜邦分析法

以自由现金流为基础的杜邦分析法影响股权回报率（净资产收益率）的关键因素是自由现金净利率、资产自由现金率和权益乘数三个因素。

其中，自由现金流简单讲就是给出资人分配收益的最大自由。专业地讲，是指企业经营产生的、在不影响公司后期经营和发展的前提下，向所有权者支付现金股利之前的现金流量。

自由现金净利率是净利润与自由现金流量的比值。自由现金净利率越大说明利润的含金量越高，股东获得现金回报的可能性越大。

资产自由现金率是自由现金流与企业总资产的比值。资产自由现金率越大说明总资产的利用效率越高，同时还能获得很好的现金回流，股东获得现金回报的可能性越大。

三、商业模式每个要素如何穿透至价值维度

财务是企业价值的一种呈现，而商业模式就是为了创造价值才予以设计与实施。因此，商业模式的每一个要素都能在相应的财务要素中看到它的影子。那么接下来尝试着把商业模式各要素对应的财务要素关系建立起来。

商业模式要素与财务要素的关系如图 2-3 所示。

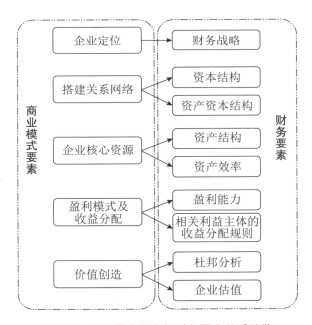

图 2-3　商业模式要素与财务要素关系总览

商业模式要素与财务要素的对应关系包括如下内容。

（1）企业定位。确定自己业务能力范围，明确客户需求及服务对象。定位是企业战略的范畴，应反映在财务战略中。

企业定位要素与财务要素关系如图 2-4 所示。

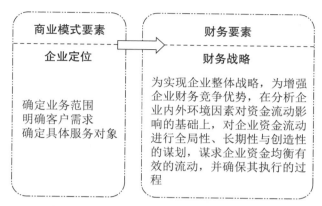

图 2-4 企业定位要素与财务要素关系

（2）搭建外部关系网络。为达成对客户服务的目标，需要与网络主体进行协同与配合。所形成的资本关系或资产关系应反映在资本结构与资产资本结构中。

搭建关系网络对应财务要素的具体情况如图 2-5 所示。

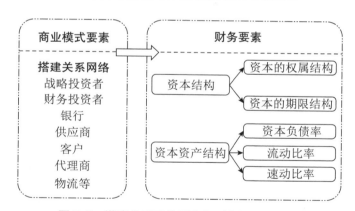

图 2-5 搭建关系网络要素与财务要素的关系

建立与资金提供方的关系，如吸引战略投资者、财务投资者、银行等出资或贷款，将会影响资本结构，具体如资本的权属结构、资本的期限结构等。而为客户提供服务需要建立供应商、代理、物流等相关关联，就会表现成一定的资产配置。将以上两类关系整合起来，就是资本资产的结构，具体表现在资产负债率、流动比率、速动比率等。

（3）企业内部核心资源。一般包含有形资产或无形资产，反映在资产结构、资产效率方面。

企业核心资源与财务要素之间的具体关系如图 2-6 所示。

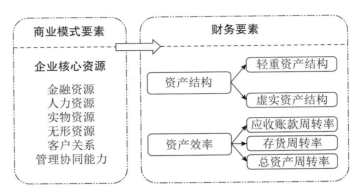

图 2-6　企业核心资源与财务要素的关系

企业的各种核心资源会以各类资产方式出现，那么对应的会表现出资产结构，具体包括轻重资产结构、虚实资产结构等。同时，企业只有高效利用资源才会取得好的收益，这就是资产效率，具体表现为应收账款周转率、存货周转率和总资产周转率等。

（4）盈利模式及收益分配。盈利模式会表现为收入、成本及现金流的具体项目，确保企业的盈利性，同时也建立企业与关系网络中各相关主体的收益分配规则。因此，盈利模式及收益分配对应盈利能力和利润分配。

盈利模式及利益相关者收益分配规则与财务要素的具体关系如图 2-7 所示。

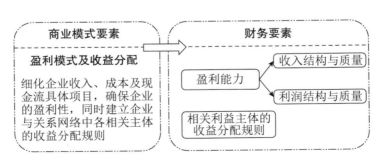

图 2-7　盈利模式与收益分配要素与财务要素关系

从图2-7可以看出，盈利模式最终一定会体现为收入、成本、现金流，因此用财务中的盈利能力的关键指标就能够表达出来相应的效果，具体如收入结构与质量、利润结构与质量等；另外在企业盈利性基础上，为了能够让相关利益主体高效、长期协作，还需要建立相关利益主体的收益分配规则。

（5）价值创造。商业模式设计的目的是创造价值，因此，需要从财务视角评价商业模式执行后是否创造了价值。可以通过杜邦分析体系、企业估值两个方式来评价。

商业模式的最后一个要素价值创造与财务要素关系更为密切，具体关系如图2-8所示。

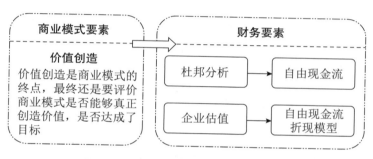

图 2-8　价值创造要素与财务要素关系

商业模式创造价值可以用量化的方式呈现。其中杜邦分析体系可以直观便捷地帮助企业评价价值变化的来龙去脉，观察商业模式中哪个要素做得好，哪个要素做得不好。而基于自由现金流的杜邦分析体系能够帮助评估企业未来价值。

同时，财务评价对商业模式具有反馈作用，能够反映商业模式运行的优点与不足，以此对既有商业模式要素设计进行优化。

财务评价对商业模式的反馈作用如图2-9所示。

从图2-9看出，可以通过财务评价找问题、找短板、找弱项，然后反过来优化对应商业模式的要素。这就是前面所说的商业模式可以从财务中来，再到财务中去。

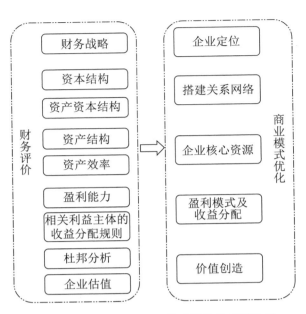

图 2-9　财务评价对商业模式优化的反馈作用

🏆 第三节　资本运营——杠杆效应

诺贝尔经济学奖获得者施蒂格勒曾说过："纵观世界上著名的大企业、大公司，没有一家不是在某个时候以某种方式通过资本运营发展起来的，也没有哪一家是单纯依靠企业自身利润的积累发展起来的。"可见，大公司从小到大的发展过程中离不开资本运营。企业想要做大做强，还需要利用资本的撬动力量，创造资本利润。

一、什么是资本运营

资本运营是指企业为了最大限度实现资本增值的目标，将其拥有的各种可支配的有形或无形资源，以资本的身份加入社会经济活动中，通过收购、兼并、重组、参股、转让、剥离、置换等途径优化配置，进行科学有效的运筹和经营。

二、资本运营有哪些分类

根据不同的标准,资本运营可以被分为不同的类型,具体分类标准如图2-10所示。

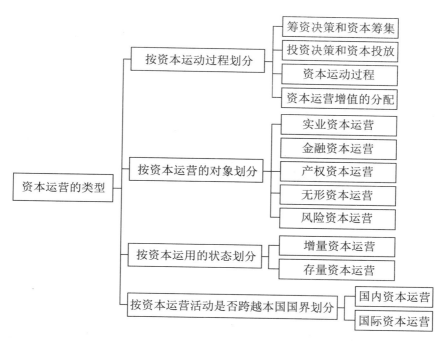

图 2-10　资本运营的类型

(一)按资本运动过程划分

可以根据资本运动的过程对企业的资本运营进行分类,具体情况如图2-11所示。

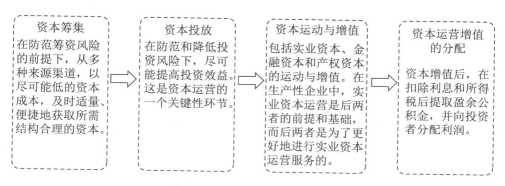

图 2-11　按资本运动过程划分

（二）按资本运营的对象划分

企业资本运营时可支配的资源多种多样，包括各种有形和无形的资源。如图 2-12 所示，可以根据不同的运营对象，对资本运营进行分类。

实业资本运营	企业将资本直接投放到生产经营活动所需要的固定资本和流动资本之中，以形成从事产品或者提供服务的经济活动能力的运作过程，其运营方式主要包括固定资产投资和流动资产投资两种
产权资本运营	其运营的对象是产权，运营的主要方式是产权交易。产权资本运营要求企业不能仅仅局限于自身的资本、劳动力、技术等，而要在更大的范围内运作资本，通过兼并、收购、租赁、参股、控股等经营形式，实现资本扩张，达到保值、增值的目标
金融资本运营	通过买卖有价证券（如股票、债券等）和企业所持有的可以用于交易的某些商品或其他种类的合约（如期货合约等），来实现资本的最大增值
无形资本运营	企业对其拥有的各类无形资本（如品牌、信誉、产权、销售网络、商业秘密等）进行运筹和谋划，通过联合、租赁、许可、转让、参股、控股、并购等形式，扩大生产规模，实现价值最大增值的经营活动

图 2-12　按资本运营的对象划分

（三）按资本运用的状态划分

可以根据资本运用的状态对资本运营进行分类，如图 2-13 所示。其中，存量资本运营是指对企业所拥有的全部资产或资源的运营；增量资本运营是指企业比期初增加的资产或资源的运营。企业在运营的过程中，企业不仅要处理好存量资本，也要注重增量资本，为企业谋求新的利润增长点。

存量资本运营

存量资本运营是指企业通过兼并、收购、联合、股份制改造等产权转移方式促进资本存量的合理流动与优化配置。

VS

增量资本运营

增量资本运营是指对新增投资所进行的运筹和经营活动，包括资本筹集、资本投放、资本周转和资本积累等过程。

图 2-13　按资本运用的状态划分

三、利用资本运营如何迅速提升价值

利用资本运营提升企业价值有不同的途径。

例如，青岛啤酒在低成本扩张策略上，采取了以兼并收购为主的方式累计并购 40 余家啤酒企业。通过系列并购，青岛啤酒生产能力增强，销量大幅上升，占据了更多市场份额，从而跻身世界啤酒十强。

2020 年 9 月 8 日，农夫山泉在港交所挂牌上市，发行价为 21.50 港元，募集资金净额为 81.49 亿港元，市值超过了 4000 亿港元。农夫山泉通过 IPO 创造了巨额资本溢价，实现了企业价值的飞跃。

百度将旗下智能生活事业群组（Smart Living Group，SLG）业务"小度科技"分拆并准备独立上市，完成融资后获得了更高估值。与此同时，百度的分拆还给集团带来了更大的独立发展空间，增强母公司的综合实力。

京东分拆其旗下的京东物流，保利地产分拆其旗下的保利物业，网易分拆其旗下的网易云音乐，实现了价值释放、增强了业务协同。

如果企业能够成功运用资本运营，可以用较小的成本、较短的时间，"撬"起更大的效益。然而，资本运营是一把"双刃剑"。很多企业只看到了其中的收益，忽视可能存在的风险，盲目地进行操作，最终适得其反，"杠杆的力臂断了"，非但没给企业带来好处，反而会造成巨额损失，甚至导致破产。

🏆 第四节 品质信用——固本持久

一、品信优良是持续创造价值的根本途径

（一）品信优良的本质是善

《老子》有言："天道无亲，常与善人。"《易传》中也曾言："积善之家必有余庆。"

世上所有的福气，都是一点一滴积攒的善意。种下善良，生命自有回响。付出的善良里，总是藏着未来的路，我们永远不会知道一个小小善举什么时候

会带来怎样的好运。从长远来看，无论对谁善，最终都是对自己好。与人为善，与己为善，是感受世间种种美好的捷径。

. 品信优良是善的重要表现，心念他人，使生命散发善的光芒。

（二）品信优良是持续创造价值的王道

正如第一章所述，行业选择、商业模式、资本运营对价值创造至关重要，但从某种意义上来讲那些是"术"，而"道"是企业对品信优良的坚守。"有道无术，术尚可求也，有术无道，止于术。"

品信优良本身既是高尚的品牌力量，也是企业宝贵的无形资产，是一个企业商誉的真正内核。

日本松下集团曾需要为一笔价值 1000 万日元的订单寻找供应商。明明是巨额订单，却吸引不来大公司，其原因是松下对产品要求描述竟有 500 页之多。然而在这种情况下，有一家小公司表示愿意接受这笔订单。这家普通的小公司就是后来逐渐发展成"世界 500 强"之一的京瓷。

当时的京瓷不过是一家小规模街头工厂。京瓷的创办人稻盛和夫知道，这个订单对他们来说像是一座高耸入云的山，但他们仍选择挑战"翻越"它。"翻山"路上困难重重，松下除了 500 页苛刻的产品要求外，还限制交货时间，大幅压低价格。在这样的要求下，对京瓷而言很难从中获利，员工都表现出了怨气。可是稻盛和夫认为这个订单可以救京瓷于水火，所以对松下极为感恩。

稻盛和夫动员员工们尽一切可能达成松下的各项要求，还要尽量减少成本开支。最终京瓷交货的产品完全符合松下的要求，物美价廉，当然这离不开稻盛和夫的负责和坚持。双方纷纷表示出对合作方的高度认可，使得这段合作关系得以延续。

在"翻越"松下的 1000 万日元订单的"大山"时，稻盛和夫坚持诚信毫不动摇，努力攻克所遇到的障碍和压力。当京瓷打算开疆拓土的时候，他发现行业的"金字塔尖"已被自家企业的产品所占据，经过调查他发现，原来是因为他们的产品物美价廉，所以大受欢迎。也正是因为他的这份坚持，才能够将京瓷带入"世界 500 强"的行列中。

稻盛和夫经常去表达自己的感激，如果没有客户、供应商、同事、家人等的支持和帮助，也就不会有今天的京瓷。而且稻盛和夫创造的商业奇迹并没有止于京瓷，他 52 岁开始经营 KDDI，目的是使日本百姓不必再支付高昂的电信费用；日航几近破产，78 岁的稻盛和夫决然接受命令去挽救残局，为的是日本航空可以为公众提供更多的服务，日航经稻盛和夫之手不仅摆脱了生存危机，还成功再次上市。不仅如此，暮年的稻盛和夫把他的所有股份都给了员工。由此可见，稻盛和夫始终遵循敬天爱人的经营理念，他把善意和品质优良刻在骨子里。

学习知识固然很重要，让我们有很多方式来面对纷繁复杂的问题，但只注重知识学习是不够的，因为知识总在变，世界也在变，很难用变化的知识应对变化的世界。如果能尝试提炼知识背后的方法论，以不易变化的方法论应对多变的世界会好很多。如果能再进一步深入底层，探索商业哲学，即"道"，则可以以不变应万变了。

稻盛和夫先生一生历经三个完全不相干的行业，跨界经营，显然靠的不只是知识，而是方法论以及更底层的经营哲学。

稻盛和夫的经营之道，可以从他撰写的《心》《干法》《活法》《在萧条中飞跃的大智慧》等书当中得到系统的了解。

（三）日积月累汲取道的力量

稻盛和夫先生经营中体现的精神与中国传统文化不谋而合。老子《道德经》有言"夫轻诺必寡信"。孔子《论语·为政》有言："人而无信，不知其可也"。王阳明《传习录》的"无善无恶心之体，有善有恶意之动，知善知恶是良知，为善去恶是格物"等，这样的思想在中国传统哲学中比比皆是。值得我们去读、去思、去悟、去行，不只是为企业价值、家国政治、宇宙鸿荒，还是为自己观心那一刻，得见的一片宁静与光明。

中国的传统文化是个巨大宝藏，让人一生获益。如果将这融进企业，塑造正向、积极的核心价值观，社会上精致的利己主义者就将逐渐减少，钱也不会作为唯一的价值等价物。

之前听过"罗大伦每天聊点道德经"、樊登读书中的"论语"、郦波教授讲的"五百年来王阳明"、梁冬做的"生命·觉者"等音频或视频，对利用碎片化时间了解中国传统文化思想很有帮助。如果能够系统研读相关原著，汲取其中精髓，并将此注入企业价值观的内核更是意义非凡。

二、失品失信的代价

（一）失品、失信的痕迹无处不在

信息化发展到今天，企业一旦失品、失信，其痕迹抹不掉、擦不去，无处不在。通过中国人民银行征信中心、全国个人诚信档案查询网、企查查、天眼查等信息平台可以非常快速方便地了解一个自然人或者一个企业的失信状态，了解其是否已经进入黑名单，行为是否被限制，是否已经被诉讼，财产是否已经被冻结等。失信、失品在经济市场中可谓是一票否决，只要被人知道，合作或者交易基本会被迫终止。

品质与信用决定着企业的市场声誉和发展空间，失品失信也许暂时可以获得小利，但必失长久之利、根本之利。

（二）失信和价值归零

失信失品，必然被市场和社会所摒弃。

（1）2022 年 5 月 29 日，北京市丰台区人民检察院经依法审查宣告，北京中同蓝博医学检验实验室有限公司严重违反新冠病毒检验操作规范，在明知超量混检可能导致检测结果失准的情况下，仍然采取多管混检的方式进行检测，涉嫌妨害传染病防治罪，对北京中同蓝博医学检验实验室有限公司张某某、童某某等 3 名犯罪嫌疑人做出批准逮捕决定。

疫情如此严峻而深刻地影响了人民的生命健康，影响着国家经济发展、社会稳定，该企业为一点微薄小利而没有底线，实在让人痛心。技术掌握在手里，用者之心必须是善的，否则对消费者、对国家、对社会将是一场灾难，当然对施恶者更是如此。

（2）2022 年 3 月 15 日晚，央视"3·15"晚会曝光，湖南岳阳多家酱菜生产企业存在收购"土坑酸菜"、生产环境恶劣、超范围使用食品添加剂等严重影响食品安全的行为。曝光后，市场监管总局要求市场监管部门立即查封"3·15"晚会曝光的食品生产经营企业，责令企业全面下架召回涉事产品。对违法采购使用涉事产品的食品生产经营者一查到底，依法严厉处罚。涉嫌犯罪的，一律移送公安机关。

人无信不立，业无信不兴。

本章延伸思考

1. 以某一个行业为例，试着收集行业选择的所需相关数据，并进行简单的行业分析。

2. 商业模式和价值创造的关系是什么？

3. 举例说明资本运营对于企业价值创造的作用。

4. 品信优良的好处可能有哪些？

第二篇
战略设计：
高屋建瓴

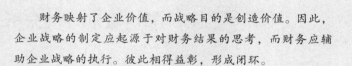

　　财务映射了企业价值，而战略目的是创造价值。因此，企业战略的制定应起源于对财务结果的思考，而财务应辅助企业战略的执行。彼此相得益彰，形成闭环。

第三章

环境分析——
上看天

1. 宏观环境分析对企业战略制定重要吗？

2. 选择什么方法进行宏观环境分析？

3. 行业环境分析对企业战略制定重要吗？

4. 选择什么方法进行行业环境分析？

5. 企业内外部环境分析的工具是什么？

🏆 第一节　宏观环境分析——顺势而为

一、不了解宏观者难以制定微观

想要设计出利于企业长期可持续发展的战略，首先要"上看天"，了解企业所处的环境，顺势而为。

企业做好宏观分析，便有机会借助"势"的力量，为企业谋求更多的利益和更长远的发展。企业只有做好宏观分析，在制定战略时才能做到胸有成竹，执行战略时才可能真正做到"下落地"，在企业未来发展中借势发力，乘势而上。

如果企业缺乏对宏观环境的科学分析，做不到顺势而为，那么在制定微观层面的战略时，就会找不到正确的方向，不知道如何书写企业未来的行事之书。即使根据历史经验或者其他企业的优质范本制定出战略，也会有很大概率陷入水土不服、不合时宜等困境，丧失壮大规模或弯道超车的机会。

例如，一些汽车制造企业即使面临连年亏损也要坚持向新能源汽车战略转型，那是因为新能源汽车取代燃油车是大势所趋，与其被动观望等待，不如主动抢占市场。

二、选择什么方法进行宏观分析

既然宏观分析对于企业如此重要，那么应该运用什么方法来帮助企业科学系统地认清所处的宏观形势呢？PEST 分析法是重要的分析方法之一。

PEST 分析法是一种宏观环境分析的工具，这里的 P 是政治因素（political），如关于企业经营的相关政治力量或者相关法律、法规等；E 是经济因素（economic），如国家的经济政策、产业结构、经济布局等；S 是社会因素（social），如国家的民族文化、宗教、民俗风情等；T 是技术因素（technological），如关于生产经营的新技术等。利用这四个因素能够全面、系统地分析了企业、行业所处的宏观环境状况。具体如图 3-1 所示。

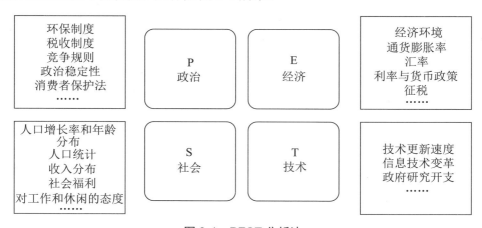

图 3-1　PEST 分析法

对企业来讲，运用 PEST 分析法进行科学的宏观分析至关重要。例如，坚瑞沃能 2016 年斥资约 52 亿元收购沃特玛，但沃特玛作为曾经的动力电池龙头仅仅一年后就"跌下神坛"，最终破产清算，拖累坚瑞沃能深陷债务危机和经营危机，走向破产重整。回顾本次并购始末，可以发现，造成坚瑞沃能并购失败的重要原因之一就是并购准备工作不完善，未对被并购方沃特玛所处的宏观环境进行科学、系统、全面的分析，导致最终深陷泥泞。

三、PEST 分析法在实际中如何应用

下面以汽车行业为例，介绍 PEST 分析法的应用过程，目的是更好地展示这种方法的应用范式。

（一）政治环境

2015 年以来，世界各国相继发布限制燃油车使用、鼓励新能源汽车发展的相关规定。节能减排、绿色低碳已成为汽车发展的方向，发展新能源汽车可为我国实现"双碳"目标提供重要助力。表 3-1 汇总了近几年我国推进汽车行业向新能源方向转型的一些相关政策。

表 3-1　我国汽车行业相关政策

发布日期	政 策 名 称	内　　容
2021 年 12 月	《关于 2022 年新能源汽车推广应用财政补贴政策的通知》	2022 年保持现行购置补贴技术指标体系框架及门槛要求不变。2022 年，新能源汽车补贴标准在 2021 年基础上退坡 30%，城市公交、道路客运、出租（含网约车）、环卫、城市物流配送、邮政快递、民航机场以及党政机关公务领域符合要求的车辆，补贴标准在 2021 年基础上退坡 20%
2021 年 8 月	《关于加强智能网联汽车生产企业及产品准入管理的意见》	压实企业主体责任，加强汽车数据安全、网络安全、软件升级、功能安全和预期功能安全管理，保证产品质量和生产一致性，推动智能网联汽车产业高质量发展
2021 年 2 月	《国务院关于加快建立健全绿色低碳循环发展经济体系的指导意见》	加强物流运输组织管理，加快相关公共信息平台建设和信息共享；推广绿色低碳运输工具，淘汰更新或改造老旧车船；港口和机场服务、城市物流配送、邮政快递等领域要优先使用新能源或清洁能源汽车
2020 年 11 月	《新能源汽车产业发展规划（2021—2035 年）》	到 2025 年，新能源汽车新车销售量达到汽车新车销售总量的 20% 左右；力争经过 15 年的持续努力，我国新能源汽车核心技术达到国际先进水平，质量品牌具备较强国际竞争力

发布日期	政策名称	内　容
2020 年 9 月	《关于开展燃料电池汽车示范应用的通知》	支持燃料电池汽车关键核心技术突破和产业化应用,推动形成布局合理、各有侧重、协同推进的燃料电池汽车发展格局。中央财政通过对新技术示范应用以及关键核心技术产业化应用给予奖励,加快带动相关基础材料、关键零部件和整车核心技术研发创新。争取用 4 年左右时间,逐步实现关键核心技术突破,构建完整的燃料电池汽车产业链,为燃料电池汽车规模化产业化发展奠定坚实基础

每一个政策出台都有尤其深远的意义,它代表着国家、政府对该行业未来走势的基本导向。作为汽车企业,在制定战略时,应细致研读政策,把握好国家对新能源汽车发展的未来时间规划、政府补贴趋势变化等关键要素,结合新能源汽车相关技术发展趋势等进行战略思考。

(二)经济环境

(1)全球主要汽车生产和销售国经济增速放缓,导致汽车行业增速同步放缓。

(2)近年来新能源汽车产业蓬勃发展,且新能源的发展保持着较快的增长势头,成为国际投资机构关注的主要行业之一。

(3)新能源汽车企业的迅猛发展势头倒逼部分传统制造车企转型成为集互联网、人工智能、新能源等因素为一体的科技企业。

(4)近年来,虽然受多种原因的冲击,但我国居民整体收入仍呈增长态势,再加上燃油价格不断攀升,因此对新能源汽车的需求量在逐渐增加。相较美国、日本和欧盟各国,我国新能源汽车市场渗透率最高。

(三)社会环境

(1)我国充电网络建设稳步推进,其在公共场所、居民社区、商业设施、高速公路服务区等应用场所的覆盖率大幅提高。

(2)社会环保意识增强,消费者对新能源汽车的接受程度提高。

(3)消费群体呈现年轻化、时尚化,且女性购车群体占比上升;消费者除了追求汽车性能,还注重汽车的社交功能、智能技术、安全和个性化外观设计等。

(4)部分消费者对新能源汽车的配套完善性和技术可靠性持有怀疑态度,同时比起国内自主品牌,消费者更愿意购买外资或合资品牌的新能源汽车。

（四）技术环境

（1）全球汽车产业向智能化制造转型。我国对数字化技术、系统集成技术、智能制造装备和工业互联网技术的投入大幅度增加。

（2）汽车创新体系基本成熟，车企致力于插电式混合动力（含增程式）和纯电动技术的研发。其中，我国纯电动领域的专利数量和质量水平得以显著提升，技术已接近国际水平。

（3）以华为为代表的科技企业深耕智能网联汽车系统的研发，取得的成果已应用于实际之中。

（4）以宁德时代为代表的新能源企业加大对燃料电池的研发，在电池可维持的行驶里程数等方面取得较大突破。

传统燃油车和电动车的市场份额争夺战日趋白热化，而技术环境始终在变化，燃油车追逐更好的燃油经济性和环保性能，电动车则深耕车身轻量化与智能网联技术研发，并与电池研发制造商开展深度合作。目前来看，电动车虽然短时间内难以取代燃油车，但是众多传统车企已开始加大电动车投入，凭借良好的财务资源和营销渠道进入"电动车赛道"。

宏观环境分析不是一劳永逸的，企业至少以一年为周期进行更新，不断结合宏观情况调整、优化企业发展战略。

🏆 第二节　行业环境分析——审时度势

一、为什么要重视行业分析

宏观环境分析之后，还需要将观察视角聚焦到企业所处的行业，分析、预判行业的发展趋势。行业是企业生存发展的空间，也是对企业生产经营活动产生最直接影响的外部环境。行业分析对于企业来讲尤其重要，关系到一个企业未来的生存与发展。

以万科为例，作为中国房地产行业的老牌企业，始终保持着行业领先的敏感度。万科在其 2014 年年报中就传递出改变企业发展战略的信号，认为中国房地产进入了"白银时代"，行业规则已经悄然发生变化，2014年的中国房地产行业已经开始从"增量市场进入到了存量市场"，"从普涨行情进入到了分化行情"。到了2018年，万科依旧焦虑满满，即使其营业收入和净利润创下历史新高，仍然危机感十足地提出"活下去"的口号。可见，注重行业分析的万科对房地产行业的未来抱有居安思危的谨慎态度。

反观恒大，其大举拿地扩张的做法表现出其对房地产行业未来发展趋势的乐观态度。恒大利用其在行业内的规模优势，自信满满地推行高举债的多元化扩张，最终导致现金流断裂，债务违约。在战略方向上，恒大存在两大误判：一是低估了国家去杠杆的决心，在2017年万达"壮士断腕"的时候，恒大依旧坚持继续加码借债囤地；二是压错了区域发展的战略方向。2019年发改委发布了超级文件，明确中心城市和城市群就是未来发展的重点方向，它标志着资源会更多地向都市圈聚集，但恒大的团队却一直在反向操作，选择下沉市场，跑到了三四五线去疯狂囤地，最终导致了资金流断裂。

太多现实的案例告诉我们，对所在行业发展方向的正确预判是企业得以存活的基本条件，反之则可能加速溃败，导致惨淡收场。

二、行业分析的思路是什么

在进行行业分析时，企业可参考以下分析思路，从多个角度提出问题并回答问题。

（一）行业的经济特性是什么

需要判断的因素主要有：行业的总市场规模大概是多少、市场竞争有什么区域特点、竞争厂商的数量及其相对规模是多少、上下游企业数量及其相对规模如何、市场增长率未来的趋势如何、前后向一体化的普遍程度是怎样的、产品工艺技术的革新速度有多快、竞争对手产品或服务的标准化程度如何、规模经济和经验曲线效应的程度是怎样的、分销渠道的类型有哪些、必要的资源以及进入和退出的难度有多大、行业的整体盈利水平有多高等。以汽车行业为例，整个车厂在布局时必须考虑主要销售地区的人均汽车占有量、人均可支配收入、路网建设、配套企业供应能力等诸多因素。

（二）行业中发挥作用的竞争力量有哪些

可从该行业的商业模式入手主要考虑以下因素：主流企业的价值主张是什么、分销渠道有哪些、客户关系如何、核心能力有哪些、成本结构如何、收入模型是什么等等。以汽车行业为例，汽车行业十分看重规模优势和品牌优势，大规模量产的明星车型是车企降低单车成本从而盈利的基本保障，而品牌优势可以反过来加大销量。

（三）行业中的变革驱动因素有哪些

主要关注客户偏好的变化、宏观政策变化方向、行业增长率趋势变化、产品与技术的革新、关键技术的传播速度、行业全球化速度与进程、效益和效率状况、文化生活方式的变化等。以汽车行业为例，如今驱动汽车行业变革的是其对电动化、智能化、网联化的追求。

（四）竞争地位最强公司分别有哪些

对行业进行分析时需要关注该行业的龙头企业，选取这些代表性龙头企业的关键性指标进行对比分析。确定行业龙头方式可以用社会公认度来选择，也可以在金融数据库中用资产回报率（Return On Assets，ROA）或者净资产收益率（Return On Equity，ROE）等指标对企业降序排序，选取前五名作为龙头企业。以汽车行业为例，可以与上汽集团、广汽集团、比亚迪、特斯拉等有代表性的龙头企业做横向比较。

（五）行业中下一个竞争行动是什么

竞争行动是指企业为了获得并保持竞争优势而采取的企业行为。在实际的市场中，应该思考企业间是否因为竞争而有攻击行动以及报复行动，更应该思考如何能够在竞争中寻求合作共赢等。以汽车行业为例，传统车企如何在杀入新能源车战场的同时保住现有燃油车份额是博弈的关键。

（六）决定成败的关键因素是什么

该问题需要结合该行业的情况具体分析。例如，汽车行业需要具备雄厚技术的积累沉淀、知名的品牌形象、成熟的人工智能技术、先进的制造工艺等。

三、判断行业的生命周期

行业与人一样，也要经历生、老、病、死的过程。生命周期是一个行业从出现直至完全退出社会经济领域所经历的时间。具体如图 3-2 所示。在不同的行业生命周期，决定企业成败的关键性因素也不尽相同。

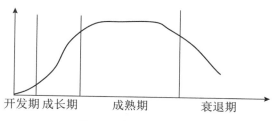

图 3-2　行业生命周期

如表 3-2 所示，不同生命周期的顾客态度、销售额状况、生产成本、营销费用和利润等方面的状况各异，企业需要根据各个期间所具备的特征辨别与判定决定该行业成败的因素。

表 3-2　不同生命周期的状况

名　　称	划分的依据	顾客态度	销售额状况	生产成本	营销费用	利　　润
开发期	新产品试制成功投入市场进行试销的阶段	尚未被顾客接受	增长缓慢	很高	高	亏损或盈利很低
成长期	新产品试销成功后转入成批生产和扩大市场销售额阶段	开始被顾客接受	强劲增长	显著下降	高	利润明显上升
成熟期	产品销售额增长逐渐减缓乃至出现停滞甚至开始下降	已经被顾客接受	销售额保持稳定	维持	维持	经营利润的增长达到最高限度并开始出现下降的局面
衰退期	产品在市场上的寿命趋于结束的阶段	开始被淘汰	下降	增加	降低	较低水平

四、选择什么方法进行行业分析

企业应该利用什么方法对企业所处行业进行具体分析呢？"波特五力分析模型"是可选择的重要方法之一。

波特五力分析模型是迈克尔·波特（Michael Porter）于 20 世纪 80 年代初提出，用于竞争战略的分析，可以有效地分析竞争环境。如图 3-3 所示，波特认为行业中存在着决定竞争规模和程度的五种力量，即同行业内现有竞争者的竞争能力、潜在竞争者的能力、替代品的替代能力、供应商的议价能力、购买者的议价能力。这五种力量综合起来影响着行业的吸引力以及现有企业的竞争战略决策，最终影响行业利润潜力变化。

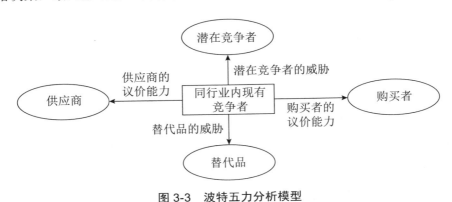

图 3-3　波特五力分析模型

波特五力分析模型在实际中如何应用呢？

以国内市场占有率比较高的 L 咖啡零售企业为例，简单介绍波特五力分析模型的应用过程。如图 3-4 所示。

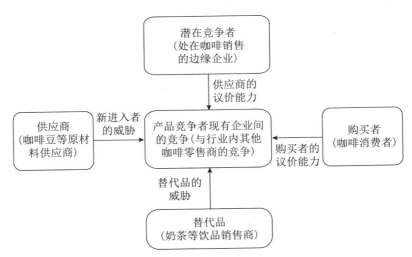

图 3-4　L 咖啡零售企业的波特五力分析

（一）现有同行业内企业间的竞争

目前，星巴克是我国的市场占有规模较大的咖啡零售商，拥有丰富的经营经验、成熟的生产流程、强大的资源调配能力、出众的品牌效应和忠实的客户群体。它是 L 企业在行业内最大的竞争者，给 L 企业造成不小竞争压力。

（二）潜在进入者的威胁

很多处在咖啡销售边缘的企业随时都有可能进入该市场与 L 企业进行竞争。如麦当劳、肯德基、必胜客等。这些企业虽然不是专业咖啡零售商，但它们在品牌知名度、售卖经验、客户群体规模、供应其他食品、服务环境等方面具备明显优势，很可能对 L 企业的业务造成冲击。

（三）替代品的威胁

L 企业的替代品主要有三类：一是客户群体范围庞大的奶茶、果茶等茶饮品，茶饮品同样具有提神醒脑的功效；二是咖啡自动售卖机出售的自助咖啡，提供该类咖啡的机器占据写字楼、高校校园等区域，大大缩短消费者取得商品的时间，使购买行为更加方便快捷；三是市场上售卖的速溶咖啡。

（四）供应商的议价能力

L 企业和咖啡豆供应商构建了良好的长久合作关系，且供应商相对分散，因此 L 企业在议价上具有优势，能以较低的价格获取高质量的咖啡豆。

（五）购买者的议价能力

L 企业产品较为平价，且优惠力度较大，会随机赠送优惠券，相对于其他咖啡品牌便宜，据此吸引大量客户，其在下游的议价能力较弱。

综上所述，可以看出 L 企业在咖啡零售市场中的竞争压力并不小。在此情况下，首先，L 企业应该优化管理流程，加大市场营销力度，扩展客户群体，进一步提高品牌认知度；其次，在目前保证盈利的基础上，L 企业应该继续坚持目前行之有效的保持市场份额经营战略，例如坚持平价化经营，保持上游供应的稳定性；最后，L 企业应该专注客户，不仅要在能力可承受范围之内，尽量满足客户的个性化需求，而且在提供零售服务时还要注重细节，发掘客户的深层需求，主动出击，推陈出新，在推出品种的速度上保持快速迭代，进而提升产品的不可替代性，增强其在消费端的议价优势，提升市场竞力。

上述分析在实践应用时，应该更为细致，应结合具体资料、实际调研、约束条件等情况具体落在纸上，每一项内容与节点都要层层细细剖析，直至可行。

🏆 第三节　企业内外环境分析——优劣比较

在对宏观与行业环境进行分析之后，可以运用 SWOT 分析进一步研判企业内外部环境，为接下来设计企业战略做准备。

SWOT 分析，即基于内外部竞争环境和竞争条件下的态势分析，这里的 S（strengths）是优势、W（weaknesses）是劣势、O（opportunities）是机会、T（threats）是威胁。具体如图 3-5 所示。

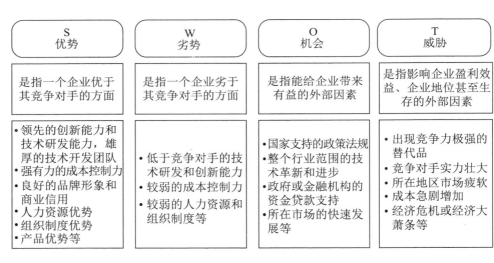

图 3-5　SWOT 分析

企业战略制定需要考虑以上因素。以海信集团为例，简单介绍一下 SWOT 分析的具体应用。

作为彩电业龙头企业，海信集团多年来一直坚持多元化经营，以优秀的国际化经营管理团队为支撑进行产业扩张。如今，其产业不仅仅局限于家电制造，还有多媒体、家电、通信、IT 智能系统、现代家居和服务等产业板块。对海信集团进行 SWOT 分析，具体如图 3-6 所示。

• 成为彩电业老大，并转型为特大型电子信息产业集团 • 在通信、IT智能系统、现代家居和服务方面的研发有所成果，为发展新产业打下良好基础 • 摸索出以核心竞争力为导向的产业孵化模式	**S** 优势　**W** 劣势	• 前期多元化扩张领域发展成效不高 • 前期的多元化历程尤其是混合多元化分散了集团的大量人物财力
• 光通信领域前景光明，数字医疗是新兴领域，智慧交通领域有很好的发展前景，是寻求另一利润增长点的机遇	**O** 机会　**T** 威胁	• 家电企业陷入红海期 • 部分家电企业在多元化扩张过程中深陷泥潭

图 3-6　海信 SWOT 分析

由图 3-6 可知，海信集团所处的家电行业已步入成熟期，应该寻求新的盈利重心。除了继续研发新技术，保证产品的更新换代以外，可以思考进一步优化商业模式，以满足消费者的个性化需求；也可以结合内外部环境判断"多元化扩张"的战略是否适应如今和未来的宏观和行业环境，是否符合企业未来的发展需求。在保证市场占有优势的基础上，判断是继续追求大规模的多元化扩张，还是深耕于有一定研究基础的电子信息领域，发挥其在研发、资金、客户等方面的优势，在光通领域、数字医疗和智能交通领域等新兴领域抢占先机，等等。

本章延伸思考

1. 以自己熟悉的企业为例，利用 PEST 分析法分析所在行业的宏观环境状况。

2. 以自己熟悉的企业为例，利用波特五力分析模型分析所在行业的行业环境状况。

3. 以自己熟悉的企业为例，利用 SWOT 分析进行企业内外部环境状况分析。

第四章

战略设计——
下落地

1. 企业的战略体系由什么构成？

2. 竞争战略包括哪些？

3. 如何评价战略体系是否成功？

4. 财务战略是什么？

5. 财务战略在战略体系中的作用是什么？

6. 财务战略具体包括什么？

7. 战略视角下财务主要职能有哪些？

🏆 第一节 企业战略——运筹千里

一、企业的战略体系由什么构成

战术上的忙碌是无法掩盖或弥补战略上的懒惰与不足给企业带来的缺陷。

第三章从宏观视角，利用 PEST 分析法分析企业所处的政治、经济、社会、技术环境状况；从行业视角，分析行业基本状态、发展周期，并利用波特五力分析模型分析行业竞争状态；从企业内外部环境视角，利用 SWOT 分析方法明确企业优势、劣势、机会与威胁。这几个步骤的分析，为企业战略的制定奠定了基础。

制定战略时，宁愿做一只韧性前行的笨鸟，也尽量不要做风口上的猪。因为风停了，猪会掉下来，但是笨鸟依然可以靠自己的双翅飞起来。也就是说在制定战略时，不要小聪明，不投机钻营，不搞噱头，扎扎实实做好分析，认认真真做长久而细致的规划，即便有一天外界发生很大变化，我们仍然拥有应对变化的基本能力。

接下来就考虑如何构建企业战略体系。

企业战略是一个比较庞大的体系，有各种角度的战略划分。

（一）战略层次视角

企业战略从总体到细微大致可以分为公司总体战略、竞争战略和功能战略几个层次。具体如图 4-1 所示。

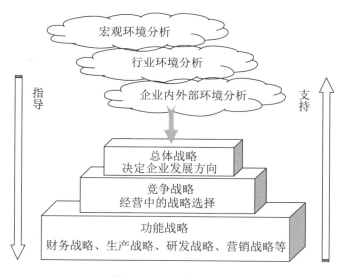

图 4-1　企业战略层级

1. 总体战略

总体战略决定企业主要业务范围和发展方向，是企业最高层次的战略。主要回答未来要成为什么样的企业？成为这样企业的理由是什么？怎么做才能成为这样的企业？说白了，战略就是企业对未来的一种选择。这个选择能够让企业实现客户价值的同时获得相对优势。

2. 竞争战略

竞争战略重点思考如何处理好客户、竞争者及本企业等相关方之间的关系，目的是让企业形成并维持好在行业中的优势地位，是基于企业总体战略的战略经营单位的计划和行动。

3. 功能战略

功能战略主要解决各部门如何落地并实施总体战略与竞争战略，同时实现各部门之间的高效协同。通常包括财务战略、研发战略、营销战略、生产战略等方面。

（二）时间视角

从时间安排的长短角度，可以将战略进行时间上的规划，向未来看 5～7 年，认真规划 3～5 年，撸起袖子干 1～2 年。以一家新能源汽车制造企业为例，说明了企业制定时间上战略规划的简要流程，如图 4-2 所示。

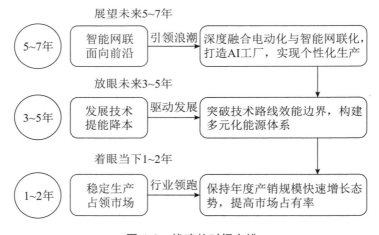

图 4-2 战略的时间安排

二、总体战略的常见类型主要有哪些

总体战略一般可分为成长型战略、稳定型战略、收缩型战略等。

（一）成长型战略

成长型战略包括强化战略、一体化战略、多元化战略，具体如图 4-3 所示。

成长型战略						
强化战略			一体化战略			多元化战略
市场渗透	市场开发	产品开发	前向一体化	后向一体化	水平一体化	同心多元化
企业通过扩大营销规模谋求现有产品(服务)在市场中份额的增加	企业将现有产品(服务)引入新的地区市场,开辟新方向	企业通过改进现有产品(服务)或投入产品研发的方式提升销售额	掌握对分销商或零售商的所有权或控制权	掌握对供应商的所有权或控制权	掌握对竞争对手的所有权或控制权	增加新产品(服务)
与核心能力相关			与价值链相关			一般用于集团层面

图 4-3 成长型战略

（二）稳定型战略

稳定型战略包括维持战略、防御战略,具体如图 4-4 所示。

稳定型战略	
维持战略	防御战略
企业维持战略主体方向,基本保持当前资源分配和经营状况的状态及水平	企业采用竞争性定价或提高产品质量等方式稳定自身并对竞争对手展开防御
介于成长型战略与收缩型战略之间	

图 4-4 稳定型战略

（三）收缩型战略

收缩型战略包括收缩战略、剥离战略、清算战略。具体如图 4-5 所示。

三、竞争战略包括哪些

企业在竞争中要尽可能占据有利的生态位。竞争生态位会决定盈利水平以及在行业中的相对位置。

竞争战略的三种分类具体情况如图 4-6 所示。

收缩型战略		
收缩战略	剥离战略	清算战略
企业通过减少次要业务成本及资产的方式进行企业筹资，确保核心业务发展	企业选择出售业务分部或企业的一部分，以换取现金收入	企业清算全部或部分资产，以换取现金收入
与成长型战略相反		

图 4-5　收缩型战略

成本领先战略	差异化战略	集中化战略
企业通过有效途径，将全部成本降至竞争对手乃至同行业之下，从而获取竞争优势	企业通过在同行业中凸显自身产品或服务的特色形成独一无二的优势	企业或事业部通过将经营活动聚焦于某一特定购买群体及产品线的某部分或某市场

图 4-6　竞争战略分类

（一）低成本领先战略

有很多企业把低成本领先误认为是血拼价格，最后一损俱损，使得整个行业受伤。低价格不是战略，低成本领先才是战略。

低成本领先战略是因成本领先带来低价格的竞争优势，以此获得高于行业平均水平的收益。同行企业都降价，对手已没有利润可图时，自己还能获得利润，这才是真正的战略优势。

例如，戴尔的战略优势，就在于供应链话语权大且运营效率高所带来的总成本领先。所以戴尔能够做到：你跟我一样的产品，但你比我贵；你跟我一个价格，但你产品不如我的好。

选择低成本领先战略的企业，为了降低成本，往往需要加强研发、采购、生产、存储、销售、管理等全流程的成本控制。同时，为了保证低成本目标的实现，还需要细化成本降低目标并具体落实到相关项目、相关部门、相关岗位及相关个人。

低成本领先战略的主要类别、适用条件与组织要求、企业须具备的技能和资源、收益与风险如图 4-7 所示。

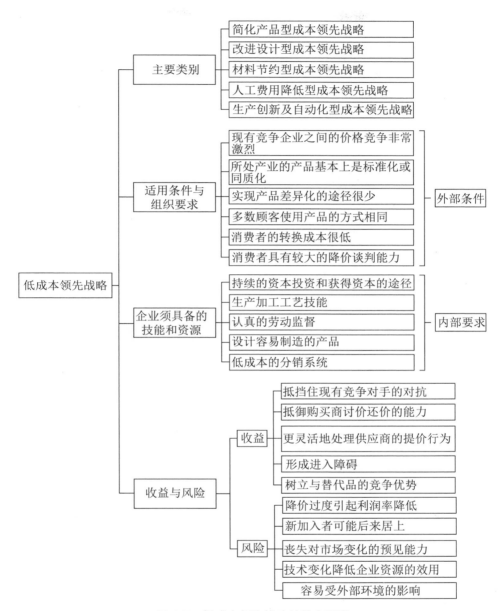

图 4-7 低成本领先战略的核心要素

（二）差异化战略

差异化战略是指企业向顾客提供的产品和服务在产业范围内独具特色、别具一格，这种特色给产品带来额外的溢价，从而获得客户对品牌的忠诚而获得竞争优势。

差异化战略一般成本代价比较高，但只要提供的产品或服务与众不同，给客户带来额外增值感受，还是可以获得超额收益的。

例如，海底捞在提供火锅的基础上致力于为顾客提供"贴心、温心、舒心"的服务感受。其优越的服务不只体现在某一个细小的环节，而是从等位到离开一整套的服务体系。

差异化战略的核心要素如图 4-8 所示。

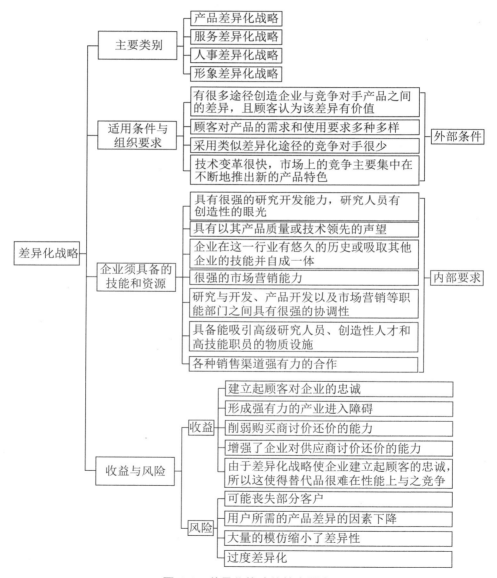

图 4-8　差异化战略的核心要素

（三）集中化战略

集中化战略是指主攻某一特定购买群体、某产品系列的一个细分区段或某一个地区市场。在此基础上，附加前面介绍过的成本领先或产品差异化来获取竞争优势的战略。

例如：三只松鼠通过聚焦城市白领、线上渠道成了休闲零食的领先品牌；江小白做文艺范的高粱酒，成了中国中低端白酒品牌的领导者之一；足力健老人鞋深耕舒适宽松的老人群体多年，近期反而在原有老年人市场的基础上，俘获了很多"00后"的心，成为新的时尚潮流。

集中化战略的核心要素如图4-9所示。

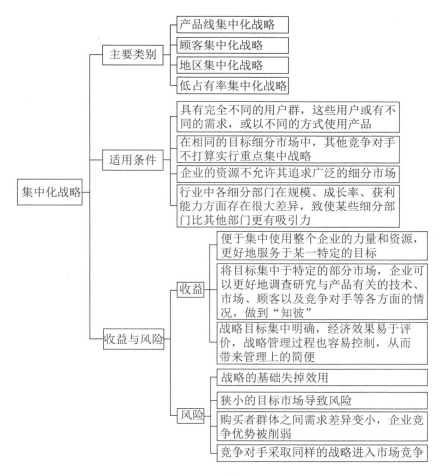

图4-9 集中化战略的核心要素

55

在现实中，企业可在不同阶段根据实际情况选择不同的竞争战略作为主打战略。可以形成成本优势，也可以建立差异优势，还可以在某区域或群体取得竞争优势。

四、如何评价战略是否成功

在战略体系构建后，企业需要几年、十几年甚至更长时间的投资、资源配置、融资、运营。科学评价战略的效果并不断优化，关乎企业未来长远发展。可以通过价值、吸引力、持久力三因素来评价战略的优劣，具体如图 4-10 所示。

价值	①是否拥有与顾客需求相匹配的优势资源； ②提供给顾客的产品或服务是否是有价值的； ③是否向顾客提供了比竞争对手更高的价值
吸引力	①独特性。分析是否拥有独特的资源，是否容易被竞争对手替代； ②有效性。以一定的形式发布公司的使命、价值观、定位、产品或服务价值，能通过战略执行吸引客户并被接纳
持久力	①分析企业与竞争对手的竞争态势、竞争地位、竞争趋势； ②评价企业优势资源提升的速度与效果； ③判断重点战略优势是否成为客户的长期或永久记忆； ④判断重点创新是否不断为顾客提供了新的价值

图 4-10　评价战略维度

🏆 第二节　财务战略——统筹兼顾

一、财务战略是什么

财务战略是指为实现企业整体战略，为增强企业财务竞争优势，在分析企业内外环境因素对资金流动影响的基础上，对企业资金流动进行全局性、长期性与创造性的谋划，谋求企业资金均衡有效的流动，并确保其执行的过程。

概念的界定一般都会比较晦涩，财务战略定义中有一个重要的关键词汇——"资金均衡"。资金均衡与否关乎企业生死，对于企业而言，没有比生死更大的事情。所以，企业应首先保证资金均衡，然后再达成企业战略赋予财务的其他职责。

财务映射了所有价值，而战略目的是创造价值。因此，企业战略的制定应起源于对财务结果的思考，财务应服务于企业战略的执行，彼此相得益彰，形成闭环。

二、财务战略在战略体系中的作用是什么

（一）纵向作用

战略体系从上到下应具有穿透性，一个穿不透的战略体系是有缺陷的，意味着脉络不通，不通未来则会痛。

例如，如果企业总体战略定位的是稳定型战略，即充分利用现有资源，以实现公司财务业绩稳定增长和资产规模平稳发展。那么，财务就应该以稳定型战略为依据进行监督、分析和决策，重点关注资产配置、运营效率、资产效益等状况，评价稳定型战略的执行路径是否顺利实施，出现异常波动时予以预警，审慎对待大型投资事项，同时利用财务数据给相关部门以决策支持。

如果选择了低成本领先战略，那么意味着财务战略的设计将秉承自上而来的信息，需要全面管控成本，对所有成本链条进行细致分析，管控所有成本费用项目，并从成本费用项目一直追溯到个人，不遗漏任何负责成本费用项目的相关部门与相关人员。同时对厂房、设备等对内投资及对外扩张的并购行为应持审慎态度。

如果企业总体战略选择成长型战略，同时竞争战略仍然选择低成本领先，那么为实现整体战略的扩张，财务战略的内容主要包括如何做好与投资相对应的融资额度和融资时间的规划与安排，控制杠杆不宜过高，避免短贷长投，让现金流能够有序、良性运行。把握好投资回报率与资金成本率之间的关系。如果是通过对外并购进行扩张，还要做好并购估值测算。同时，为落实低成本领先战略还要对内进行全方位成本管控。

总之，财务战略在纵向体系中的作用，就是要将顶层的战略设计予以继承并落地。

（二）横向作用

所谓横向作用，主要考虑财务战略与其他功能战略之间的关系。虽然这些功能战略之间是平行关系，但因所有部门对价值的贡献都会体现在财务视角中，财务具有价值的全局观。因此，从全局观这个角度而言，财务战略应该放在所有功能战略之首，它包罗的不是局部利益，而是局部利益交织作用后的企业整体价值状态。

三、财务战略具体包括什么

如本章第一节所述，总体战略一般分为成长型战略、稳定型战略、收缩型战略等类型，竞争战略又可以分为成本领先战略、差异化战略和集中化战略。但从财务角度来看，一个企业无论是做什么产业，经营什么业务，抛开表象，就是做三件重要的事：一是经营，即日常主业与辅业；二是投资，即对内扩大再生产和对外扩张；三是筹资，即借款筹资或从股东那筹资。无论选择怎样的整体战略和竞争战略，最终都会映射在这三个方面中的某个方面。此外，还有一个很重要的内容，即利润分配问题。因此，财务战略可以分为经营战略、投资战略、融资战略、股利分配战略。在财务报表上，可以对这四种战略进行清晰、透明的分析与评价。

（一）经营战略

经营战略是企业为实现其经营目标，谋求长期发展而作出的全局性的经营管理计划。经营战略的分类如图 4-11 所示。

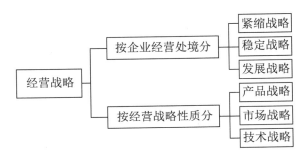

图 4-11　经营战略的分类

（二）投资战略

投资战略是企业为保证投资的效益、时间、现金流转等的科学合理而进行的规划与安排。分为对内投资和对外投资两大方面。

1. 对内投资

对内投资指对内扩大再生产，形成实物资产或者无形资产，包括厂房、机械设备、汽车、土地使用权、专利、商标等。

对内投资战略分类如图 4-12 所示。

提高规模效益的投资战略	提高技术进步效益的投资战略	提高资源配置效率的投资战略	盘活资产存量的投资战略
企业规模的优化过程实际上是资产增量经营的过程。 资产增量经营，就是要通过投资规模扩大取得规模经济效益	核心在于加快技术进步，企业技术进步与企业投资战略紧密相关。 投资战略中只有充分考虑技术进步因素，才能提高投资的效率和效果	资产配置是资源配置的重要组成部分，是企业为提高资源配置效率所采取的资产结构优化战略。 通常可分为适中型、保守型和冒险型资产组合战略	盘活资产存量的投资战略就是要通过投资增量，有效地盘活和利用现有资产，提高资产使用效率与效益，使现有资产创造更大价值

图 4-12 对内投资战略的分类

2. 对外投资

对外投资是指将资本投入到其他企业，以实现资本增值。包括股权投资和债权投资。

（三）融资战略

融资战略指依据总体发展战略对企业的融资时间、额度、渠道、成本等进行的规划与安排。具体分类如图 4-13 所示。

自我积累融资	是指企业可以选择使用内部留存利润进行再投资
债务融资	是指以贷款、发债和融资租赁等方式筹集资金
股权融资	是指企业向现在的股东和新股东发行股票来筹集资金

图 4-13 融资战略的分类

（四）股利分配战略

股利分配战略是为了保障股东的分红权益，实现公司可持续发展而对利润分配进行的规划与安排。对于上市公司来说，还有市值管理的作用。设计股利分配战略时需要考虑如图 4-14 所示的影响因素。

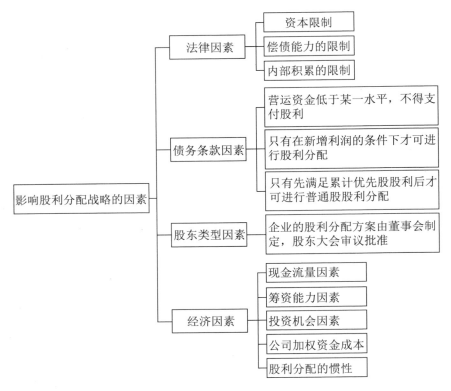

图 4-14 影响股利分配战略的因素

股利分配战略应保证股利分配与现金流量状况的协调一致，以及短期利益与长期利益的结合。

如图 4-15 所示，股利分配方式多种多样。企业应该根据自身的经营情况与需求，选择适合自身的股利分配战略。

可以看出，财务思维在制定战略时无处不在。所以，企业对首席财务官（Chief Finaical Officer，CFO）素质的要求其实是很高的，不仅仅局限于财务方面。例如，华为要求 CFO 要懂战略、懂业务、懂财务、懂信息技术。

剩余股利战略	在发放股利时，优先考虑投资的需要，如果投资过后还有剩余则发放股利，如果没有剩余则不发放。这种战略的核心思想是以公司的投资为先、发展为重
稳定或持续增加的股利战略	稳定的股利战略指公司的股利分配在一段时间里维持不变；而持续增加的股利战略则是指公司的股利分配每年按一个固定成长率持续增加
固定股利支付率战略	公司将每年盈利的某一固定百分比作为股利分配给股东。它与剩余股利战略正好相反，优先考虑的是股利，后考虑保留盈余
低正常股利加额外股利战略	公司事先设定一个较低的经常性股利额，一般情况下，公司都按此金额发放股利，只有当累积的盈余和资金相对较多时，才支付正常以外的股利给股东
零股利战略	是将企业所有剩余盈余都投资回本企业中。在企业成长阶段通常会使用这种股利政策，并将其反映在股价的增长中。但是，当成长阶段已经结束并且项目不再有正的现金净流量时，就需要积累现金和制定新的股利分配战略

图 4-15　股利分配战略的分类

四、战略视角下财务主要职能有哪些

基于战略的财务基本职能随着企业环境的变化而变化，过去与现在财务基本职能的重心发生很大变化，如图 4-16 所示。

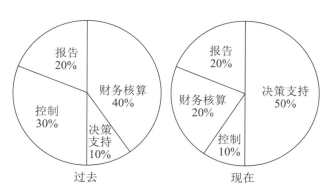

图 4-16　基于战略的财务基本职能

过去对于财务的基本要求就是算账、记账、报账，核算占据大部分工作比例。但现在随着市场竞争日趋激烈，信息化越来越普遍且成熟，财务职能定位发生了非常大的变化。核算是一定要有的，因为没有财务核算就没有财务管理的其它部分，但其只占到职能比例很小的一部分。随着对战略的重视和管理颗粒度的细化，将对财务的管理职能提出越来越多的要求，而这些要求，绝不只限于对财务人员，而是对所有高管或管理者。

那么除财务核算之外，具体还包括其他什么职能？

（1）有能力通过财务看业务，从价值的窗口洞察业务，即有很好的财务报告解读能力。

（2）有能力通过财务控制企业相关风险。倒闭的企业之所以倒闭，一定是因为它们无法控制最后那一刻的结果。那么如果企业能够更好地进行过程控制，对结果的把控能力会强很多。控制什么呢？企业需要控制现金流、控制杠杆，控制内控不失控，控制成本、控制预算、控制经营风险等。

（3）有能力在企业重大决策时利用财务数据给予重要的决策支持。财务是基于价值的，企业所有重大决策都与价值相关，因此财务的决策支持非常重要，可以让决策不发生重大价值偏差。具体包括并购决策支持、项目投资决策支持、融资决策支持、定价决策支持、销售组合决策支持等。

本章延伸思考

1. 华为公司实行了哪些差异化战略？

2. 集中化战略面临的风险主要是哪些，如何规避？

3. 结合一个具体企业，谈一下你对基于战略的财务职能重心的理解。

第三篇

战略执行：
躬行实践

　　财务是企业活动的映射，通过对财务报表数据的解读，可以还原其背后经济活动的过程与运转结果，揭示战略执行状况及其优劣势所在。

第五章

战略执行的价值映射——
表象与投影

1. 企业活动是如何映射在财务报表上的？
2. 三张核心财务报表之间的数据关联是什么？
3. 不同报表使用者对报表的关注重点各是什么？

🏆 第一节　价值映射：三张报表

　　财务报表是一种对企业价值和经营情况高度凝练、归纳的工具，阅读财务报表是企业经营者、股东、潜在投资者、税务机构、银行等不同主体了解企业的最高效、最全面的方式，可以从不同视角、以不同目的来关注不同的财务信息和财务指标，经过分析和判断，做出科学决策。

　　企业最重要的财务报表分别是资产负债表、利润表和现金流量表。这三张报表是打开企业的一扇窗户，从中可以洞察企业价值的所有方面，有整体也有局部，有详也有略。除此之外，还有一张所有者权益变动表也很重要，但通常前三张报表是重中之重。

资产负债表、利润表、现金流量表的简单格式是什么？分别映射出企业哪些价值信息？

一、资产负债表映射了什么

资产负债表映射了企业在某一特定日期的所有财务状况，它就是在某一个特定时间拍下来的财务全家福，将企业所有资产、负债和所有者权益浓缩在一张照片中，让人在最短时间了解企业那个时间点的所有价值信息或者说财务状况。通常情况下，资产负债表编制的时间一般是在月末、季末、半年末或者年末。在计算机信息技术发达的今天，理论上来讲也可以做到每天编制资产负债表，这样就可以看到每一天的财务状况了。

简版的资产负债表如表 5-1 所示。

表 5-1　资产负债表简版

资　　产	年初余额	年末余额	负债和所有者权益	年初余额	年末余额
流动资产：			流动负债：		
……			……		
非流动资产：			非流动负债：		
……			……		
……			负债合计		
……			所有者权益合计		
资产总计			负债及所有者权益总计		

从表 5-1 中看到，这张表中有资产、负债和所有者权益。其中资产就是企业可以动用的所有资源，如现金、存货等。负债是资产的一种资金来源，如来自银行的借款等。所有者权益也叫股东权益，是资产的另一种资金来源，如股东注入的资本或者企业经营赚取的收益。因此，这张报表就是资金的来源和资金的使用。用价值表达的所有信息都包含在这张表中，这是最完整的一张财务报表。

二、利润表映射了什么

利润表映射了企业在一段期间中的经营成果。其中包含收入、成本费用及二者之差——利润。使用者利用这张表分析企业经营情况和盈利状况。通常情况下，利润表上的时间段表现为：月、季、半年或者年。反映的是一个月、一个季度、半年或者一年利润赚取的详细过程。

简版的利润表如表 5-2 所示。

表 5-2　利润表简版

项　　目	本　年　度	上　年　度
一、营业总收入		
其中：营业收入		
二、营业总成本		
其中：营业成本		
三、营业利润		
加：营业外收入		
减：营业外支出		
四、利润总额		
减：所得税费用		
五、净利润		

从表 5-2 中看到，这张表中有收入、成本费用和利润。其中营业收入按经营业务的主次不同，分为主营业务收入和其他业务收入。主营业务收入是指企业所从事的经常性活动实现的收入。其他业务收入是与经常性活动相关的活动实现的收入。成本费用泛指企业在生产经营中所发生的各种耗费。利润就是收入和成本费用的差。赚取利润是每个企业经营的重要目标，因此，利润表是经营者非常关注的报表。

三、现金流量表映射了什么

现金流量表映射的是企业某一段时间现金的增减变动情形。其中包括经营活动产生的现金流、投资活动产生的现金流和筹资活动产生的现金流三个部分。

通常情况下，现金流量表上的时间段表现为：月、季、半年或者年。反映的是一个月、一个季度、半年或者一年现金增减变化的详细过程。

简版的现金流量表如表 5-3 所示。

表 5-3　现金流量表简版

项　　目	本　年　度	上　年　度
一、经营活动产生的现金流量		
二、投资活动产生的现金流量		
三、筹资活动产生的现金流量		
四、汇率变动对现金及现金等价物的影响		
五、现金及现金等价物净增加额		
加：期初现金及现金等价物余额		
六、期末现金及现金等价物余额		

从表 5-3 中看到，这张表中把现金分成三个方面来展示。其中经营活动产生的现金流是指日常经营中现金的增与减或者称为流入与流出。经营活动的范围很广，如销售商品、提供劳务、经营性租赁、购买商品、接受劳务、广告宣传、发放工资、缴纳税款等；投资活动现金流是指长期资产的购建或出售中产生的现金增减，如固定资产、在建工程、无形资产、对外长期投资等；筹资活动产生的现金流是指融资活动带来的现金增减，如吸收投资、发行股票、分配利润、支付债权人的本金和利息等。现金是企业的"命根子"，决定一个企业的生死存亡。因此，这张报表也是报表使用者非常关注的。

第二节　三张报表间的基本数据关联

一、三张财务报表之间的基本数据关联是什么

因为资产负债表、利润表与现金流量表都反映企业经济活动的价值结果或者过程，因此这三张报表之间有非常多的数据关联。三张报表之间粗线条的关联，如图 5-1 所示。

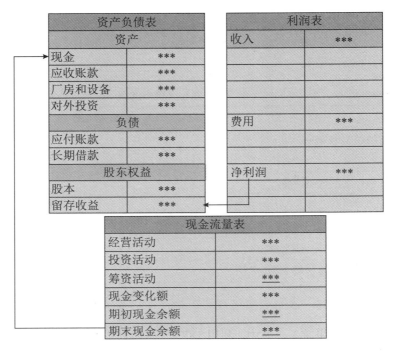

图 5-1 三张主要报表之间的关系

　　资产负债表是一张价值的全景照片，包含所有价值信息。在这张表中使用者最关注什么呢？首先，一定会关注企业的收益状况。在资产负债表中"留存收益"就是代表企业自成立之初至今为止赚取所有利润扣掉分红之后的累计收益。在资产负债表中能查到期初留存收益是多少，假如是 1000 万元，也会显示期末留存收益是多少，假如是 4000 万元，能够看出留存收益从期初到期末增加了 3000 万元。但关于留存收益的信息在资产负债表中也就到此为止了，没有办法知道留存收益为什么增加 3000 万元、主要来源是什么等细节问题。如果想知道相关留存收益信息怎么办，只能把利润表拿出来，这张表就是解释了本期增加 3000 万元收益的详细过程和细节。这就是资产负债表和利润表最粗线条的关系。

　　另外，在资产负债表中报表使用者还一定会关注现金情况。假如年初现金余额是 500 万元，期末是 1 万元，能够看出减少了 499 万元，但是如果想要了解现金为什么减少，到底花在什么项目上了，就不得而知了。如果想知道这些信息怎么办？就要拿出来现金流量表，这张表就能看出为什么从 500 万元变成 1 万元了。这就是资产负债表和现金流量表之间最粗线条的关系。

二、不同报表使用者对报表的关注重点是什么

不同的报表使用者对企业报表关注的侧重点不一样。

（一）股东 / 投资者

对于企业股东 / 投资者来说，他们的目的主要是希望从持有的股份中获得投资收益，规避风险，所以他们至少需要关注三大类问题：

一是企业的内在价值是多少。企业市场价是多少，定价和内在价值是否有差异，是否显著被低估，是否值得投资。股东 / 投资者关注的企业价值既包括现在的企业价值，也包括考虑未来现金流折现等方式所计算的企业未来价值。这些信息都需要从利润表的收入和利润、资产负债表的净资产、现金流量表的经营现金流等项目中寻找答案。

二是企业的分红情况怎么样。对于一些股东来说，由于不想减持股份，无法获得资本差价，那么分红是唯一能获得现金回报的机会。在西格尔（siegel）教授的《投资者的未来》一书中，利用1871—2003年数据对美国证券市场分析，剔除通胀后97%的股票收益均来自于股息再投资。所以长期看，股息回报才是企业回报投资者最大的部分。为了获得分红相关信息，投资者就需要从资产负债表、利润表、现金流量表等报表中寻找和分析。

三是企业的风险是什么。判断企业是否存在雷区，有如下参考。

（1）带息负债过高，是否存在无法还本付息的风险。

（2）商誉过高，是否存在大幅减值风险。

（3）存货周转率越来越差，是否存在贬值风险。

（4）应收账款规模越来越大，是否存在坏账风险。

（5）在建工程存量大且迟迟不能转固，是否存在现金流风险等。

（二）企业管理者

企业管理者通过财务报表了解企业经营状况、业绩成果、风险状态等。具体地讲，企业管理者希望通过报表分析不同产品的生产成本构成、毛利水平，希望通过报表分析企业杠杆风险高低、资产配置效果、资产运转效率、现金流转状态等情况，把握降低成本的重点抓手、判断提升业绩的关键和风控的核心环节等。

（三）债权人

企业债权人由于只享有债务本金和利息的索取权，所以最关注的是贷款能否安全收回本息。在债务存续期间只要企业经营状况良好、债务到期时顺利偿还本息就可以了。至于企业的长期发展战略、核心技术能力等情况对债权人来说没有那么重要。

（四）竞争对手

竞争对手往往通过阅读企业财务报表的每一项信息，判断企业的钱到底花在了什么地方、竞争力表现在哪、未来的趋势如何等，从而选择是直接正面对垒，还是曲径通幽、错位竞争。竞争对手尤其关注企业如下信息。

（1）存量和增量的收入贡献主要来自于哪里。

（2）存量和增量的利润贡献主要来自于哪里。

（3）企业的毛利率、费用率有多高。

（4）目前的存量债务规模是多少，利息成本是多少。

（5）近期是否有大额借贷行为，这些借贷主要是为了投入新的项目建设还是维持企业目前的经营。

（6）目前的存货状况如何，是否出现了存货积压问题。

（7）目前无形资产中表达出来的核心竞争力具体是什么。

（8）目前固定资产规模如何，是否新增了产能等。

本章延伸思考

1. 企业的哪些价值是无法通过财务报表充分反映的？

2. 三张主要报表各自的作用是什么？

3. 三张主要报表之间的粗线条逻辑关系是什么？

4. 企业高管对三张核心财务报表的关注点主要有哪些？

第六章

利润表——颜面与内涵

1. 利润是如何形成的？

2. 有利润就意味着赚到钱了吗？

3. 利润会被人为操纵吗？

4. 利润是越大越好吗？

5. 高质量利润有什么特征？

🏆 第一节　利润的形成过程

为了方便读者理解与分析，本篇各章引用了多家企业财务相关数据，数据主要来源于公司年报、Wind 金融数据库等。

一、利润的来源与计算

通俗地讲，企业获取利润有三种渠道：第一种是靠自己，通过企业自身苦心经营赚取核心利润；第二种是靠别人，通过投资别的企业赚取对外投资收益；第三种是靠运气，获得偶然所得。

利润是由收入减费用计算得出的。其中收入包括：靠自己经营获取的收入，如营业收入；靠投资别人获取的收入，如投资收益；靠运气获得的收入，如营业外收入。那么相对应的，费用包括：靠自己经营的成本，如营业成本、管理费用、销售费用等；投资别人形成的损失，如投资损失；运气不好形成的损失，如营业外支出。

按照上述逻辑，为了便于读者理解，可以简单将净利润的计算过程列示如下。

（1）营业利润 = 核心利润（靠自身经营）+ 投资收益（靠对外投资）。

（2）利润总额 = 营业利润 ± 营业外收支（靠运气）。

（3）净利润 = 利润总额 − 所得税费用。

（4）综合收益项目 = 净利润 + 其他综合收益的税后净额。

净利润和其他综合收益是利润表中的两个结果，一般来说，净利润是关注的重点。利润表又分为母公司报表和合并报表，合并报表更为全面完整，母公司报表相对简单。

二、利润表的详解

下面以上汽集团 2020 年度合并利润表及其附注说明为例详细解释利润表的每一个项目内容。上汽集团 2020 年度合并利润表如表 6-1 所示。

表 6-1　上汽集团 2020 年度合并利润表

单位：万元

项　　目	2020 年度	2019 年度
一、营业总收入	74 213 245.04	84 332 437.25
其中：营业收入	72 304 258.92	82 653 000.30
利息收入	1 718 134.16	1 488 295.68
手续费及佣金收入	190 851.95	191 141.28
二、营业总成本	72 952 879.85	83 037 483.12
其中：营业成本	64 525 001.04	72 610 021.34
利息支出	404 280.96	394 018.88
手续费及佣金支出	67 896.18	54 734.49

续表

项 目	2020 年度	2019 年度
税金及附加	575 978.63	660 989.43
销售费用	3 806 686.21	5 745 058.62
管理费用	2 181 840.50	2 230 808.67
研发费用	1 339 504.44	1 339 415.03
财务费用	51 691.89	2 436.66
其中：利息费用	217 974.81	202 592.82
利息收入	230 776.66	201 480.41
加：其他收益	257 956.32	437 855.88
投资收益	2 100 986.06	2 490 081.79
汇兑收益	1 963.47	2 958.77
公允价值变动收益	381 163.53	149 651.01
信用减值损失	-111 624.56	-186 543.92
资产减值损失	-318 962.00	-164 196.47
资产处置收益	-11 098.12	9 749.11
三、营业利润	3 560 749.89	4 034 510.31
加：营业外收入	74 958.40	76 695.21
减：营业外支出	46 545.82	15 426.31
四、利润总额	3 589 162.47	4 095 779.22
减：所得税费用	670 357.38	566 888.53
五、净利润	2 918 805.09	3 528 890.69
1.归属于母公司股东的净利润	2 043 103.75	2 560 338.42
2.少数股东损益	875 701.34	968 552.27
六、其他综合收益的税后净额	94 079.87	484 442.80
1.归属母公司所有者的其他综合收益的税后净额	85 838.30	438 150.85
2.归属于少数股东的其他综合收益的税后净额	8 241.57	46 291.95
七、综合收益总额	3 012 884.96	4 013 333.49
1.归属于母公司所有者的综合收益总额	2 128 942.05	2 998 489.27
2.归属于少数股东的综合收益总额	883 942.91	1 014 844.22

下面结合上汽集团2020年利润表及其附注分别说明主要列示项目的含义。

（1）营业收入：是指企业经营主要业务和其他业务所确认的收入总额。

在营业收入项目，主要关注收入构成。通过阅读其2020年财报发现，按照行业分，上汽集团包括汽车制造业、金融业两类，且以汽车制造业为主；按产品类型分，主要是整车业务和零部件业务等，且以整车业务为主；按地区分，分为国内与内外两类，其中国内销售占绝对权重，具体如表6-2所示。

表6-2 上汽集团2020年收入分类情况表

具体分类	具体项目	营业收入/万元	营业收入同比增幅/%
合计		74 213 245.04	−12
分行业	汽车制造业	72 304 258.92	−12.52
	金融业	1 908 986.12	13.67
分产品	整车业务	53 090 537.31	−13.44
	零部件业务	15 488 350.10	−6.05
	贸易业务	1 041 360.74	−1.53
	劳务及其他	2 684 010.76	−28.92
	金融业务	1 908 986.12	13.67
分地区	中国	69 714 798.66	−13.24
	其他	4 498 446.38	13.03

（2）手续费和佣金收入：主要反映金融企业手续费和佣金收入。

手续费和佣金收入是来自上汽集团下属的上海汽车集团财务有限责任公司和上汽通用汽车金融有限责任公司两家金融子公司。

（3）营业成本：反映企业经营主要业务和其他业务的成本总额。

在上汽集团这种传统制造业企业中，营业成本主要是卖出去那部分产品的成本，产品成本是由制造过程中的料工费构成的。

（4）税金及附加：是指企业经营活动所发生的消费税、城市维护建设税、教育费附加、房产税、土地使用税、车船使用税、印花税等相关税费。

在上汽集团的年报中，可以发现消费税是该项目的绝对主力。消费税约33.84亿元，占比超出税金及附加总量的60%。具体如表6-3所示。

表6-3   上汽集团2020年税金及附加情况表

单位：万元

项　　目	本期发生额	上期发生额
消费税	338 356.61	387 184.46
城市维护建设税	66 786.21	90 072.37
教育费附加	70 263.93	76 501.60
房产税	30 178.39	32 551.09
土地使用税	12 141.39	14 056.30
印花税	45 497.96	48 909.37
其他	12 754.14	11 714.24
合计	575 978.63	660 989.43

（5）销售费用：是指企业在销售商品、提供劳务的过程中发生的各种费用，以及为销售本企业商品而专设的销售机构发生的职工薪酬、业务费、折旧费、固定资产修理费用等费用。

上汽集团销售费用中，运输物流费和广告宣传费用占比较高。具体如表6-4所示。

表6-4   上汽集团2020年销售费用情况表

单位：万元

项　　目	本期发生额	上期发生额
运输物流费	1 391 606.37	1 447 369.62
广告宣传费	1 043 550.57	1 344 149.42
其他	1 371 529.27	2 953 539.58
合计	3 806 686.21	5 745 058.62

（6）管理费用：是指企业为组织和管理企业生产经营所发生的管理费用。具体包括管理人员的薪酬、差旅、会议、业务招待等各类行政开支费用。

这类费用一般变动幅度有限，在上汽集团中工资薪酬等项目同比变动均较为稳定。具体如表6-5所示。

表 6-5　上汽集团 2020 年管理费用情况表

单位：万元

项　目	本期发生额	上期发生额
工资薪酬等	988 342.34	1 014 814.17
折旧及摊销	175 921.66	223 802.40
技术转让费	12 002.33	12 401.25
其他	1 005 574.16	979 790.85

（7）研发费用：是指研究与开发某项目所支付的费用。

上汽集团开发阶段支出占研发费用约 70%。具体如表 6-6 所示。

表 6-6　上汽集团 2020 年研发费用情况表

单位：万元

项　目	本期发生额	上期发生额
研究阶段支出	366 383.83	335 050.98
开发阶段支出	973 120.61	1 004 364.04
合计	1 339 504.44	1 339 415.03

（8）财务费用：反映企业为筹集生产经营所需资金等发生的筹资费用，包括利息支出（减利息收入）、汇兑损益及相关手续费、企业发生的现金折扣或者收到的现金折扣等。

上汽集团的利息收支基本相抵，汇兑损益构成了主要的财务费用。具体如表 6-7 所示。

表 6-7　上汽集团 2020 年财务费用情况表

单位：万元

项　目	本期发生额	上期发生额
利息支出	225 936.01	210 074.84
减：已资本化的利息费用	−7 961.20	−7 482.02
减：利息收入	−230 776.66	−201 480.41
汇兑损益	47 444.23	−27 620.90
其他	17 049.52	28 945.16
合计	51 691.89	2 436.66

（9）其他收益：反映与企业日常活动相关的但不在营业收入项目核算的经济利益流入，包括总额法下与日常活动相关的政府补助，以及其他与日常活动相关且应计入其他收益的项目，如个税扣缴手续费、特定纳税人加计抵减税额、债务人以非金融资产偿债的债务重组收益。

上汽集团的其他收益项目全部为政府补助项目，且波动较大。具体如表6-8所示。

表6-8　上汽集团2020年其他收益情况表

单位：万元

项　　目	本期发生额	上期发生额
政府补助	257 956.32	437 855.88
合计	257 956.32	437 855.88

（10）投资收益（投资损失）：是指企业以各种方式对外投资所取得的收益（或损失）。

上汽集团投资收益相关信息如表6-9所示。

表6-9　上汽集团2020年投资收益情况表

单位：万元

项　　目	本期发生额	上期发生额
权益法核算的长期股权投资收益	1 359 608.12	2 283 790.19
处置长期股权投资产生的投资收益	92 029.17	34 467.90
交易性金融资产在持有期间的投资收益	105 588.65	84 319.66
其他权益工具投资在持有期间取得的股利收入	59 348.89	48 680.08
其他债权投资在持有期间取得的利息收入	3 109.30	536.58
交易性金融资产处置收益	446 080.67	0
多次交易分步实现非同一控制下企业合并之收益	30 785.37	14 665.93
买入返售金融资产收益	0	17 483.17
其他	4 435.88	6 138.29
合计	2 100 986.06	2 490 081.79

（11）公允价值变动收益（公允价值变动损失）：是指企业交易性金融资产等公允价值变动形成的应计入当期损益的利得（或损失）。

上汽集团公允价值变动收益相关信息如表6-10所示。

表 6-10 上汽集团 2020 年公允价值变动收益情况表

单位：万元

产生公允价值变动收益的来源	本期发生额	上期发生额
交易性金融资产	411 861.43	151 488.27
其他非流动金融资产	−26 473.95	−4 069.39
交易性金融负债	−4 223.95	2 232.12
合计	381 163.53	149 651.01

（12）信用减值损失：是指企业计提的各项金融工具信用减值准备所确认的信用损失。

上汽集团信用减值损失情况如表 6-11 所示。

表 6-11 上汽集团 2020 年信用减值损失情况表

单位：万元

项　　目	本期发生额	上期发生额
应收票据坏账损失	970.31	−675.73
应收账款坏账损失	−16 533.90	−46 197.69
其他应收款坏账损失	−1 825.58	−12 283.70
债权投资减值损失	72.92	−72.92
其他债权投资减值损失	−10.72	−18.27
长期应收款坏账损失	−17 269.11	−36 357.61
发放贷款及垫款减值损失	−90 074.75	−124 299.92
其他非流动资产信用减值利得	13 046.26	33 361.92
合计	−111 624.56	−186 543.92

（13）资产减值损失：是指企业计提各项资产减值准备所形成的损失。

上汽集团资产减值损失相关信息如表 6-12 所示。

表 6-12 上汽集团 2020 年资产减值损失情况表

单位：万元

项　　目	本期发生额	上期发生额
一、坏账损失	0	0
二、存货跌价损失及合同履约成本减值损失	−158 659.49	−125 950.59

续表

项　　目	本期发生额	上期发生额
三、长期股权投资减值损失	−3 383.97	0
四、投资性房地产减值损失	−7.90	0
五、固定资产减值损失	−144 865.46	−19 133.25
六、工程物资减值损失	0	0
七、在建工程减值损失	−583.07	−4 107.71
八、生产性生物资产减值损失	0	0
九、油气资产减值损失	0	0
十、无形资产减值损失	−10 501.37	−483.46
十一、商誉减值损失	0	−14 521.47
十二、其他	−960.73	0
合计	−318 962.00	−164 196.47

（14）资产处置收益（资产处置损失）：是指企业出售划分为持有待售的非流动资产等时确认的处置利得和损失，以及处置未划分为持有待售的固定资产、在建工程、生产性生物资产及无形资产而产生的处置利得或损失。

该项目中，在上汽集团主要是固定资产处置占比较大。具体如表 6-13 所示。

表 6-13　上汽集团 2020 年资产处置收益情况表

单位：万元

项　　目	本期发生额	上期发生额
固定资产处置收益（损失）	−10 826.74	9 434.58
在建工程处置收益（损失）	−262.17	110.94
无形资产处置收益（损失）	−9.21	203.58
合计	−11 098.12	9 749.11

（15）营业外收入：反映企业除营业利润外的收益，主要包括与企业日常活动无关的政府补助、盘盈利得、罚款收入等。

上汽集团营业外收入项目主要来自政府补助与其他项目。具体如表 6-14 所示。

表 6-14　上汽集团 2020 年营业外收入情况表

单位：万元

项　目	本期发生额	上期发生额	计入当期非经常性损益的金额
非流动资产处置利得合计	0	0	0
其中：固定资产处置利得	0	0	0
无形资产处置利得	0	0	0
债务重组利得	0	0	0
非货币性资产交换利得	0	0	0
接受捐赠	0	0	0
政府补助	49 929.74	33 954.64	49 929.74
无需支付的款项	1 475.70	4 304.79	1 475.70
股权交易折价	960.02	21 442.70	960.02
其他	22 592.94	16 993.09	22 592.94
合计	74 958.40	76 695.21	74 958.40

（16）营业外支出：是指企业除营业利润外的支出，主要包括公益性捐赠支出、非常损失、盘亏损失、非流动资产损毁报废损失等。

在 2020 年财报中，上汽集团营业外支出主要是供应商赔偿损失，占比超过 60%。具体如表 6-15 所示。

表 6-15　上汽集团 2020 年营业外支出情况表

单位：万元

项　目	本期发生额	上期发生额	计入当期非经常性损益的金额
非流动资产处置损失合计	0	0	0
其中：固定资产处置损失	0	0	0
无形资产处置损失	0	0	0
债务重组损失	0	0	0
非货币性资产交换损失	0	0	0
对外捐赠	1 546.16	2 198.64	1 546.16
供应商赔偿损失	28 329.92	7 214.57	28 329.92

续表

项　　目	本期发生额	上期发生额	计入当期非经常性损益的金额
动拆迁支出	9 394.72	14 742.14	9 394.72
其他	7 275.02	−8 729.04	7 275.02
合计	46 545.82	15 426.31	46 545.82

（17）所得税费用：是指企业应从当期利润总额中扣除的所得税费用，包括当期所得税和递延所得税两个部分。

上汽集团递延所得税费用上下年波动较大。具体如表6-16所示。

表6-16　上汽集团2020年所得税费用情况表

单位：万元

项　　目	本期发生额	上期发生额
当期所得税费用	723 246.27	801 982.14
上年度所得税汇算清缴影响	−19 359.14	−49 705.47
递延所得税费用	−33 529.74	−185 388.14
合计	670 357.38	566 888.53

（18）净利润：按归属划分，归属于母公司所有者净利润和少数股东权益两部分。按经营持续性划分，包括持续经营净利润和终止经营净利润两部分。

⚇ 第二节　利润：企业的颜面

一、有利润就意味着赚到钱了吗

很多人以为有利润就意味着赚钱了，这是对利润的误解。为什么呢？如果货物销售出去，在会计上就把收入记在利润表上了，收入多了，利润也多了，但钱没收到，没收到的款会同时记录在资产负债表的应收账款上，也就是说这时的利润背后根本就没有现金流，是"纸上的富贵"。

从专业角度解释，利润表是利用权责发生制编制的，它是以会计期间发生的费用和收入是否应计入本期损益为标准的。使用权责发生制更有利于合理反映费用水平和盈亏状况，但缺陷也很明显，就是计算出来的利润与因此获取的现金毫无关系。

综上，利润与由此获得的现金不是一回事。黑猫白猫，抓住耗子才是好猫，能取得现金流的利润才是好利润。因此，有的企业利润数字可能很大，但却收不回现金，这时的利润充满了不确定性和风险性。

利润含金量在不同行业有很大差异性，以建筑业、制造业和白酒业为例，如表6-17所示。

表6-17　部分行业利润含金量差异对比

所属行业	代 表 公 司	利 润 特 点	利润含金量
建筑	中国建筑	形成大量应收账款，日常现金流需要大量贷款	低
制造	美的集团	上下游定价跟随市场，应收应付款适中	中
白酒	贵州茅台	对经销商话语权大，应收款项少	高

二、利润会被人为操纵吗

利润表一贯是财务造假的高发区，一些企业为了粉饰颜面，通过多计收入、少计费用、少计提减值、延迟在建工程转固、变更折旧方法、关联交易等多种方式调节利润、粉饰报表。

从目前现实情况看，很多企业尤其是上市公司为了获得贷款、满足可转债发行或增发股票条件、避免退市等多种目的而需要好看的利润，财务造假虚增利润的情况屡见不鲜。因此，不能简单利用利润表这个颜面判断企业盈利的质量。

例如，豫金刚石作为"知名"业绩变脸选手，2010—2018年累计实现净利润超10亿元，2019年却突然巨亏51.5亿元，该年费用包括近20亿的资产减值准备和约33亿的营业外支出，此举被证监会定性为长期系统性造假。由此可见，如果只凭借之前年度利润表，很难判断真实盈亏水平。

简单看下事件的经过。

2019年1月18日，豫金刚石披露了2019年度业绩预告，预计2019年度净利润为6 743.80万元至9 634.00万元。2月29日，公司又披露了2019年度业绩快报，预计2019年净利润为8 040.34万元。在4月3日，公司发布了《2019年度业绩预告及业绩快报修正公告》，这则不忍直视的公告十分经典，有必要欣赏一下原汁原味的公告情况：

郑州华晶金刚石股份有限公司

证券代码：300064　　　　证券简称：豫金刚石　　　　公告编号：2020-013

郑州华晶金刚石股份有限公司
2019年度业绩预告及业绩快报修正公告

> 本公司及董事会全体成员保证信息披露内容的真实、准确和完整，没有虚假记载、误导性陈述或重大遗漏。

特别提示：本公告所载郑州华晶金刚石股份有限公司（以下简称"公司"）2019年度的财务数据仅为初步核算数据，未经会计师事务所审计，与公司2019年年度报告中披露的最终数据可能存在差异，请投资者注意投资风险。

一、本期业绩预计情况

1．业绩预告期间：2019年1月1日—2019年12月31日

2．前次业绩预告情况：□亏损　□扭亏为盈　□同向上升　☑同向下降

项目	本报告期	上年同期
归属于上市公司股东的净利润	比上年同期下降：0%～30%	盈利：9 634.00万元
	盈利：6 743.80万元～9 634.00万元	

3．修正后的预计业绩：☑亏损　□扭亏为盈　□同向上升　□同向下降

项目	本报告期	上年同期
归属于上市公司股东的净利润	亏损：450 000.00万元～550 000.00万元	盈利：9 634.00万元

郑州华晶金刚石股份有限公司

二、修正前后的 2019 年度主要财务数据和指标

单位：人民币元

项目	本报告期		上年同期	修正后与上年同期的增减变动幅度
	修正前	修正后		
营业总收入	975 660 649.69	975 660 649.69	1 240 180 825.52	−21.33%
营业利润	86 286 506.76	−2 865 796 262.50	78 897 688.48	−3 732.29%
利润总额	91 210 807.91	−5 310 363 094.98	129 751 500.98	−4 192.72%
归属于上市公司股东的净利润	80 403 439.63	−5 151 497 011.67	96 340 017.65	−5 447.20%
基本每股收益（元）	0.0667	−4.2734	0.0799	−5 448.44%
加权平均净资产收益率	1.15%	−118.39%	1.40%	−119.79%
项目	本报告期末		本报告期初	修正后与上年同期的增减变动幅度
	修正前	修正后		
总资产	9 493 579 395.39	6 504 925 888.32	9 593 634 989.51	−32.20%
归属于上市公司股东的所有者权益	7 000 446 505.33	1 768 547 092.43	6 936 916 103.56	−74.51%
股本	1 205 476 595.00	1 205 476 595.00	1 205 476 595.00	0.00%
归属于上市公司股东的每股净资产（元）	5.8072	1.4671	5.7545	−74.51%

注：上述数据以合并报表数据填列。

修正后的豫金刚石 2019 年竟然亏损大约 51.5 亿元，令市场大跌眼镜。公司给出的亏损原因主要包括如下几点。

（1）因诉讼 / 仲裁案件新增预计负债约 21.76 亿元。

（2）计提存货跌价准备约 10 亿元。

（3）对应收款项计提坏账准备并确认减值损失 10.3 亿元。

（4）对固定资产及在建工程补充计提资产减值准备约 8 亿元。

由此可见，豫金刚石 2019 年前主要通过掩盖预计负债、少计提资产减值两大手段调整利润。

🏆 第三节　利润质量的判定

一、利润可持续吗

今天可观的利润如果明年无法持续，不能说是高质量利润。因此分析利润质量高低一定要判断其可持续性。而判断持续性强弱主要依据利润的结构来分析。

不同类型收入对利润持续性支持是有差异的，如主营业务收入，由于它是企业的主要精力倾注之所在，显然具有更强劲的持续性；而靠运气的营业外收入，显然犹如守株待兔一般，很难复制与持续。在这里主要推荐两种判断方法。

（一）从利润的主要驱动因素出发分析持续性

在考虑持续性问题时，可以从利润的主要驱动因素出发，按照不同类型来分析，主要有以下四种情况。

1. 主业驱动型

主业驱动型主要是营业收入对利润影响最大。例如，主业高度集中的石油石化业、高速公路、传统重资产制造业等企业都属于该类，其营业收入和利润总体上保持同向变动。以几个行业及代表公司为例，如表 6-18 所示。

表 6-18　主业驱动型公司 2020 年收入利润情况表

单位：%

所属行业	代表公司	营业收入同比增长率	净利润同比增长率
石化	中国石化	-28.8	-42.2
石化	中国石油	-23.2	-50.0
高速公路	宁沪高速	-20.3	-41.4
建材	海螺水泥	12.2	5.9
电气设备	东方电气	14.0	38.8

2. 政策补贴驱动型

政策补贴驱动型主要是政府补贴对利润影响最大。比亚迪 2018—2020 年政府补助金额占净利润比重分别为 74.6%、91.9%、39.6%，前期政府对新能源车的扶持力度可见一斑。同样，近年来明星高科技企业科大讯飞 2018—2020

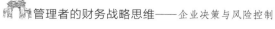

年政府补助金额占净利润比重分别为50.98%、50.32%、31.21%，也体现了政府对该产业的支持与推动力度。

3. 投资驱动型

投资驱动型主要是投资收益、公允价值对利润影响最大。例如，双林股份2020年财报披露，其营业收入为35.77亿元，同比下降16.86%。但是，归属于上市公司股东的净利润却一举实现9 078.47万元，同比上升109.59%，实现扭亏为盈。究其原因主要是因为其2020年实现投资收益1.09亿元，占利润总额的比例95.24%，几乎全部来源于投资收益。可见，企业发展持续性依赖于被投资公司，持续性有待关注。

4. 其他驱动型

其他驱动型主要依靠债务重组利得、处置资产损益、营业外收入对利润的支撑。这些项目偶发随机，无法给利润带来持续支持，如果企业利润主要由这些项目构成，将难以持续。如宝塔实业2020年实现投资收益2.37亿元，占利润总额比例为1426.38%，其中债务重组利得2.40亿元，这种情形下，下一年很难获得类似收益以持续支撑利润。这种类型对利润的持续性支持往往是很差的。

这里有两点需要关注。

第一，主业驱动型利润结构普遍被认为利润的持续性最强，企业的利润波动也相对较小；政策补贴型利润结构主要依靠国家产业政策，需要看宏观经济政策处于什么阶段，是重补贴阶段还是去补贴阶段，如果政府补贴在该产业中已经属于中后阶段，持续性就会大大下降；投资驱动型利润结构毕竟依靠别人，不如自己那么可靠，因此持续性相对主业驱动型会弱一些。

第二，三种类型并不是一成不变的，存在相互转化的情况。主业驱动型企业可能在主业增长放缓甚至下降时，加大资本市场的投入。典型的企业如杉杉股份，其从做服装起家，后续服装行业整体不景气时，逐渐转型到金融集团，通过参股宁波银行、开展融资租赁、商业保理业务等手段，使投资收益逐渐成为其利润最大贡献者。2018—2020年，其投资收益分别为10.91亿元、2.17亿元、3.89亿元，分别占当年净利润的71%、61%、148%。同样，政策补贴型企业随着政府的扶持和产业的相对趋于成熟，业绩也将更依赖于主业收入。例如，2020年，前述例子中的比亚迪和科大讯飞的政府补助金额占其净利润的比重已经呈现明显下降趋势。

（二）从毛利水平判断长期盈利性

毛利是营业收入减去营业成本的差额，是企业在不考虑期间费用等情况下基础获利能力的体现。

毛利率 = 毛利 / 营业收入

毛利率是判断一个企业长期盈利的关键指标。

毛利率是企业最主要业务的盈利状况，是企业长期盈利的关键指标。

可以结合以下四方面去分析毛利或毛利率。

（1）不同行业毛利差异很大。不同行业的毛利水平因技术难度、市场特性、买方情况等行业特点因素差距十分显著。行业内有影响力的企业，其毛利率一般高于行业均值。

（2）毛利的波动性要考虑周期和特殊事件。在分析毛利率时，应首先确定企业是否是周期类行业，对企业至少覆盖 3 ～ 5 年的数据，以避免特殊年份或时期造成毛利波动巨大的情况。如新冠疫情期间，铜矿企业、航运企业等毛利率显著高于以前年度水平，但这种高毛利率并不具有较强的持续性。

（3）低毛利率体现企业话语权弱。低毛利率往往意味着企业在竞争中没有产品壁垒，原材料涨价的压力无法转移到下游消费端。这一点在家用电器行业、汽车行业等大众消费领域尤为突出，当钢材、塑料等原材料大幅涨价时，空调、洗衣机、电冰箱、汽车几乎没有多少涨价空间。

（4）较高水平毛利加上较平稳的毛利率意味着企业已经形成品牌和产品优势。

不同行业代表性企业的毛利率对比有较大差异，如表 6-19 所示。

表 6-19　不同行业代表性企业毛利率

单位：%

代 表 公 司	2020 年	2019 年	2018 年	三 年 平 均
中远海控（航运）	14.21	10.74	8.46	11.14
上汽集团（制造）	10.76	12.15	13.25	12.05
中国建筑（建筑）	10.83	11.10	11.89	11.27
紫金矿业（采矿）	11.91	11.40	12.59	11.97
光环新网（IT 基础设施）	21.10	21.54	21.28	21.31
牧原股份（养殖）	60.68	35.95	9.82	35.48
五粮液（白酒）	74.16	74.46	73.80	74.14
蓝色光标（广告服务）	6.43	8.92	11.72	9.02

从表 6-19 可以得出以下论述。

（1）以中远海控、牧原股份为代表的周期类公司，毛利水平连年大幅提高，中远海控宏观上受益于 2019 年开始的航运价格上涨的航运大周期，而牧原股份受益于 2019 年开始的猪价快速上涨形成的猪周期。

（2）上汽集团、中国建筑、光环新网毛利水平较为稳定且有所下降。这一方面是疫情因素影响，另一方面也是汽车保有量增幅放缓、房地产行业宏观调控造成的。

（3）五粮液作为高端白酒的代表企业，毛利水平一直较高且稳定。

（4）紫金矿业作为采掘企业，影响毛利的主要因素是矿产品价格，近几年毛利率均较低。

（5）蓝色光标作为列表中三年平均毛利率最低的公司，其服务业属性受疫情冲击影响最大。

二、利润含金量高吗

如果企业存在大量应收账款，那么现金流将无法与利润匹配，当应收账款收不回来时，利润很可能一夜之间就灰飞烟灭了。所以需要结合应收账款等报表项目的规模、趋势以及经营活动现金流分析利润的含金量。评价利润的含金量主要可以使用如下指标。

（一）（应收账款 + 应收票据）/ 营业总收入

该指标反映了应收款和企业营业收入的关系。该指标为负向指标，数值越大，反映企业收入现金质量越低。

以汽车制造公司长安汽车为例，说明该指标的应用情况，相关数据如表 6-20 所示。

表 6-20　长安汽车 2018—2020 年部分财务指标情况

指 标 项 目	2020 年	2019 年	2018 年
应收票据及应收账款 / 万元	3 051 273.82	2 764 394.97	2 197 104.54
其中：应收票据 / 万元	2 837 154.11	2 680 563.56	2 056 162.58

指 标 项 目	2020 年	2019 年	2018 年
应收账款 / 万元	214 119.71	83 831.41	140 941.96
营业总收入 / 万元	8 456 554.41	7 059 524.51	6 629 827.04
（应收账款＋应收票据）/ 营业总收入 /%	36.08	39.16	33.14

长安汽车的应收账款和应收票据合计占营业收入比重近三年约为 1/3 左右，而其中票据占很大比例，由于企业可以对票据进行贴现，所以整体收入质量相对较高。

（二）经营活动产生的现金流量净额 / 核心利润

这个指标代表企业靠自身经营产生的利润及其含金量。经营活动产生的现金流量净额是现金流量表的项目，核心利润定义公式如下：

核心利润＝营业收入－营业成本－税金及附加－（销售费用＋管理费用＋研发费用）

上述核心利润的界定是参考与借鉴了张新民老师的《财务报表分析》的相关阐述，建议读者系统地阅读和学习。在计算核心利润时，这里略作修改，没有扣除财务费用，主要考虑到财务费用是由筹资活动带来的。

经营活动产生的现金流量净额 / 核心利润这一指标反映了企业最重要、最具持续性的经营活动产生的利润含金量。该指标为正向指标，数值越大，反映企业日常经营活动获取现金能力越强。

下面以伊利股份为例，说明该指标的应用情况，2018—2020 年部分财务指标如表 6-21 所示。

表 6-21　伊利股份 2018—2020 年部分财务指标情况

指 标 项 目	2020 年	2019 年	2018 年
营业收入 / 万元	9 652 396.32	9 000 913.29	7 897 638.87
营业成本 / 万元	6 180 556.25	5 639 171.27	4 910 603.44
税金及附加 / 万元	54 650.24	57 698.77	53 095.24
销售费用 / 万元	2 153 759.91	2 106 965.75	1 977 268.38
管理费用 / 万元	487 624.30	428 492.77	297 973.55

续表

指 标 项 目	2020 年	2019 年	2018 年
研发费用 / 万元	48 709.98	49 517.08	42 687.31
核心利润 / 万元	727 095.64	719 067.65	616 010.95
经营活动产生的现金流量净额 / 万元	985 163.92	845 548.03	862 477.18
经营活动产生的现金流量净额 / 核心利润	1.35	1.18	1.40

受益于良好的现金流增长，伊利股份 2020 年经营活动产生的现金流量净额 / 核心利润数值达到了 1.35，高于 2019 年的 1.18，可以认为 2020 年伊利股份的利润含金量较 2019 年有所提升。

三、利润相对规模够大吗

高额利润是企业所期待的。因此，需要将利润与相关联的数据比较判断其规模大小。如与同行业比较、与企业自身历史同期比较、与年初预期比较、与收入比较，与成本比较、与总资产投入比较、与股东投入比较等，从而对利润大小规模做出客观判断。评价利润的相对规模主要可以使用如下指标。

（一）净利润率

净利润率等于净利润 / 营业总收入，它反映了单位收入的利润水平，在企业经营环境和产能没有发生重大变化的情况下，一般较为稳定。该指标为正向指标，数值越大，反映企业盈利能力越强。以白酒行业翘楚贵州茅台为例，说明该指标的应用情况，相关数据如表 6-22 所示。

表 6-22 贵州茅台 2018—2020 年部分财务指标情况

指 标 项 目	2020 年	2019 年	2018 年
净利润 / 万元	4 952 332.99	4 397 000.08	3 782 961.78
营业总收入 / 万元	9 799 324.05	8 885 433.75	7 719 938.41
净利润 / 营业总收入 /%	50.54	49.49	49.00

贵州茅台 2020 年度的净利润 / 营业总收入达到了 50% 左右，相当于企业每销售 100 元商品，支付所有成本支出要素后净收益仍有 50 元，且该比例连年提升，盈利能力非常强。

（二）成本费用利润率

成本费用利润率 = 利润总额 / 成本费用总额

成本费用总额 = 营业成本 + 税金及附加 + 销售费用 + 管理费用 + 研发费用 + 财务费用

该指标反映了经常类支出项目的比重，是衡量利润质量的重要指标，一般用来衡量利润对经常类项目支出。在其他条件没有变化的情况下，企业成本费用相对利润增长越小，该指标数值越大。该指标为正向指标，数值越大，反映利润质量越高。

以水电公司长江电力为例，相关数据如表 6-23 所示。

表 6-23　长江电力 2018—2020 年部分财务指标情况

指 标 项 目	2020 年	2019 年	2018 年
营业成本 / 万元	2 114 945.43	1 869 729.41	1 900 515.56
税金及附加 / 万元	119 292.93	116 881.42	128 850.18
销售费用 / 万元	11 541.73	2 779.21	2 503.17
管理费用 / 万元	129 279.87	81 362.97	80 064.59
研发费用 / 万元	3 956.80	4 106.69	4 248.96
财务费用 / 万元	498 590.98	521 095.07	585 394.58
成本费用总额 / 万元	2 877 607.74	2 595 954.77	2 701 577.04
利润总额 / 万元	3 245 554.08	2 662 701.18	2 700 710.62
成本费用利润率 /%	112.79	102.57	99.97

长江电力利润总额大约是成本费用总额的 1 倍，企业效益优异，其研发费用和销售费用可忽略不计，管理费用略有增长但整体占比不大，财务费用甚至保持逐年下降趋势。

（三）资产息税前利润率

资产息税前利润率 = 息税前利润 / 平均资产总额

平均资产总额 =（年初资产总额 + 年末资产总额）/2

息税前利润 = 利润总额 + 利息费用

该指标反映了单位资产的回报水平，在其他条件没有变化的情况下，该指标为正向指标，数值越大，反映企业资产回报水平越高。

以游戏公司三七互娱为例，说明该指标的应用情况，相关数据如表 6-24 所示。

表 6-24　三七互娱 2018—2020 年部分财务指标情况

指标项目	2020 年	2019 年	2018 年
利润总额 / 万元	324 897.23	269 613.29	121 931.95
利息费用 / 万元	4 116.23	3 029.08	4 463.19
息税前利润 / 万元	329 013.46	272 642.37	126 395.14
平均资产总额 / 万元	1 035 479.57	927 051.08	877 794.97
资产息税前利润 /%	31.77	29.41	14.40

三七互娱作为游戏为主业的公司，属于相对轻资产公司，2018—2020 年，在资产只增长 17.97% 的情况下，息税前利润增长了 160.31%，带动资产息税前利润率提高，2020 年比 2018 年增加了 17.37 个百分点。

（四）总资产利润率

总资产利润率 = 净利率 / 平均资产总额

平均资产总额 =（年初资产总额 + 年末资产总额）/2

该指标反映了企业总体资产获得回报情况。该指标为正向指标，数值越大，反映企业资产回报水平越高。

以机械设备制造公司三一重工为例，说明该指标的应用情况，相关数据如表 6-25 所示。

表 6-25　三一重工 2018—2020 年部分财务指标情况

指标项目	2020 年	2019 年	2018 年
净利润 / 万元	1 586 068.90	1 149 444.80	630 348.70
平均资产总额 / 万元	10 839 792.30	8 215 801.05	6 600 620.65
总资产利润率 /%	14.63	13.99	9.55

三一重工利润总额 2018—2020 年逐年增长，同时资产总额同步扩张，总资产利润率从 9.55% 上升到 14.63%。这里还应关注资产增长是否存在大额举债的情况，观察资产负债率变化情况。相关数据如表 6-26 所示。

表 6-26　三一重工 2018—2020 年资产负债率情况

指标项目	2020 年	2019 年	2018 年
负债总额 / 万元	6 806 679.60	4 501 455.30	4 127 261.00
资产总额 / 万元	12 625 454.80	9 054 129.80	7 377 472.30
资产负债率 /%	53.91	49.72	55.94

三一重工 2018—2020 年的资产负债率保持了相对稳定，这说明在扩张资产规模的同时没有盲目举债，资产规模增长带动利润实现良好增长。

（五）净资产收益率

净资产收益率 = 净利润 / 平均所有者权益

平均所有者权益 =（年初所有者权益合计 + 年末所有者权益合计）/2

该指标反映了股东权益的回报水平，是衡量股东回报的最重要指标。该指标为正向指标，数值越大，反映股东回报水平越高。在其他条件没有变化的情况下，如果企业当年增资扩股将造成该指标异常偏低，原因是分母（平均所有者权益）增加。

以铝制品公司中国铝业为例，说明该指标的应用情况，相关数据如表 6-27 所示。

表 6-27　中国铝业 2018—2020 年部分财务指标情况

指标项目	2020 年	2019 年	2018 年
净利润 / 万元	157 302.90	148 808.10	160 782.80
平均所有者权益 / 万元	7 094 838.80	6 919 713.10	6 659 154.05
净资产收益率 /%	2.22	2.15	2.41

中国铝业净资产收益率较为稳定，但整体偏低，2018—2020 年股东年化回报率均不足 2.5%，低于 10 年期国债回报率。

本章延伸思考

1. 利润的数量和利润的质量哪个更重要？

2. 如何看待政府补助对利润质量的影响？

3. 净资产收益率提升的可能原因有哪些？

4. 如何看待周期行业的利润波动？

第七章　资产负债表——
实力与风险

1. 资产负债表整体的轮廓是怎样的？

2. 资产负债表具体由什么构成？

3. 如何分析家底？

4. 如何配置资产？

5. 怎么分析资产运营效率？

6. 不良资产可能有哪些？

7. 什么时候用财务杠杆？

8. 如何判断财务杠杆是否合理？

9. 对于有息负债的关注重点是什么？

10. 所有者权益包括哪些权益？

11. 资产负债表的综合评估工具箱有什么？

第一节　资产负债表的构成

一、资产负债表整体轮廓是怎样的

资产负债表反映了资金的来和用，是一个事的两个面。因此，资产的总额一定等于负债与所有者权益的总额。由此也可以理解为什么国外把这张表叫做"balance sheet"，即平衡表。

（一）资产

专业地讲，资产是由企业过去的交易或事项形成的，由企业拥有或控制的，预期会给企业带来经济利益的资源。通俗地讲，资产就是企业手中的牌。企业能否盈利，一看这把牌好不好，二看能不能把这牌打好。

资产可以按变现的时间长短来分类：一是流动资产，就是一般一年内能变成现金的，如现金、应收款、存货等；二是非流动资产，就是一般需要一年以上才能变成现金，如固定资产、长期股权投资、无形资产等。

（二）负债

负债很好理解，就是企业欠别人的。专业来讲，负债是企业过去的交易或事项形成的，预期可为企业带来经济利益流出的现时义务。

按照偿还时间长短可以将负债分为两大类：一是一般在一年内偿还的流动负债，如短期借款、应付账款、应付职工薪酬等；二是一般在一年以上偿还的非流动负债，如长期借款、应付债券等。

按照是否承担利息可以将负债分为两类：一是有息负债，如短期借款、长期负债、带息应付票据等；二是无息负债，如应付账款、应付职工薪酬等。

（三）所有者权益

所有者权益也叫股东权益，也就是股东拥有的权益，是一种剩余权益。企业清算时，企业所有财产优先清偿如银行、供应商等债权人的本息，清偿后如果还有剩余，那么剩余的就是所有者权益。因此，所有者权益不会对应某一项具体资产。对于资不抵债的企业，所有者权益为负，那么对股东而言，该企业财务价值为0。

具体而言，所有者权益包括哪些类别，一类是股东自己投进来的，叫作投入资本；二是企业运营取得的收益，叫作留存收益，也就是累计利润减掉分红。

以上三个部分是什么关系呢？资产=负债+所有者权益，这是最基本的会计恒等式。

资产、负债、权益构成可以简单列示如下。

1.资产

可以按照资产变现速度列为：

资产 = 流动资产（变现快的）+ 非流动性资产（变现慢的）

2. 负债

可以按照负债归还时间短长列为：

负债 = 流动负债（一年内需要还的）+ 非流动负债（一年以上需要还的）

也可以按照负债是否附带利息列为：

负债 = 无息负债 + 有息负债

3. 所有者权益

所有者权益 = 投入资本 + 留存收益

资产负债表又分为母公司报表和合并报表，合并报表更为全面完整，母公司报表相对简单。

二、资产负债表的详解

下面以上汽集团 2020 年度合并资产负债表及其附注为例详细解释资产负债表的相关项目内容。上汽集团 2020 年度合并资产负债表如表 7-1 所示。

表 7-1　上汽集团 2020 年合并资产负债表

单位：万元

项　　目	2020 年	2019 年
流动资产：	—	—
货币资金	14 256 497.04	12 782 683.67
交易性金融资产	5 480 086.32	4 979 659.90
应收票据	348 613.84	624 509.25
应收账款	4 360 250.11	4 134 063.54
应收款项融资	1 316 874.69	1 140 183.75
预付款项	3 910 179.65	2 893 912.31
其他应收款	1 119 180.18	1 460 262.09
其中：应收利息	27 242.95	32 360.35
应收股利	108 266.21	106 682.43
买入返售金融资产	927 940.71	1 354 236.93
存货	6 939 546.60	5 439 863.34
持有待售资产	0	8 331.39

项　　目	2020 年	2019 年
一年内到期的非流动资产	5 300 639.59	5 319 224.34
其他流动资产	12 657 661.00	10 978 832.24
流动资产合计	56 617 469.74	51 115 762.76
非流动资产：	—	—
发放贷款和垫款	9 694 241.87	8 182 705.76
债权投资	40 800.00	39 191.99
其他债权投资	464 025.97	61 082.46
长期应收款	981 165.55	1 114 442.41
长期股权投资	5 964 981.64	6 461 700.71
其他权益工具投资	2 069 846.84	1 828 187.61
其他非流动金融资产	187 959.00	209 447.20
投资性房地产	308 037.28	325 206.15
固定资产	8 298 233.70	8 305 600.72
在建工程	1 313 259.92	1 618 754.09
无形资产	1 602 051.69	1 528 115.97
开发支出	244 693.26	164 670.25
商誉	148 545.22	148 079.95
长期待摊费用	227 853.64	247 110.72
递延所得税资产	3 074 135.02	2 981 514.82
其他非流动资产	704 175.24	601 754.39
非流动资产合计	35 324 005.84	33 817 565.20
资产总计	91 941 475.58	84 933 327.96
流动负债：	—	—
短期借款	2 362 864.14	2 558 798.62
拆入资金	6 910 461.94	4 974 287.06
交易性金融负债	40 199.81	121 128.57
应付票据	5 609 890.74	3 296 152.33
应付账款	14 894 830.53	13 708 614.03
预收款项	0	1 187 305.89
合同负债	2 482 283.08	0

续表

项　目	2020 年	2019 年
卖出回购金融资产款	120 385.84	50 613.38
吸收存款及同业存放	6 191 119.57	7 925 148.96
应付职工薪酬	1 151 123.94	1 037 917.07
应交税费	1 179 087.65	1 009 442.98
其他应付款	7 759 421.37	7 708 260.14
其中：应付利息	8 281.50	10 430.20
应付股利	224 757.40	76 436.53
一年内到期的非流动负债	2 342 654.64	2 683 816.57
其他流动负债	44 083.18	18 842.07
流动负债合计	51 088 406.44	46 280 327.67
非流动负债：	—	—
长期借款	2 360 825.19	1 913 696.58
应付债券	2 349 214.31	1 616 176.20
长期应付款	154 615.21	156 693.37
长期应付职工薪酬	550 834.31	560 430.82
预计负债	1 366 963.46	1 399 702.71
递延收益	2 351 563.41	2 611 158.94
递延所得税负债	422 281.22	311 179.24
其他非流动负债	292 640.83	0.00
非流动负债合计	9 848 937.95	8 569 037.86
负债合计	60 937 344.39	54 849 365.53
所有者权益（或股东权益）：	—	—
实收资本（或股本）	1 168 346.14	1 168 346.14
资本公积	5 702 707.00	5 556 665.80
减：库存股	203 962.58	0
其他综合收益	1 333 555.46	1 250 473.48
专项储备	72 368.09	62 029.60
盈余公积	4 084 317.16	4 084 317.16
一般风险准备	356 562.52	320 290.73
未分配利润	13 496 401.64	12 528 078.05

续表

项　目	2020 年	2019 年
归属于母公司所有者权益（或股东权益）合计	26 010 295.44	24 970 200.97
少数股东权益	4 993 835.75	5 113 761.46
所有者权益（或股东权益）合计	31 004 131.19	30 083 962.43
负债和所有者权益（或股东权益）总计	91 941 475.58	84 933 327.96

下面结合上汽集团 2020 年资产负债表及其附注分别说明主要列示项目的含义。

（1）货币资金：包括库存现金、银行存款和其他货币资金。

在货币资金项目中，主要关注货币资金同比变动情况，和受限制资金构成。

（2）交易性金融资产：通俗地讲，就是企业买入的、短时间内要卖出的股票、债券、基金等，通过价格涨跌来获利。专业地讲，就是以公允价值计量且其变动计入当期损益的金融资产。

上汽集团交易性金融资产具体情况如表 7-2 所示。

表 7-2　上汽集团 2020 年交易性金融资产

单位：万元

项　目	本期发生额	上期发生额
债券投资	640 593.61	572 308.15
股票、基金等投资	3 947 643.79	3 476 942.48
银行承兑汇票	887 818.95	928 403.31
衍生工具	4 029.97	2 005.96
合计	5 480 086.32	4 979 659.90

（3）应收票据：应收票据反映摊余成本计量的、企业因销售商品、提供服务等收到的商业汇票。商业汇票包括银行承兑汇票和商业承兑汇票。一般来说，银行承兑汇票的变现能力要高于商业承兑汇票。

上汽集团银行承兑票据占比超过了 70%，应收票据变现能力强。具体情况如表 7-3 所示。

100

表 7-3　上汽集团 2020 年应收票据

单位：万元

项　　目	本期发生额	上期发生额
银行承兑票据	264 333.68	460 725.17
商业承兑票据	84 280.16	163 784.08
合计	348 613.84	624 509.25

（4）应收账款：通俗地讲，就是企业销售商品，但客户没给钱，给了一个承诺。专业地讲，就是反映以摊余成本计量的、企业因销售商品、提供服务等经营活动应收取的款项。

应收账款账龄越长，收回的难度越大，需要计提的坏账准备的比例越高。上汽集团的应收账款账龄绝大部分在 1 年以内，如表 7-4 所示。

表 7-4　上汽集团 2020 年应收账款情况表

年　　限	应收账款 / 万元	坏账准备计提比例 /%
1 年以内	4 296 124.78	0.98
1 ～ 2 年	96 865.85	35.4
2 ～ 3 年	62 046.34	55.92
3 年以上	72 255.96	99.05
合计	4 527 292.94	4.03

（5）应收款项融资：通俗地讲，企业将自己的应收款项部分打包出售给银行等机构获得再融资。专业地讲，就是以公允价值计量且其变动计入其他综合收益的应收票据和应收账款等。在认定方面，涉及应收票据的，一般需要满足承兑人信用等级较高的条件；涉及应收账款保理，一般需要满足不附追索权的条件。

上汽集团应收款项融资中，全部为银行承兑汇票，如表 7-5 所示。

表 7-5　上汽集团 2020 年应收款项融资表

单位：万元

项　　目	期　末　余　额	期　初　余　额
应收票据 – 银行承兑汇票	1 316 874.69	1 140 183.75
合计	1 316 874.69	1 140 183.75

（6）预付款项：预付款项多为 1 年以内预支给对方的经营类款项。如果存在跨年较多的情况，则预付款项质量存疑，可能是由于对方跑路而形成坏账，也可能是与供应链上游地位相比，地位、话语权太低。上汽集团约 99% 以上预付款项均为 1 年以内，如表 7-6 所示。

表 7-6　上汽集团 2020 年预付款项情况表

账　龄	金额 / 万元	比例 /%
1 年以内	3 875 539.26	99.12
1～2 年	24 190.77	0.62
2～3 年	6 008.73	0.15
3 年以上	4 440.89	0.11
合计	3 910 179.65	100

（7）其他应收款：这是个排除项目，反映企业除应收票据、应收账款和预付款项之外的各种应收和暂付款项。其中，应收利息反映债券投资收取的利息，应收股利反映股权投资收取的现金股利和应收取其他单位的利润，如表 7-7 所示。

表 7-7　上汽集团 2020 年其他应收款情况表

单位：万元

项　目	期 末 余 额	期 初 余 额
应收利息	27 242.95	32 360.35
应收股利	108 266.21	106 682.43
其他应收款	983 671.02	1 321 219.31
合计	1 119 180.18	1 460 262.09

（8）买入返售金融资产：反映按照返售协议约定先买入，再按固定价格返售的票据、证券、贷款等金融资产所融出的资金。买入返售实际是一笔短期贷款业务，抵押品就是"买入返售金融资产"，如债券、票据等。

（9）存货：这是实体企业特别重要的一项资产，企业主要依靠存货的运转获得收益。主要包括原材料、半成品、产成品（也就是库存商品）、包装物等。专业地讲，存货反映企业在日常活动中持有以备出售的产成品或商品、处在生产过程中的在产品、在生产过程或提供劳务过程中耗用的材料和物料等。

上汽集团的存货主要为库存商品，且相较于上年同比增加。具体如表 7-8 所示。

表 7-8　上汽集团 2020 年存货情况表

单位：万元

项　　目	期末账面价值	期初账目价值
原材料	727 498.60	846 888.33
在产品	1 062 036.61	196 653.56
库存商品	5 142 965.58	4 396 321.45
合同履约成本	7 045.81	0
合计	6 939 546.60	5 439 863.34

（10）持有待售投资：反映企业资产负债表日划分为持有待售类别的非流动资产，及划分为持有待售类别的处置组中的资产和负债。

（11）一年内到期的非流动资产：反映企业将于一年内到期的非流动资产项目净额。

对于上汽集团，主要是一年内到期的发放长期贷款，如表 7-9 所示。

表 7-9　上汽集团 2020 年一年内到期的非流动资产

单位：万元

项　　目	期　末　余　额	期　初　余　额
一年内到期的发放长期贷款	4 308 828.35	4 407 722.69
一年内到期的长期应收款	811 331.53	646 561.12
一年内到期的其他非流动资产	173 354.17	257 440.53
一年内到期的债权投资	3 120.96	7 500.00
一年内到期的其他债权投资	4 004.58	0
合计	5 300 639.59	5 319 224.34

（12）债权投资：反映资产负债表日企业分类为以摊余成本计量的长期债权投资的期末账面价值。

上汽集团相关信息如表 7-10 所示。

表 7-10　上汽集团 2020 年债权投资情况表

单位：万元

项　　目	期末账面价值	期初账面价值
委托贷款	43 920.96	46 691.99
一年内到期的债权投资	−3 120.96	−7 500.00
合计	40 800.00	39 191.99

（13）其他债权投资：以公允价值计量且其变动计入其他综合收益的金融资产。

上汽集团其他债权投资相关信息如表 7-11 所示。

表 7-11　上汽集团 2020 年其他债权投资情况表

单位：万元

项　　目	期　末　余　额	期　初　余　额
同业存单及债券	468 030.55	61 082.46
减：一年内到期的其他债权投资	4 004.58	
一年后到期的其他债权投资	464 025.97	61 082.46

（14）长期应收款：是指企业融资租赁产生的应收款项和采用递延方式分期收款、实质上具有融资性质的销售商品和提供劳务等经营活动产生的应收款项。

上汽集团 2020 年长期应收款情况如表 7-12 所示。

表 7-12　上汽集团 2020 年长期应收款情况表

单位：万元

项　　目	期末账面价值	期初账面价值
融资租赁款	1 660 364.12	1 676 748.80
其中：未实现融资收益	175 825.12	143 707.57
分期收款销售商品	131 152.37	82 833.81
其他	980.59	1 420.92
到期的长期应收款	−811 331.53	−646 561.12
合计	981 165.55	1 114 442.41

（15）长期股权投资：是指投资方对被投资单位实施控制、重大影响的权益性投资，以及对其合营企业的权益性投资。

按照投资方对被投资单位的影响程度，长期股权投资可分为三类：①对子公司投资，投资方能够对被投资单位实施控制；②对合营企业投资，投资方与其他合营方共同控制被投资单位；③对联营企业投资，投资方对被投资单位具有重大影响。

上汽集团长期股权投资如表 7-13 所示。

表 7-13　上汽集团 2020 年长期股权投资情况表

单位：万元

项　　目	期　末　余　额	期　初　余　额
对合营企业投资	4 974 279.28	5 528 372.97
对联营企业投资	1 279 193.69	1 234 548.15
交叉持股冲销等	−281 965.05	−298 078.12
合计	5 971 507.91	6 464 843.01
减：长期股权投资减值准备	6 526.27	3 142.30
长期股权投资净额	5 964 981.64	6 461 700.71

（16）投资性房地产：一般是指出租的建筑物、出租的土地使用权、持有并准备增值后转让的土地使用权。可以采用成本模式计量或公允价值模式计量。

上汽集团投资性房地产采用成本模式计量。如表 7-14 所示。

表 7-14　上汽集团 2020 年投资性房地产情况表

单位：万元

项　　目	期末账面价值	期初账面价值
房屋、建筑物	234 168.13	245 563.04
土地使用权	73 869.15	79 643.11
合计	308 037.28	325 206.15

（17）固定资产：反映企业固定资产的期末账面价值和企业尚未清理完毕的固定资产清理净损益。

上汽集团固定资产主要是机器设备、房屋及建筑物，对应的主要是汽车生产线和厂房。具体如表 7-15 所示。

表 7-15　上汽集团 2020 年固定资产情况表

单位：万元

项　目	期末账面价值	期初账面价值
房屋及建筑物	2 814 856.06	2 752 636.04
机器设备	4 210 868.35	4 151 415.85
电子设备、器具及家具	282 246.25	283 021.00
运输设备	534 824.30	680 790.75
模具	455 438.74	437 737.07
合计	8 298 233.70	8 305 600.72

（18）在建工程：通俗地讲，就是指尚未建设完毕的固定资产。专业地讲，在建工程反映资产负债表日企业尚未达到预定可使用状态的在建工程的期末账面价值，及企业为在建工程准备的各种物资的期末账面价值。

上汽集团主要的在建工程是商用和乘用车生产线。

（19）无形资产：反映企业持有无形资产的账面价值，包括专利权、非专利技术、商标权、著作权、土地使用权等。

上汽集团最主要的无形资产是土地使用权，具体如表 7-16 所示。

表 7-16　上汽集团 2020 年无形资产情况表

单位：万元

项　目	期末账面价值	期初账面价值
土地使用权	1 230 960.24	1 246 869.85
专利权	5.00	5.00
特许使用权	0	296.95
软件使用权	141 269.16	145 538.75
商标权	7 599.09	10 016.06
非专利技术	170 093.95	68 996.74
其他	52 124.24	56 392.62
合计	1 602 051.69	1 528 115.97

（20）开发支出：开发支出与无形资产的关系，类似于在建工程与固定资产的关系。反映企业开发无形资产过程中能够资本化形成无形资产成本的支出部分。

只有同时满足以下条件才能资本化记在这个项目中：①完成该项无形资产以使其能够在使用或出售时在技术上具有可行性；②具有完成该无形资产并使用或出售的意图；③无形资产有产生未来经济利益的方式，包括能够证明运用该无形资产生产的产品存在市场或无形资产自身存在市场，如果无形资产将在内部使用，应当证明其有用性；④有足够的技术、财务资源和其他资源支持，以完成该无形资产的开发，并有能力使用或出售该无形资产；⑤归属于无形资产开发阶段的支出能够可靠计量。

上汽集团 2020 年开发支出全部为开发阶段支出。

（21）商誉：反映企业合并中形成商誉的价值。商誉不必摊销，但应至少每年进行减值测试。

（22）长期待摊费用：反映企业已经发生但应由本期和以后各期负担的分摊期限在一年以上的各项费用。

上汽集团长期待摊费用主要是固定资产改良支出，具体如表 7-17 所示。

表 7-17　上汽集团 2020 年长期待摊费用情况表

单位：万元

项　目	期 末 余 额	期 初 余 额
固定资产改良支出	180 190.22	192 841.10
其他	47 663.42	54 269.62
合计	227 853.64	247 110.72

（23）递延所得税资产：反映企业确认的可抵扣暂时性差异产生的递延所得税资产。

（24）短期借款：从银行或其他金融机构借入的，偿还期一般在 1 年以内的各种借款。

上汽集团受益于良好的资信资质，其信用借款占比重较高，短期借款总规模同比下降。具体如表 7-18 所示。

表 7-18　上汽集团 2020 年短期借款情况表

单位：万元

项　目	期末余额	期初余额
质押借款	54 600.00	63 390.50
抵押借款	8 600.00	4 600.00
保证借款	50 342.91	25 574.00
信用借款	2 249 321.24	2 465 234.12
合计	2 362 864.14	2 558 798.62

（25）交易性金融负债：通俗地讲，反映资产负债表日企业承担的交易性金融负债，以及企业持有的直接指定为以公允价值计量且其变动计入当期损益的金融负债的期末账面价值。

上汽集团相关情况如表 7-19 所示。

表 7-19　上汽集团 2020 年交易性金融负债情况表

单位：万元

项　目	期末余额	期初余额
交易性金融负债	4 567.50	163.52
指定以公允价值计量且其变动计入当期损益的金融负债	35 632.31	120 965.05
合计	40 199.81	121 128.57

（26）应付票据：企业因购买材料、商品和接受服务等开出、承兑的商业汇票，包括银行承兑汇票和商业承兑汇票。

上汽集团银行承兑汇票占绝对比重，且本年较上年增幅较大。具体如表 7-20 所示。

表 7-20　上汽集团 2020 年应付票据情况表

单位：万元

项　目	期末余额	期初余额
商业承兑汇票	73 992.56	10 311.43
银行承兑汇票	5 535 898.18	3 285 840.89
合计	5 609 890.74	3 296 152.33

（27）应付账款：企业因购买材料、商品和接受服务等经营活动应支付的款项。

上汽集团主要是应付材料及设备款等，规模较上年有所增长。

（28）预收款项：在经营过程中，企业在发生实际销售前，提前收取的款项。

上汽集团本年预收款为 0，较上年有所减少。

（29）合同负债：是指企业已收或应收客户对价而应向客户转让商品的义务，如企业在转让承诺的商品之前已收取的款项。

上汽集团主要是预收整车款、材料款、配件款等。

（30）应付职工薪酬：反映企业根据有关规定应付给职工的工资、职工福利、社会保险费、住房公积金、工会经费、职工教育经费、解除职工劳务关系补偿、非货币性福利、辞退福利等各种薪酬。

上汽集团应付职工薪酬呈现一定程度增长，具体如表 7-21 所示。

表 7-21　上汽集团 2020 年应付职工薪酬情况表

单位：万元

项　　目	期　末　余　额	期　初　余　额
一、短期薪酬	1 093 298.12	985 368.66
二、离职后福利 - 设定提存计划	31 666.66	24 720.33
三、辞退福利	26 159.16	27 828.08
合计	1 151 123.94	1 037 917.07

（31）应交税费：反映企业按照税法规定计算应缴纳的各种税费，包括增值税、消费税、所得税、资源税、土地增值税、城市维护建设税、房产税、土地使用税、车船使用税、教育费附加、矿产资源补偿费等。

上汽集团应交税费主要为应交企业所得税和增值税，具体如表 7-22 所示。

表 7-22　上汽集团 2020 年应交税费情况表

单位：万元

项　　目	期　末　余　额	期　初　余　额
增值税	459 644.54	346 716.16
消费税	79 131.02	70 924.67

续表

项 目	期 末 余 额	期 初 余 额
企业所得税	538 702.49	491 437.95
个人所得税	19 206.85	22 979.41
城市维护建设税	18 105.86	20 378.02
教育费附加	22 426.93	20 433.35
土地使用税	2 408.96	2 308.55
其他	39 461.01	34 264.87
合计	1 179 087.65	1 009 442.98

（32）其他应付款：应根据"应付利息""应付股利"和"其他应付款"项目的期末余额合计数填列。

上汽集团相关情况如表 7-23 所示。

表 7-23　上汽集团 2020 年其他应付款情况表

单位：万元

项 目	期 末 余 额	期 初 余 额
应付利息	8 281.50	10 430.20
应付股利	224 757.40	76 436.53
其他应付款	7 526 382.47	7 548 671.58
合计	7 759 421.37	7 635 538.30

（33）长期借款：企业从金融机构借入的、期限 1 年以上的款项。

上汽集团主要是信用借款，且规模较大，体现了银行对其良好的授信，如表 7-24 所示。

表 7-24　上汽集团 2020 年长期借款情况表

单位：万元

项 目	期 末 余 额	期 初 余 额
质押借款	751.13	119 066.95
抵押借款	413 585.61	396 187.68
保证借款	126 229.08	147 785.34
信用借款	2 643 550.32	1 784 293.72

项　　目	期　末　余　额	期　初　余　额
减：一年内到期的长期借款	823 290.95	533 637.11
合计	2 360 825.19	1 913 696.58

（34）应付债券是指企业为筹集长期（1年以上）资金而发行的债券形成的负债。

上汽集团相关情况如表7-25所示。

表7-25　上汽集团2020年应付债券情况表

单位：万元

项　　目	期　末　余　额	期　初　余　额
上汽通用金融非银行金融机构债	1 823 836.75	1 839 304.56
金融资产支持证券	899 892.59	843 688.75
公司债	499 113.15	498 611.78
中期票据	100 870.00	0
非公开发行公司债券	40 000.00	0
减：一年内到期的应付债券	−1 014 498.18	−1 565 428.90
合计	2 349 214.31	1 616 176.20

（35）长期应付款：反映资产负债表日企业除长期借款和应付债券以外的其他各种长期应付款项的期末账面价值。

上汽集团相关情况如表7-26所示。

表7-26　上汽集团2020年长期应付款情况表

单位：万元

项　　目	期　末　余　额	期　初　余　额
长期应付款	111 454.00	98 835.82
专项应付款	63 751.75	70 226.58
减：一年内到期的长期应付款	−20 590.54	−12 369.03
合计	154 615.21	156 693.37

（36）长期应付职工薪酬：反映企业辞退福利中将于资产负债表日起12

个月之后支付的部分、离职后福利中设定受益计划净负债、其他长期职工福利中符合设定受益计划条件的净负债。

上汽集团相关情况如表 7-27 所示。

表 7-27   上汽集团 2020 年长期应付职工薪酬情况表

单位：万元

项　　目	期 末 余 额	期 初 余 额
一、离职后福利－设定受益计划净负债	325 299.84	326 537.07
二、辞退福利	163 405.23	182 337.34
三、其他长期福利	65 346.40	51 556.40
减：一年内到期的长期应付职工薪酬	-3 217.16	0.00
合计	550 834.31	560 430.82

（37）预计负债：反映企业各项预计的负债，包括对外提供担保、未决诉讼、产品质量保证、重组义务、亏损合同、应付退货款等。

上汽集团预计负债主要是产品质量保证，具体如表 7-28 所示。

表 7-28   上汽集团 2020 年预计负债情况表

单位：万元

项　　目	期 末 余 额	期 初 余 额
产品质量保证	1 202 067.88	1 281 198.84
预计赔偿支出	73 431.42	97 838.31
继续涉入负债	291 016.74	330 771.83
其他	220 392.74	138 194.30
减：一年内到期的预计负债	-435 202.17	-481 039.82
合计	1 351 706.61	1 366 963.46

（38）递延收益：反映企业应在以后期间确认的收入或收益，包括尚待确认的政府补助、劳务收入和未实现融资收益等。

上汽集团递延收益主要是政府补助和下属金融子公司预收利息，具体如表 7-29 所示。

表 7-29　上汽集团 2020 年递延收益情况表

单位：万元

项　　目	期　末　余　额	期　初　余　额
政府补助	1 246 491.01	1 358 118.56
财务公司及上汽通用金融预收利息	1 071 389.88	884 326.07
其他	33 682.53	214 441.18
合计	2 351 563.41	2 456 885.81

（39）实收资本（或股本）：反映企业各投资者实际投入的资本（或股本）总额。

上汽集团注册及实收股本计人民币 11 683 461 365.00 元，每股面值为人民币 1.00 元，本年和上年无变动。

（40）资本公积是企业收到投资者的超出其在企业注册资本（或股本）中所占份额的投资以及其他资本公积。

上汽集团资本公积项目主要是资本溢价。具体如表 7-30 所示。

表 7-30　上汽集团 2020 年资本公积情况表

单位：万元

项　　目	期　末　余　额	期　初　余　额
资本溢价（股本溢价）	5 407 621.91	5 390 743.64
其他资本公积	295 085.09	165 922.16
合计	5 702 707.00	5 556 665.80

（41）库存股：反映企业持有尚未转让或注销的本企业股份金额。

（42）其他综合收益：是指企业根据其他会计准则规定未在当期损益中确认的各项利得和损失。

（43）盈余公积是企业按照规定从净利润中提取的各种积累资金。分为法定盈余公积和任意盈余公积。法定盈余公积，是指企业按照规定比例从税后利润中提取的盈余公积，法定盈余公积提取比例为 10%，累计提取的盈余公积总额达到注册资本 50% 以后，可不再提取；任意盈余公积，是指企业经股东大会或类似机构批准按照规定的比例从税后利润中提取的盈余公积。

上汽集团盈余公积项目和上年持平，具体如表 7-31 所示。

表 7-31　上汽集团 2020 年盈余公积情况表

单位：万元

项　　目	期 末 余 额	期 初 余 额
法定盈余公积	2 277 903.01	2 277 903.01
任意盈余公积	1 806 414.15	1 806 414.15
合计	4 084 317.16	4 084 317.16

（44）未分配利润是企业留待以后年度进行分配的结存利润。

上汽集团未分配利润有小幅增加，具体如表 7-32 所示。

表 7-32　上汽集团 2020 年未分配利润情况表

单位：万元

项　　目	期 末 余 额	期 初 余 额
调整前上期末未分配利润	12 528 078.05	11 509 736.50
调整期初未分配利润合计数	−1 880.60	−18 159.84
调整后期初未分配利润	12 526 197.45	11 491 576.65
加：本期归属于母公司所有者的净利润	2 043 103.75	2 560 338.42
其他综合收益结转留存收益	2 756.32	117.01
应付普通股股利	1 028 144.60	1 472 116.13
财务公司及上汽通用金融提取一般风险准备	36 271.79	30 438.13
子公司提取职工奖励及福利基金	8 609.97	20 201.39
本年因对子公司持股比例变更而变动	2 629.52	768.51
期末未分配利润	13 496 401.64	12 528 078.05

（45）少数股东权益：主要反映编制合并报表时，除母公司以外的其他投资者在子公司中拥有的权益数额。

🏆 第二节　资产：企业的家底

资产是企业的家底，是赖以生存的根本，企业就是依靠这些资产的运转而产生利润的。只有能为企业带来未来收益的资源才能称得上资产，如果不能，这项资产就不该列在报表上。

一、如何分析家底

首先，关注资产配置。资产配置对于一个企业非常重要，就是决定将多少资金用于配置什么类别的资产，相当于如何将手中的资源进行排兵布阵，不同的排兵布阵决定了未来不同的胜算。不同的资产配置也体现了企业商业模式的差异，进而决定了获利性的好坏。

其次，关注资产运转效率。也就是善用手中的资源，把牌打好才能赢。资产运转效率的高低一定程度上决定了企业盈利性的好坏。

最后，关注资产质量。有很多企业比较乐于表达资产规模有多大。资产的规模固然重要，但却不是最重要的，因为规模只代表数量，只说明手中有多少可以用来支配的资源。但如果没有质量，要么卖不出去，要么已经毁损，要么大幅跌价等，那么这项资产就没有办法给企业带来预期的收益，即使资产的数字规模再大也没有真正的意义。因此，分析家底的时候，对资产质量的关注应远多于对资产规模的关注。有的企业资产很少，却带来了丰厚的回报；而有的企业资产很大，却收益甚微。所以，山不在高，有仙则灵；资产不在多，有用才行。

二、从结构看资产配置

（一）从流动性观察

资产从上到下是按照流动性从强到弱排序的，换言之，变现能力最强的项目排在资产的最前列，最弱的排在最后列。一般来说，一年内能变现的叫做流动资产，一年以上变现的是非流动资产。

这种排列对分析企业有什么帮助？如果企业有马上到期的流动资金贷款或者有着急要支付的大量应付账款或应付票据等负债，就应该重点关注流动资产。一个企业流动性的好坏，主要是看流动资产与流动负债的配合。合理的资产配置，可以一定程度上降低债务风险。

此外，值得关注如下几个问题。

（1）流动资产并不是一定能快速变现的，如卖得慢的存货、回款差的应收账款等，因此，有的企业在急需用钱的情况下，可能会压价清库存，或者采用应收账款保理、应收票据贴现等方式实现资金周转。也就是说，当流动资产的流动性较差时，变现时的金额会在账面价值的基础上打折扣。

（2）在一些特定行业，流动性资产变现能力受限，存货变现能力因不同行业存在差异。例如，房地产企业，可能会因地方性的限购而导致在手的商品房难以变现；高危化工品、特种装备行业的存货，可能会因运输、环保、安全、国家政策等因素而难以快速变现。

（3）非流动性资产中的一些项目，也会因为持有意图发生变化，这项长期资产就能迅速变现了。如流动性较好、可公开市场报价交易的长期股权投资等。

（二）从获利性看资产配置

资产从上到下的获利性往往是从弱到强的。一般来说，现金的获利性是最弱的，因为如果把钱放到银行，只能获得有限的利息收入。因此，最佳现金持有量之外的现金应该尽量变身，变成不是钱的其他资产，并让其有效运转，等再变回来的就是增值了的现金。有的人觉得无形资产最不赚钱，这是对无形资产的误解，无形资产包括专利、专有技术、软件著作权、商标等。很多企业恰恰是由于很多高质量无形资产的存在，才打造了很多企业的核心竞争力，让它拥有高于同行的盈利能力。因此说，资产配置可以很大程度上影响企业未来的获利能力。

（三）从投入目的看资产配置

按照资产投入的目的进而形成不同的增值方式，可将资产分为经营类资产、对外投资类资产两大类。具体情况如下。

一是经营类资产。该类资产服务于企业自身经营，主要包括应收账款、存货、固定资产、在建工程、无形资产等。对于一般不以投资为主的企业来说，经营类资产往往占较大比重。

二是对外投资类资产，是指企业在投资过程中产生的资产。该类资产主要通过资本增值的手段为企业带来未来现金流，其增值主要是通过买卖价差、股息分红、利息收入等方式获得。

以上汽集团为例，对主要经营类资产和对外投资类资产进行划分，具体如表 7-33 和表 7-34 所示。

表 7-33　上汽集团 2020 年主要经营类资产

项　　目	期　末　余　额	期　初　余　额
应收票据 / 万元	348 613.84	624 509.25
应收账款 / 万元	4 360 250.11	4 134 063.54
应收款项融资 / 万元	1 316 874.69	1 140 183.75
发放贷款和垫款 / 万元	9 694 241.87	8 182 705.76
预付款项 / 万元	3 910 179.65	2 893 912.31
存货 / 万元	6 939 546.60	5 439 863.34
固定资产 / 万元	8 298 233.70	8 305 600.72
在建工程 / 万元	1 313 259.92	1 618 754.09
主要经营类资产合计 / 万元	36 181 200.38	32 339 592.76
总资产 / 万元	91 941 475.58	84 933 327.96
主要经营类资产占总资产比例 /%	39.35	38.08

表 7-34　上汽集团 2020 年主要对外投资类资产

项　　目	期　末　余　额	期　初　余　额
交易性金融资产 / 万元	5 480 086.32	4 979 659.90
债权投资 / 万元	40 800.00	39 191.99
其他债权投资 / 万元	464 025.97	61 082.46
其他权益工具投资 / 万元	2 069 846.84	1 828 187.61
长期股权投资 / 万元	5 964 981.64	6 461 700.71
其他非流动金融资产 / 万元	187 959.00	209 447.20
投资性房地产 / 万元	308 037.28	325 206.15
主要对外投资类资产合计 / 万元	14 515 737.05	13 904 476.02
总资产 / 万元	91 941 475.58	84 933 327.96
主要对外投资类资产占总资产比例 /%	15.79	16.37

从上述信息看，上汽集团 2020 年主要经营类资产和对外投资类资产占总资产比例均保持稳定，其中，经营类资产权重整体高于对外投资类资产，对外投资则多以促进集团产业链生态健康有序发展为目的的产业链上下游投资。

资产按照上述用途分类后，需要进一步了解这两类资产在利润表上的相应的获利状况。

（四）从资产弹性看资产配置

资产弹性是指资产占用总量和结构能被随时调整的可能性。如果专用资产所占比重越大，那么随时调整其占用量及其结构的难度也会越大，即资产弹性越小；反之，如果企业资产中专用资产占比重越小，则资产占用总量和资产结构的调整难度越小，资产弹性越大。

可以看出专用资产的占比决定资产弹性的大小。这里专用资产包括专用设备、专用机组以及正处在建设状态的相关在建工程。

当企业专用资产很多，也就是资产弹性很小，那么在行业下行或企业经营状况比较差的时候，会表现出转型壁垒非常高的情况。反之同理。

以上汽集团为例，由于其聚焦于汽车生产，所以可基本认定其大部分固定资产和在建工程为专用资产，观察其专用资产占比情况如表 7-35 所示。

表 7-35　上汽集团 2020 年专用资产

项　目	期 末 余 额	期 初 余 额
固定资产 / 万元	8 298 233.70	8 305 600.72
在建工程 / 万元	1 313 259.92	1 618 754.09
专用资产合计 / 万元	9 611 493.62	9 924 354.81
总资产 / 万元	91 941 475.58	84 933 327.96
专用资产占总资产比例 /%	10.45	11.68

从表 7-35 可见，上汽集团专用资产占比相对稳定，2019 年和 2020 年均为 10% 左右，这表示企业没有大规模扩产，这也和 2020 年车企陷入存量博弈的市场情况相吻合。

三、从周转状况看资产运营效率

如何判断企业是否善用了手中的资源？下面逐个分析说明。

（一）应收账款周转指标

应收账款周转率是报告期内应收账款转为现金的平均次数。应收账款周转率越高，平均收现期越短，说明应收账款的收回速度越快。该指标也可用应收账款的周转天数来衡量。

具体计算方法：

应收账款周转率＝营业收入／［（期初应收账款账面价值＋期末应收账款账面价值）/2］

应收账款周转天数 =360/ 应收账款周转率

由于应收账款周转天数和应收账款周转率指标从分析的角度本质上没有区别，这里使用应收账款周转天数这个更为方便可视的指标。

上汽集团及竞争对手应收账款周转天数如表 7-36 所示。

表 7-36　上汽集团及竞争对手应收账款周转天数

单位：天

指 标 项 目	2020 年	2019 年	2018 年
上汽集团	21.15	17.74	15.17
长安汽车	6.34	5.73	8.73
比亚迪	97.87	131.35	140.01
广汽集团	22.34	17.09	8.89
长城汽车	12.42	12.37	7.76

从表 7-36 可见，上汽集团整体应收账款周转天数逐年增加，但较为均衡，比亚迪应收账款周转天数逐年减少，但其绝对值仍然较大，应收账款对资金占用仍较为明显。

（二）存货周转指标

存货周转率是衡量企业购入存货、投入生产、销售收回等各环节管理状况的综合性指标。存货周转速度越快，存货的占用水平越低，流动性越强，存货转换为现金、应收账款的速度越快。其周转情况也可以用存货周转天数来表示。

存货周转率＝营业成本／［（期初存货净额＋期末存货净额）/2］

存货周转天数 =360/ 存货周转率

由于存货周转天数和存货周转率指标从分析的角度本质上没有区别，这里使用存货周转天数这个更为方便可视的指标。

上汽集团及竞争对手存货周转天数如表 7-37 所示。

表 7-37　上汽集团及竞争对手存货周转天数

单位：天

指 标 项 目	2020 年	2019 年	2018 年
上汽集团	34.53	28.10	25.48
长安汽车	23.20	24.78	30.49
比亚迪	81.22	87.37	76.49
广汽集团	41.58	44.58	31.14
长城汽车	28.91	24.13	22.13

从表 7-37 可见，比亚迪存货周转天数比较稳定，与其他几家企业比相对较长。同时可以看到，上汽集团的存货周转天数增加，在 2019 年 28.10 天的基础上，2020 年达到了 34.53 天，同比增长 23%，这很可能是上汽新车型更新较慢和老车型整体滞销带来的综合结果。

（三）营运资本周转指标

营运资本周转率反映一年中营运资本周转的次数。其中，营运资本是流动资产与流动负债之差。

具体计算方法：

营运资本周转率 = 营业总收入 ×2/〔（期初流动资产 - 期初流动负债）+（期末流动资产 - 期末流动负债）〕

上汽集团及竞争对手营运资本周转率如表 7-38 所示。

表 7-38　上汽集团及竞争对手营运资本周转率

单位：次

指 标 项 目	2020 年	2019 年	2018 年
上汽集团	14.32	19.30	47.45
长安汽车	15.85	330.91	16.16
比亚迪	76.16	—	—
广汽集团	4.28	2.91	2.71
长城汽车	6.43	7.57	9.05

从表 7-38 可见，广汽集团营运资本周转率相对偏低。

（四）总资产周转指标

总资产周转率是整体评价企业资产使用效率的综合性指标，可以理解为单位资产在运营过程中产生收入的能力，该指标越高，反映企业资产创收能力越强。

120

具体计算方法：

总资产周转率 = 营业总收入 / [（期初资产总计 + 期末资产总计）/2]

上汽集团及竞争对手总资产周转率如表 7-39 所示。

表 7-39 上汽集团及竞争对手总资产周转率

单位：次

指 标 项 目	2020 年	2019 年	2018 年
上汽集团	0.84	1.03	1.20
长安汽车	0.77	0.74	0.66
比亚迪	0.79	0.65	0.70
广汽集团	0.45	0.44	0.58
长城汽车	0.77	0.86	0.89

从表 7-39 可见，在 2020 年上汽集团仍以 0.84 的总资产周转率名列第一，但相较于其 2018 年的 1.20 的水平，下滑了 0.36，下滑幅度远超其他企业，领先其他企业的优势减小。

四、从"黑洞属性"项目看资产质量

正如前面说的，资产的质量远比资产的规模重要得多，资产数量多也就是规模大不一定质量高。

在一些企业实际运营中，部分资产项目往往成为企业的垃圾桶，这类具有"黑洞属性"的资产如下。

（一）应收款项

应收账款，主要从金额增长和计提坏账比率两方面分析。如果应收账款突然大量增长或集中在少数企业，存在转移资产或财务造假的可能；也有可能企业经营不善，收入质量大幅下降，为顾全面子，利用让步赊销的方式实现收入，但未来会有较大收回现金的不确定性。

应收票据，由于银行承兑汇票和商业承兑汇票面临的承兑风险完全不同，如果商业承兑汇票大幅增加，说明企业回款出现了困难。

以环保行业为例，2020 年应收款项占比排名前十的单位如表 7-40 所示。

表 7-40　2020 年环保行业年报应收款项占比大户

项　目	应收款项合计 / 万元	总　资　产 / 万元	应收款项占总资产比例 /%
中再资环	438 757	616 909	71.12
卓锦股份	25 522	49 905	51.14
力源科技	30 440	72 766	41.83
正和生态	167 989	361 649	46.45
大地海洋	43 160	94 833	45.51
京源环保	38 810	99 158	39.14
超越科技	26 850	65 389	41.06
三聚环保	531 716	1 888 930	28.15
太和水	47 862	126 982	37.69
新安洁	32 397	99 459	32.57

从表 7-40 可见，中再资环、卓锦股份应收账款占总资产比例已经超过50%，而曾经的资本市场宠儿三聚环保，虽然占比 28.15%，但是绝对量已经达到 53.2 亿元。还应对应收款项进一步分析，如分析应收账款周转天数、账龄等。

（二）其他应收款

现实经营中，企业各种不方便的款项经常放入这个"回收站"中，如关联方占用、抽逃资金等，非法或不当的利益转移在这个项目中屡见不鲜。

（三）商誉

商誉这个项目具有一定的特殊性，只有并购才会带来商誉。商誉不是一种有形的资产，而是一种"并购溢价"，这种溢价可能来自于被并购公司的品牌影响力、稳健富有经验的管理团队、高水准的雇员、遍布各地的营销网络、成熟的供应链体系、稳定的客户群体等。

商誉的计算可以简单描述为合并成本减去目标公司可辨认净资产的公允价值。商誉既然是一种溢价，必然会存在溢价是否值这么多钱的问题，如果并购后企业没有发挥良好的协同效应，也就是溢价过高，就会造成商誉减值。

在企业并购中形成的商誉，不需要摊销，只需进行减值测试。一些企业商誉长期在账面蛰伏，居高不下，考虑到商誉的资产负债率并不高，但是扣除商誉后的资产负债率却惨不忍睹，所以企业往往用高商誉美化财务报表，虚降资产负债率，以实现融资准入或其他便利条件。商誉埋雷的现象在国内资本市场比比皆是，在企业财务分析中，可以采用两个指标定量分析商誉对资产负债结构的影响。

一是商誉占总资产比例。其主要特点为完全从资产端对商誉占总资产的比例进行定量分析，可以更加明确的知晓资产中并购溢价"注水"的比例。以2020 年年报为例，国内上市公司商誉占比前十名大户如表 7-41 所示。

表 7-41　2020 年年报商誉占比大户

项　　目	商誉 / 万元	总 资 产 / 万元	商誉占总资产比例 /%
国华网安	98 740	156 356	63.15
汤姆猫	364 775	663 673	54.96
世纪华通	2 205 037	4 274 683	51.58
新开源	211 547	414 548	51.03
ST 中昌	74 198	148 220	50.06
中嘉博创	176 932	371 919	47.57
*ST 众应	72 858	154 719	47.09
华铁股份	334 898	744 584	44.98
天际股份	144 435	323 831	44.60
会畅通讯	76 159	173 927	43.79

经统计 2020 年年报，全市场共有 147 家上市公司商誉占总资产比重超过 40%，其中，国华网安、汤姆猫等 5 户企业商誉占比超 50%，这些企业的资产质量如何，其商誉是否可以较公允地体现其本质"收购溢价"，值得投资者关注。

二是扣除商誉后资产负债率。具体操作方式为将商誉从总资产中完全剔除后计算资产负债率。以国内知名的"买买买"企业海航集团为例，分析其下属的海航科技公司。

海航科技 2019 年以 59.82 亿美元收购 IT 分销商英迈国际，商誉情况如表 7-42 所示。

表 7-42　海航科技 2020 年商誉等情况

项　目	期末余额	期初余额
总资产 / 万元	12 165 605.20	12 771 646.60
商誉 / 万元	650 847.70	1 566 112.90
资产负债率 /%	94.47	85.22
扣除商誉后资产负债率 /%	99.81	97.13

可见，扣除商誉后的资产负债率，海航科技该指标连续两年接近 100%。这笔商誉对企业的影响后续如何呢？ 2021 年 7 月海航科技公告以 16.16 亿美元出售英迈国际，亏本卖出了该公司，商誉也成了巨大的泡沫。

（四）生物性资产

对于一些养殖类企业来说，生物性资产是公司资产的主要构成部分，而生物性资产相对难以审计和统计，如果做到准确需要耗费相当的时间、人力、财力，所以生物性资产成为一些公司造假的高发区。

这里举一个案例，经营海产养殖的上市公司獐子岛，在 2014 年到 2020 年时间里，其养殖的扇贝不仅会集体逃跑，还会集体死亡、集体回家，其业绩剧烈波动，财报真实性成为玄学。

2020 年，证监会委托外部机构使用了北斗卫星导航等技术手段获取其捕捞船只定位信息，真实还原其捕捞区域。从而得出獐子岛的采捕海域记录错误的结论，同时獐子岛宣称的 120 个抽测点位数据的 50% 竟然都是无中生有，其生物性资产盘点如同儿戏，掩盖了实际财务情况，已经迫使审计机构采取了远洋漂流和遥感卫星等相关技术进行鉴别。

亚太会计师事务所对獐子岛 2020 年年报出具了保留意见的审计报告，其中关于生物性资产描述如下：

生物性资产事项

事项：由于生物资产计量和存在的特殊性，存在数量确认可能不准确的潜在错报，且可变现净值的确定需要管理层作出重大判断，因此我们将生物资产的存在和损失确认认定为关键审计事项。

审计应对：我们针对生物资产的存在和损失确认所实施的重要审计程序包括：

（1）了解和评价管理层对于生物资产数量确认和生物资产减值有关的内部控制的设计，并测试了关键程序的运行有效性。

（2）与管理层进行沟通，了解并评估日常经营过程中生物资产安全的防范措施以及风险应对策略。

（3）对管理层进行访谈，并查看獐子岛公司本年度的盘点报告及结果处理情况，以评估管理层对生物资产盘点处理方法的适当性，是否符合企业会计准则的要求。

（4）了解和评价管理层计算生物资产可变现净值中采用的关键假设及输入值，这些假设和输入值包括生物资产的市场价格、成活率、采捕成本、至采捕期将要发生的养护成本、运输费用及销售费用等，同时对生物资产的市场价格进行了市场询价走访。

（5）獐子岛公司聘请外部独立机构实施盘点，由外部独立机构制定盘点计划，选取样本及现场盘点，利用专业工具来协助测算实际数量，评估生物资产的成熟度和品质状况等，我们对该过程实施了监盘程序。

（6）核实獐子岛公司账面苗种的采购及投放原始记录，采捕记录等，利用重点检查的方法对生物资产期末账面金额及数量进行倒轧，与相应账面记录进行比较。

（7）评估管理层对生物资产存在和损失确认的财务报表披露是否恰当。

由此可见，生物性资产这个项目，历经六年多的财务造假，通过卫星等手段才能窥探推测一番，一般的审计机构实在难以负担，所以成了审计的难点和痛点。

同样，一些畜牧业公司，如养猪大户牧原股份，其财务报表和有关指标相对同行好得出奇，对于辨别其生物性资产科目数据真实性也存在较大审计困难。

第三节　负债：一把"双刃剑"

一、什么时候用财务杠杆

负债是企业运营资金重要来源之一，因为资金短缺，企业往往通过经营类债务和融资类债务满足日常经营和成长的资金需要。从管理上看，负债是财务杠杆，企业通过该财务杠杆，以小博大，获得高于债务成本的收益行为。但是也要注意这根杠杆是一把"双刃剑"，可以好上加好，也可能会雪上加霜。

通俗地讲，当借钱带来的收益超过借钱的代价，就可以使用杠杆了。专业的讲，财务杠杆又叫筹资杠杆或融资杠杆，它是指由于固定债务利息和优先股股利的存在而导致普通股每股利润变动幅度大于息税前利润变动幅度的现象。也就是说，如果负债经营使得企业每股利润上升，便称为正财务杠杆；如果使得企业每股利润下降，通常称为负财务杠杆。

二、如何判断杠杆是否合理

（一）整体视角

资产负债率说明了资产中有多少是借来的。由此可以看出，有的企业非常在意资产规模的大小以及规模的增速其实不一定合适，如果资产规模非常大，但是绝大部分都是借来的，这种靠杠杆支撑的资产规模也可能恰好是企业财务风险的诞生地。

资产负债率的计算公式如下：

资产负债率 = 总负债 / 总资产 ×100%

通常情况下，一般认为企业资产负债率在 40% ～ 60% 之间，既能得到一定程度的财务杠杆撬动效应，又能使财务风险相对可控。如果财务风险较大，尽可能配合较低的经营风险。尽量避免财务风险和经营风险双高，否则会有很大的风险隐患。

资产负债率在也会有行业特征。如表 7-43 和表 7-44 所示，以几个行业为例说明其资产负债率情况。

表 7-43　不同行业代表性企业资产负债率情况

单位：%

不同行业代表性企业	2020 年	2019 年	2018 年
中远海控（航运）	71.06	73.64	75.30
上汽集团（制造）	66.28	64.58	63.63
中国建筑（建筑）	73.67	75.33	76.94

续表

不同行业代表性企业	2020 年	2019 年	2018 年
紫金矿业（采矿）	59.08	53.91	58.12
光环新网（IT 基础设施）	31.71	31.78	34.09
牧原股份（养殖）	46.09	40.04	54.07
五粮液（白酒）	22.95	28.48	24.36
蓝色光标（广告服务）	58.25	53.67	61.95

表 7-44　不同行业代表性企业资产负债率比较情况

代 表 公 司	2020 年 /%	2020 年行业均值 /%	是否低于均值
中远海控（航运）	71.06	67.07	否
上汽集团（制造）	66.28	51.89	否
中国建筑（建筑）	73.67	74.48	是
紫金矿业（采矿）	59.08	48.59	否
光环新网（IT 基础设施）	31.71	44.53	是
牧原股份（养殖）	46.09	47.27	是
五粮液（白酒）	22.95	27.63	是
蓝色光标（广告服务）	58.25	44.16	否

从表 7-43 和表 7-44 可见，航运，建筑、制造行业整体资产负债表较高，而白酒、IT 基础设施等行业相对较低，其中白酒行业资产负债率更是低于 30%。

（二）流动性视角

流动性强弱是判断一个企业在短期内是否面临非常大的财务风险的主要依据，其实就是看企业现有的较高变现能力资产是否足以偿还短时间内到期的债务。有两个较为通用的指标可以分析流动性好坏，具体如下。

（1）流动比率，即流动资产除以流动负债，用来评价流动资产偿还流动负债的能力。

流动比率的计算公式如下：

$$流动比率 = \frac{流动资产}{流动负债}$$

一般来说，流动比率在 1.5 ～ 2 比较合适，但是由于每个企业所处内外部环境存在差异，以及每个企业的资产周转快慢也不相同，因此实际比值的安全要求也可能有所差异。

流动比率在不同行业也会有不同特征。下面以不同行业代表性企业为例说明其流动比率的情况，观察不同行业的差异，如表 7-45 所示。

表 7-45 不同行业代表性企业流动比率比较情况

不同行业代表性企业	2020 年	2019 年	2018 年
中远海控（航运）	0.97	1.03	0.68
上汽集团（制造）	1.11	1.10	1.09
中国建筑（建筑）	1.32	1.28	1.28
紫金矿业（采矿）	0.83	0.86	0.82
光环新网（IT 基础设施）	1.72	1.83	1.86
牧原股份（养殖）	0.89	1.08	0.72
五粮液（白酒）	3.96	3.22	3.77
蓝色光标（广告服务）	1.14	1.09	1.02

从表 7-45 可见，其中大部分企业的流动比率都在 1 ～ 2 之间，短期偿债能力相对较好，风险较小；五粮液的流动比率超过了 3，风险相对更小。

（2）速动比率，是从流动资产中扣除存货净额部分，再除以流动负债的比值，进一步反映变现能力。

速动比率的计算公式如下：

$$速动比率 = \frac{（流动资产 - 存货净额）}{流动负债}$$

一般来说，速动比率为 1 左右，意思是每 1 元流动负债都有 1 元迅速变现的资产来作为流动负债偿还的保障。速动比率过低，企业的短期偿债风险较大；速动比率过高，企业在速动资产上占用资金过多，会增加企业投资的机会成本。

下面以几个行业的代表性企业为例，观察不同行业的差异，如表 7-46 所示。

表 7-46 不同行业代表性企业速动比率比较

不同行业代表性企业	2020 年	2019 年	2018 年
中远海控（航运）	0.93	0.97	0.63
上汽集团（制造）	0.97	0.99	0.95
中国建筑（建筑）	0.75	0.77	0.68
紫金矿业（采矿）	0.45	0.41	0.48
光环新网（IT 基础设施）	1.72	1.83	1.85
牧原股份（养殖）	0.41	0.68	0.29
五粮液（白酒）	3.44	2.76	3.20
蓝色光标（广告服务）	1.14	1.09	1.02

三、有息负债的关注重点是什么

有息负债是负债中尤为重要的部分，因为这类负债不仅有本金的到期日，还有与日俱增的利息，这是压倒很多企业最后的稻草。那么对于有息负债还应该关注些什么？

（一）有息负债比重

在现实的企业运营中，债务有息还是无息十分重要。不同类型负债比例范围，决定了负债是否相对健康，行业间有息负债比例差异很大。值得注意的是，行业内有影响力的企业，其有息资产负债率不一定低于行业均值，但有息负债资金成本一般显著低于行业均值。

有息负债比例偏高的企业，一般是两种情况，一是举债维持日常现金流，二是举债扩张，上产能、上项目继续抢夺增量市场或市场份额。在扩张不利时，往往背负了较大的利息负担，如果日常经营活动现金流无法偿付利息，只能通过借新还旧等方式维系现金流，在行业没有持续增长动力或自身市场地位没有显著提升的情况下，企业可能会陷入债务的恶性循环，最终被债务拖垮。

可以利用有息负债和投入资本的比例分析有息负债。

计算方法：

有息负债比重 = 有息负债 / 全部投入资本

全部投入资本＝股东权益（含少数股东权益）＋（负债合计－无息流动负债－无息长期负债）

下面以几个行业代表性企业为例，如表 7-47 所示。

表 7-47　不同行业代表性企业有息负债／投入资本比较

单位：%

不同行业代表性企业	2020 年	2019 年	2018 年
中远海控（航运）	56.15	64.84	68.66
上汽集团（制造）	42.24	42.07	39.89
中国建筑（建筑）	46.38	48.09	49.53
紫金矿业（采矿）	49.98	45.07	50.08
光环新网（IT 基础设施）	20.70	17.79	17.83
牧原股份（养殖）	32.92	21.09	46.08
五粮液（白酒）	—	—	—
蓝色光标（广告服务）	19.59	19.06	34.84

从表 7-47 可见，中远海控、紫金矿业、中国建筑三家企业的指标偏高，其中，中远海控更是连续三年超过了 50%，三家企业债务负担整体偏高。

值得关注的是，在上述企业五粮液带息负债为零，作为知名高端白酒企业，其现金流十分充裕，业务模式十分成熟，且产能适度扩张完全可以用企业自身现金积累，不需要带息负债融资。

（二）有息负债的附加条款

对于有息负债还应关注附加条款，关注是否提供担保，是否需要展期，以及是否存在交叉违约或类似效力条款。以交叉违约举例，2021 年，恒大地产、花样年等地产公司资金链问题集中暴露，存在大量债务集中兑付，触发交叉违约条款。该条款一般是指一项债务合同下的债务人，在其他债务合同或类似交易中出现了违约，那么本合同也将视为违约，本合同的债权人可对债务人寻求相应的合同救济措施。

对于债务人来说，交叉违约条款意味着一旦违约，将造成极大困境。如在协议约定的补救期内未消除违约问题，可能引发债权人要求提前偿还债务。

第四节　所有者权益：归属股东的剩余权益

在资产负债表右下角的所有者权益，往往是被忽略的项目。所有者权益本质上反映的是企业股东在扣除各项债务后的剩余可分配资源。

一、投入资本

投入资本对应实收资本（股本）和资本公积两个项目。

（一）实收资本（股本）

实收资本（股本）是企业权益部分的"压舱石"。一般来说，注册资本是实力的体现，但也需要注意一点，有的企业注册资本很多，但实际注入的资本很少，说明其真正的实力不足。

上汽集团及部分竞争对手股本投入比较情况如表 7-48 所示。

表 7-48　上汽集团及部分竞争对手股本投入比较情况

指 标 项 目	股本 / 万元	所有者权益 / 万元	股本占所有者权益比例 /%
上汽集团	1 168 346	31 004 131	3.77
长安汽车	536 340	5 348 031	10.03
比亚迪	272 814	6 445 391	4.23
广汽集团	1 034 970	8 665 960	11.94
长城汽车	917 595	5 734 185	16.00

从表 7-48 可见，上汽集团和比亚迪的股本占所有者权益比例最小，均不足 5%，说明除股本之外的项目占比较高。可以进一步考察，如果留存收益占比较大，在不考虑其他情况下，说明企业经营业绩状况相对较好。

（二）资本公积

该项目可以看作是企业资本运作的"蓄水池"，一般来自于企业发展过程中在一、二级市场的股本溢价，如企业发行新股，用（每股市价－每股股本）×股数，即是资本公积。

上汽集团及部分竞争对手资本公积比较情况如表 7-49 所示。

表 7-49　上汽集团及部分竞争对手资本公积比较情况

指 标 项 目	资本公积 / 万元	所有者权益 / 万元	资本公积占所有者权益比例 /%
上汽集团	5 702 707	31 004 131	18.39
长安汽车	1 093 078	5 348 031	20.44
比亚迪	2 469 866	6 445 391	38.32
广汽集团	2 302 997	8 665 960	26.58
长城汽车	177 931	5 734 185	3.10

比亚迪和广汽集团资本公积占所有者权益比例较大，一定程度上反映了其资本市场认可度较高。

资本公积也包含其他内容，比如资产评估增值也会体现在这个项目里。

二、留存收益

留存收益对应的报表项目主要包括盈余公积和未分配利润。留存收益可以看作企业经营成果的"自留地"，是企业在分红派息后的累计利润。

上汽集团及部分竞争对手留存收益比较情况如表 7-50 所示。

表 7-50　上汽集团及部分竞争对手留存收益比较情况

指 标 项 目	留 存 收 益 / 万元	所有者权益 / 万元	留存收益占所有者权益比例 /%
上汽集团	17 580 719	31 004 131	56.70
长安汽车	3 699 675	5 348 031	69.18
比亚迪	2 890 486	6 445 391	44.85
广汽集团	5 034 857	8 665 960	58.10
长城汽车	4 717 022	5 734 185	82.26

长城汽车有相当大比例的留存收益，这可能是其收益水平较好的体现，同时也可能是因为其分红政策相对苛刻。为一进步探究，企业的留存收益和分红情况关系，将挖掘现金分红情况。

$$年度现金分红比例 = \frac{年度累计现金分红总额}{归属母公司所有者净利润}$$

上汽集团及部分竞争对手现金分红比较情况如表 7-51 所示。

表 7-51 上汽集团及部分竞争对手现金分红比较情况

指标项目	年度现金分红总额 / 万元	年度现金分红比例 /%	上市以来分红率 /%
上汽集团	717 669	35.13	43.49
长安汽车	166 452	50.07	26.82
比亚迪	42 345	10.00	13.63
广汽集团	186 014	31.17	33.71
长城汽车	256 927	47.91	34.82

从表 7-51 可知，上汽集团自上市以来分红率一直维持较高水平，且 2020 年现金分红总额超过长城汽车等 4 家竞争对手的总和，而比亚迪上市以来分红率只有 13.63%。

第五节 资产负债表综合评估工具箱

根据上述讨论，已经知悉资产负债表主要项目的特点和内在逻辑，下面将从其他角度介绍资产负债表综合评估方法。

一、上下游议价能力分析

在企业实际运营中，对上下游的控制和影响力决定了经营收付款项的信用政策。对于话语权较强的企业，往往应付款项数量较多、付款周期较长，而应收款项数量较少、收款周期较短，最大限度地实现了资金占用。基于此，充分考察经营性债权和债务关系的系数指标，可以相当程度上反映企业这种议价能力。

首先要界定所属行业上下游的垄断竞争关系，然后针对性地选择对应资产负债表项目，以个别行业为例分析相关数据关系，如表 7-52 所示。

表 7-52　行业竞争关系分类

竞争程度	下游垄断型	下游竞争型
上游垄断型	军工、港口	航空、钢铁
上游竞争型	电力、特种设备	白色家电、汽车制造

上汽集团所属的汽车行业，上下游均为竞争性行业，所以应重点关注。这里可以使用上下游议价系数对企业的上下游议价能力进行财务量化：

$$产业链上下游议价能力 = \frac{经营性债务}{经营性债权}$$

其中：

经营性债务 = 应付账款 + 应付票据 + 预收款项

经营性债权 = 应收账款 + 应收票据 + 预付款项

该系数数值越大，说明企业在产业链上下游议价能力越强。

上汽集团 2020 年上下游议价系数计算过程如表 7-53 所示。

表 7-53　上汽集团 2020 年上下游议价系数计算过程

项　　目	期　末　余　额	期　初　余　额
应收票据 / 万元	348 613.84	624 509.25
应收账款 / 万元	4 360 250.11	4 134 063.54
应收款项融资 / 万元	1 316 874.69	1 140 183.75
预付款项 / 万元	3 910 179.65	2 893 912.31
经营性债权合计 / 万元	9 935 918.29	8 792 668.85
应付票据 / 万元	5 609 890.74	3 296 152.33
应付账款 / 万元	14 894 830.53	13 708 614.03
预收款项 / 万元	0	1 187 305.89
经营性债务合计 / 万元	20 504 721.27	18 192 072.25
上下游议价系数	2.06	2.07

由表 7-53 可见，上汽集团 2020 年上下游议价系数为 2.06，与上年 2.07 相差不大，议价能力没有显著变化。

二、两金分析

两金这个概念最早来源于国资委对央企的压降管控要求，主要是针对企业产能过剩、资金周转压力较大的问题。两金分析是从应收账款和存货这两个项目入手，通过压降规模实现企业提质增效、高质量发展。两金压降虽然是对央企的要求，但其管理理念完全可借鉴到其他企业中。

这里分别使用两个关于两金的相对指标，分别是两金占流动资产比重、两金增幅和营业收入增幅比较。

（一）两金占流动资产比重

两金占流动资产比重反映的是两金在流动资产中的权重。

具体计算方法：

$$两金占流动资产比重 = \frac{（应收账款 + 存货）}{流动资产}$$

上汽集团和竞争对手 2020 年两金占流动资产比重如表 7-54 所示。

表 7-54　上汽集团和竞争对手 2020 年两金占流动资产比重

指标项目	应收账款 / 万元	存　货 / 万元	流动资产合计 / 万元	两金占流动资产比例 /%
上汽集团	4 360 250	6 939 547	56 617 470	19.96
长安汽车	214 120	596 752	7 288 965	11.12
比亚迪	4 121 643	3 139 636	11 160 511	65.06
广汽集团	431 720	662 158	5 664 291	19.31
长城汽车	393 616	749 764	9 939 897	11.50

从表 7-54 可见，长安汽车、长城汽车，该比率为 11% 左右，上汽集团、广汽集团该比率接近 20%，比亚迪该比率为 65%。值得关注的是，比亚迪的两金比重比较高的同时，流动资产为 11 160 511 万元，只有上汽集团（56 617 470 万元）的 20%。

（二）两金和营业收入增幅比较

为了更公允地评价两金状况，常用两金增幅和营业收入增幅来比较，反映的是资产负债表中两金的扩张是否带动了收入匹配增长。

上汽集团和竞争对手两金和收入增幅比较如表 7-55 所示。

表 7-55　上汽集团和竞争对手两金和收入增幅比较

单位：%

指 标 项 目	两 金 增 速	营业收入增速	差　　异
上汽集团	18.03	-12.52	30.55
长安汽车	92.43	19.79	72.65
比亚迪	4.47	22.59	-18.12
广汽集团	5.24	5.88	-0.64
长城汽车	21.24	8.62	12.62

从表 7-55 可见，上汽集团、长安汽车、长城汽车两金增速均高于收入增速，其中，长安汽车两金增速达到了 92.43%，高于收入增速 72.65%，收入质量值得关注。

三、破产风险分析

Z 值是综合分析企业财务状况乃至破产风险可能性的工具，Z 值越低，破产概率越大。Wind 数据库中有 Z 值的计算结果，读者可参考使用。根据 Wind 数据库中的描述，Z 值大于 2.675 时，企业财务状况较好，Z 值小于 1.81 时，企业存在破产危机，当 Z 值在 1.81 ～ 2.675 之间时，财务状况不稳定。Z 值具体的计算公式如下：

$$\text{Altman-Z-Score} = 1.2A + 1.4B + 3.3C + 0.6D + 0.999E$$

其中：

A= 营运资本 / 总资产 =（流动资产 - 流动负债）/ 总资产

B= 留存收益 / 总资产

C= 息税前利润 / 总资产

D= 股票市值 / 总负债

E= 营业收入 / 总资产

在这里，营运资本是流动资产减去流动负债的余额，是指按账面价值将流动性资产转换为现金，清偿全部流动性负债后剩余的资金。

上汽集团及部分竞争对手 Z 值比较情况如表 7-56 所示。

表 7-56　上汽集团及部分竞争对手 Z 值比较情况

指 标 项 目	2020 年	2019 年	2018 年
上汽集团	1.535 0	1.778 3	2.077 1
长安汽车	1.611 7	1.353 2	1.442 8
比亚迪	3.500 1	1.506 1	1.582 2
广汽集团	2.652 4	2.494 8	2.689 8
长城汽车	3.519 1	2.502 9	2.215 9

由表 7-56 可见，比亚迪 Z 值同比增加最大，主要是因为 2020 年新能源汽车概念得到资本市场青睐，市场对其估值较高导致的。

本章延伸思考

1. 资产质量分析中，资产周转率是越高越好吗？

2. 如何评价商誉占资产比例较高的企业？

3. 企业有息负债比例逐年提高一般有哪些影响？

4. 两金对企业的资金安全影响如何？

第八章

现金流量表——
血液与循环

1. 为什么说现金是企业的"命根子"？

2. 现金流量表由什么构成？

3. 净利润和经营赚取的真金白银到底差别在哪儿？

4. 如何分析经营活动现金流？

5. 投资活动净现金流是越多越好吗？

6. 如何评判企业筹资活动现金流是否健康？

7. 如何判断现金流量表是否存在调节粉饰？

8. 现金流量表分析的综合评估工具箱有什么？

🏆 第一节　现金流量表的构成

一、为什么说现金是企业的"命根子"

如果说资产负债表反映的是企业未来获得收益的骨架支撑，利润表是企业秀出的赚钱的肌肉，那么现金流量表就可以理解为是企业的血液。骨架疏松、肌肉无力不一定危及生命，但只要没有血液就会命悬一线。同样道理，资产质量不佳、盈利微薄企业还有生的机会，但只要现金流断裂，企业就只能接受等待被收购、债务重组、破产清算的命运了。相反，即使企业相当长时间无法实现盈利，但只要现金流源源不断，企业就不会倒闭，还可能抢占市场份额，有机会实现盈利。比较典型的例子如电商平台京东，连续亏损了 12 年；电动车制造商特斯拉，连续亏损 180 个月。

二、现金流量表由什么构成

现金流量表对其不同性质的流入、流出一般分为三大类别，如图 8-1 所示。

经营活动产生的现金流	主要归集的是企业日常经营过程中收到的现金和支付的现金，包括销售商品提供劳务收到的现金、购买商品接受劳务支付的现金等。
投资活动产生的现金流	主要归集的是企业对内扩大再生产、对外扩张过程中收到的现金和支付的现金，包括收回投资收到的现金、取得投资收益收到的现金、购建固定资产及无形资产支付的现金、投资支付的现金等。
筹资活动产生的现金流	主要归集的是企业从银行和股东融资过程中收到的现金和支付的现金，包括吸收股东投资所收到的现金、取得借款收到的现金、偿还债务支付的现金等。

图 8-1　现金流量表构成

现金流量表又分为母公司报表和合并报表，合并现金流量表较为全面完整，母公司报表相对简单。

三、现金流量表的详解

下面以上汽集团 2020 年度合并现金流量表及其附注为例详细解释现金流量表的主要项目。

上汽集团 2020 年度合并现金流量表如表 8-1 所示。

表 8-1　上汽集团 2020 年度合并现金流量表

单位：万元

项　　目	2020 年	2019 年
一、经营活动产生的现金流量		
销售商品、提供劳务收到的现金	63 768 383.77	69 490 947.79
客户存款和同业存放款项净增加额		726 321.13
收取利息、手续费及佣金的现金	2 101 167.32	1 532 828.24
拆入资金净增加额	1 936 174.89	
发放贷款及垫款净减少额		2 490 696.99
回购业务资金净增加额	496 068.68	
存放中央银行款项净减少额	20 102.01	
收到的税费返还	212 769.12	193 092.54
收到其他与经营活动有关的现金	482 348.09	895 968.08
经营活动现金流入小计	69 017 013.87	75 329 854.77
购买商品、接受劳务支付的现金	53 239 795.20	58 309 875.60
吸收存款及同业存款净减少额	1 734 029.40	
客户贷款及垫款净增加额	1 197 316.11	
存放中央银行和同业款项净增加额		80 061.09
拆入资金净减少额		236 778.77
支付利息、手续费及佣金的现金	474 325.83	449 104.44
支付给职工及为职工支付的现金	3 672 757.72	3 875 730.60
回购业务净减少额		1 266 650.72
支付的各项税费	2 543 897.23	2 984 083.90
支付其他与经营活动有关的现金	2 403 098.80	3 500 384.35
经营活动现金流出小计	65 265 220.29	70 702 669.47
经营活动产生的现金流量净额	3 751 793.58	4 627 185.29
二、投资活动产生的现金流量		
收回投资收到的现金	46 857 185.25	46 438 253.66
取得投资收益收到的现金	2 462 896.85	2 899 347.72
处置固定资产、无形资产和其他长期资产收回的现金净额	92 392.85	185 552.27
处置子公司及其他营业单位收到的现金净额	33 569.54	14 878.90

续表

项 目	2020 年	2019 年
取得子公司及其他营业单位收到的现金净额	46 171.49	
投资活动现金流入小计	49 492 215.98	49 538 032.55
购建固定资产、无形资产和其他长期资产支付的现金	1 513 782.12	2 693 478.37
投资支付的现金	48 689 460.52	50 599 449.07
质押贷款净增加额		
取得子公司及其他营业单位支付的现金净额		171 543.84
支付其他与投资活动有关的现金		
投资活动现金流出小计	50 203 242.64	53 464 471.28
投资活动产生的现金流量净额	−711 026.66	−3 926 438.73
三、筹资活动产生的现金流量		
吸收投资收到的现金	98 560.22	33 428.99
其中：子公司吸收少数股东投资收到的现金	98 560.22	33 428.99
取得借款收到的现金	5 761 247.86	4 216 653.49
发行债券收到的现金	1 185 150.42	2 761 585.42
收到其他与筹资活动有关的现金		35 047.57
筹资活动现金流入小计	7 044 958.49	7 046 715.48
偿还债务支付的现金	6 147 886.83	4 755 111.78
分配股利、利润或偿付利息支付的现金	1 962 724.41	2 600 971.64
其中：子公司支付给少数股东的股利、利润	723 011.74	934 612.06
支付其他与筹资活动有关的现金	519 530.05	
筹资活动现金流出小计	8 630 141.28	7 356 083.41
筹资活动产生的现金流量净额	−1 585 182.79	−309 367.94
四、汇率变动对现金及现金等价物的影响	−53 129.68	−30 846.11
五、现金及现金等价物净增加额	1 402 454.45	360 532.51
加：期初现金及现金等价物余额	10 982 273.79	10 621 741.28
六、期末现金及现金等价物余额	12 384 728.24	10 982 273.79

下面结合上汽集团 2020 年度现金流量表及其附注分别说明主要列示项目的含义。

（1）销售商品、提供劳务收到的现金：既可以是当期销售收到的现金，也可能是以前应收账款回款收到的现金，还有可能是当期预收客户的款项。包含收到价款和增值税销项税。

上汽集团 2020 年销售商品、提供劳务收到的现金为 63 768 383.77 万元，同比下降 8.23%。

（2）收到的税费返还：收到的增值税、消费税、所得税、教育费附加等税费返还。

上汽集团 2020 年收到的税费返还 212 769.12 万元，较 2018 年增长 91.86%，近三年呈现逐年增加趋势。

（3）购买商品、接受劳务支付的现金：既可以是当期支付当期购货款项、前期应付款，也可以是本期预付货款。包含支付的货款和增值税进项税额。

上汽集团 2020 年购买商品、接受劳务支付的现金为 53 239 795.2 万元，同比下降 8.7%，下降幅度与销售商品、提供劳务收到的现金基本同步。

（4）收回投资收到的现金：简单地讲，就是出售或到期收回对外投资而收到的现金。

上汽集团 2020 年收回投资收到的现金为 46 857 185.25 万元，同比增加 0.9%，保持了较为稳定的状态。

（5）取得投资收益收到的现金：简单地讲，就是收到的对外投资的现金股利、利息等。

上汽集团 2020 年取得投资收益收到的现金 2 462 896.85 万元，较 2018 年下降 26.04%，近三年呈现逐年下降趋势。

（6）处置固定资产、无形资产和其他长期资产所收回的现金净额：处置固定资产、无形资产等收到的现金净额。

上汽集团 2020 年处置固定资产、无形资产和其他长期资产所收回的现金净额 92 392.85 万元，较 2018 年下降 44.23%。此项目在产能没有缩减的前提下，应结合报表注释做进一步分析，以判断较大幅度处置固定资产等的主要原因。

（7）购建固定资产、无形资产和其他长期资产所支付的现金：购置固定资产、无形资产等支付的现金。

上汽集团 2020 年购建固定资产、无形资产和其他长期资产所支付的现金 1 513 782.12 万元，较 2018 年下降 52.66%，近三年呈逐年下降趋势，可以推断出近两年没有大幅新增产能。

（8）投资支付的现金：反映企业进行权益性投资和债权性投资所支付的现金。

上汽集团 2020 年投资支付的现金为 48 689 460.52 万元，同比下降 3.77%，在投资方面整体略有收缩。

（9）吸收投资收到的现金：反映企业以发行股票等方式筹集资金实际收到款项净额。

上汽集团 2020 年吸收投资收到的现金 98 560.22 万元，较 2018 年下降 15.69%。

（10）取得借款收到的现金。

上汽集团 2020 年取得借款收到的现金为 5 761 247.86 万元，同比增长 36.63%，主要是用于补充企业流动性。

（11）偿还债务支付的现金：主要是指偿还债务的本金。

上汽集团 2020 年偿还债务支付的现金为 6 147 886.83 万元，同比增长 29.29%，增速较快。

（12）分配股利、利润或偿付利息支付的现金。

上汽集团 2020 年分配股利、利润或偿付利息支付的现金为 1 962 724.41 万元，同比下降 24.54%，为近年最大降幅。

🏆 第二节　两种编制法：净利润与经营赚取现金的差异

很多管理者都想知道净利润和经营赚到的现金之间到底差在哪儿？

这个问题在财务报告中能够找到答案。财务报告中给出了两个现金流量表的相关内容，一个是上一节中的现金流量表，是利用直接法编制的，即直接将现金流入和流出的金额和项目计入对应的经营、投资和筹资三类项目中，这里的经营活动现金净流是用直接法计算的。另一个是现金流量表的补充资料，这里的经营活动净现金流是利用间接法编制的，展示了净利润调整成经营活动现金净流的全过程。

以上汽集团为例，间接法的编制如表 8-2 所示。

表 8-2　上汽集团间接法编制现金流量表

单位：万元

1. 将净利润调节为经营活动现金流量：	本 期 金 额	上 期 金 额
净利润	2 918 805.09	3 528 890.69
加：资产减值准备	318 962.00	164 196.47
信用减值损失	111 624.56	186 543.92
固定资产折旧、油气资产折耗、生产性生物	1 211 054.43	1 145 653.66
资产折旧	0	—
投资性房地产折旧及摊销	11 806.63	16 433.51
无形资产摊销	142 314.02	115 970.61
长期待摊费用摊销	80 985.53	69 389.21
处置固定资产、无形资产和其他长期资产的损失	12 456.03	−8 910.17
固定资产报废损失	0	—
公允价值变动损失	−381 163.53	−149 651.01
财务费用	217 974.81	202 592.82
投资损失	−2 100 986.06	−2 490 081.79
递延所得税资产减少	−89 266.72	−178 882.19
递延所得税负债增加	55 736.98	6 505.95
存货的减少	−1 702 218.27	578 380.49
回购业务的减少	496 068.68	−1 266 650.72
经营性应收项目的减少	−2 320 310.44	483 139.48
经营性应付项目的增加	4 767 949.84	2 236 676.27
其他	0	—
经营活动产生的现金流量净额	3 751 793.58	4 627 185.29
2. 不涉及现金收支的重大投资和筹资活动：	0	—
债务转为资本	0	—
一年内到期的可转换公司债券	0	—
融资租入固定资产	0	—
3. 现金及现金等价物净变动情况：	0	—
现金的期末余额	12 384 728.24	10 982 273.79
减：现金的期初余额	10 982 273.79	10 621 741.28
加：现金等价物的期末余额	0	—
减：现金等价物的期初余额	0	—
现金及现金等价物净增加额	1 402 454.45	360 532.51

从表 8-2 可以看出，净利润调整成经营活动净现金流的过程。具体如下。

（1）将净利润中不属于经营活动的部分去掉，如筹资和投资活动形成的财务费用或者投资收益等。

（2）将净利润中未包含的但属于经营活动现金流的项目补上，如收回前期的应收账款、支付以前的应付账款等。

（3）将净利润中已经扣掉的但是当期不用支付现金的费用或损失加回来，如固定资产折旧、无形资产摊销等。

以上几个方面就是净利润与经营活动净现金流的主要差异。

🏆 第三节　经营活动现金流分析

经营活动现金流是现金流量表中最重要的部分，它体现的是企业自身造血能力。经营活动现金流之所以重要，是因为它反映了企业在开展正常经营活动获得现金的能力和规模。可以理解为在相对苛刻的情况下，即不筹资、不收回投资的情况下，企业利用现有经营活动维持现金流的能力，是"宴席"的一道主菜。

为了能够很好地了解企业的造血能力，可以采用关联指标同比分析和结构化差异分析两种方法。

一、关联指标同向变化分析

第六章中介绍过经营活动产生的现金流量净额 / 核心利润这个指标。这是分析利润造血能力的重要指标，除此之外，下面的指标也很重要。

（一）销售收到现金流和营业收入同比增速分析

可以将"销售商品、提供劳务收到的现金"与利润表中的"营业收入"两个项目进行关联分析，两者同为期间数据，且现金流可以一定程度印证收入的质量，所以分析同比增速较为适宜。具体计算方法如下：

销售商品、提供劳务收到的现金流与营业收入同比增速 = 销售商品、提供劳务收到的现金增速 / 营业收入增速

一般来说，销售现金流增速高于营业收入增速的情况，往往说明企业整体

运营环境在较为稳定的基础上，收入的现金质量较好。相反的情况，即销售现金流增速低于营业收入增速，则说明收入的现金质量下降。如果营业收入大幅增长，销售现金流却下降，这很有可能是因为企业为了拓展市场大幅放宽信用政策，或是企业存在虚构收入的可能性。这点在贸易类企业中尤为常见，通过引入不必要的贸易环节，通过上下游关联企业实现收入规模的增长，而销售现金流增速完全无法匹配收入增速。

所以，该项指标堪称投资人和银行的排雷神器，销售现金流增速大幅低于收入增速是明显的风险信号。

上汽及其竞争对手的相关比较分析如表 8-3 所示。

表 8-3　上汽集团及竞争对手销售现金流和收入增速比较

单位：%

指 标 项 目	销售商品、提供劳务收到的现金增速	营业收入增速	差　　异
上汽集团	−8.23	−12.52	4.29
长安汽车	23.31	19.79	3.52
比亚迪	29.38	22.63	6.75
广汽集团	5.75	5.88	−0.13
长城汽车	−0.80	8.62	−9.42

从表 8-3 可见，长安汽车、比亚迪销售商品、提供劳务收到的现金增速优于营业收入增幅；上汽集团两指标均为负数，但销售现金流下降幅度小于营业收入增速。而广汽集团、长城汽车销售现金增速则差于收入表现，其中长城汽车营业收入增速为正，而销售现金流增速为负，现金流状况值得关注。

（二）采购支付现金流增速和营业成本增速对比分析

该指标是指购买商品、接受劳务支付的现金增速和营业成本增速的同比变动情况比较。观察两者变动的比例，可以一定程度上判断上下游关系和产业链的稳定性。具体计算方法如下：

购买商品、接受劳务支付的现金增速和营业成本增速的同比 = 购买商品、接受劳务支付的现金增速 / 营业成本增速

上汽及其竞争对手的比较分析如表 8-4 所示。

表8-4 上汽集团及竞争对手采购现金流增速和营业成本增速比较

单位：%

指 标 项 目	购买商品、接受劳务支付的现金增速	营业成本增速	差 异
上汽集团	−8.70	−11.13	2.44
长安汽车	13.94	20.32	−6.38
比亚迪	−2.36	18.08	−20.51
广汽集团	15.49	6.37	9.12
长城汽车	10.99	7.34	3.65

从表8-4可见，长安汽车、比亚迪采购现金流增速低于营业成本增幅，其中比亚迪两指标的差异超过了20%。而广汽集团、长城汽车采购现金增速高于营业成本增幅。

二、关联指标背离状况分析

关联指标背离分析技术，是建立在财务报表部分项目指标具有大概率同方向变化的逻辑基础上，针对不同方向的变化进行排查分析。如何合理有效地定量分析关联指标大幅背离情况，是问题的关键。

在实际分析中，引用背离系数的概念，这个指标是指在报表项目分析中，大部分趋势同向变化的指标出现了反向变化的情况。例如，A项目和B项目正相关，但是却出现了A为正，B为负的情况，或者用A/B的绝对值计算的结果作为背离系数，衡量两者和正常情况的偏离状态。

如可以分析经营活动净现金流和利润大幅背离的情况。如果一家企业利润很高，但经营活动净现金流却是负数，则存在虚增利润的可能性。同样，如果一家企业经营活动净现金流很高，但利润很低甚至是负数，则很可能存在逃税漏税，或是向关联企业和低税负地区转移利润等情况。

具体地看，在经营活动现金流和利润的背离关系方面，在经营活动净现金流小于零、利润大于零的基础上，如果经营活动净现金流／利润的绝对值大于1，可以认为两者存在显著背离。

通过对A股所有上市公司2020年度财报进行分析，符合背离的480户企业，占全市场公司数量的10%左右，其中，背离系数大于1的250户。2020年全市场经营活动现金流和利润背离系数最高的十户企业如表 8-5 所示。

表 8-5　全市场经营活动现金净流和利润背离系数前十名

指 标 项 目	经营活动现金流净额 / 万元	利润总额 / 万元	背 离 系 数
鼎胜新材	-74 478.93	469.30	-158.70
香溢融通	-40 573.63	319.32	-127.06
柯利达	-20 239.52	532.22	-38.03
新赛股份	-21 573.00	955.51	-22.58
和晶科技	-14 604.79	705.48	-20.70
万林物流	-116 714.67	6 459.61	-18.07
ST 花王	-13 052.28	-6572.75	1.99
农尚环境	-10 956.76	752.27	-14.56
盛新锂能	-22 619.82	1 655.43	-13.66
中交地产	-1 874 001.77	146 381.99	-12.80

如表 8-5 所示，可以重点观察背离系数最高的鼎胜新材、香溢融通，以及前十排名中经营活动现金流净额、利润总额背离绝对值差异最大的中交地产。

第四节　投资和筹资活动现金流分析

一、投资活动现金流分析

投资活动现金流主要的内容包括对内投资和对外投资两个部分，具体包括购置设备、收购公司等。分析时也应关注其相关数据和经营活动现金流及其中项目的关系。

上汽集团现金流量项目对比分析如表 8-6 所示。

表 8-6　上汽集团现金流量项目对比分析

单位：万元

指 标 项 目	2020 年	2019 年
销售商品、提供劳务收到的现金	63 768 383.77	69 490 947.79
经营活动产生的现金流量净额	3 751 793.58	4 627 185.29

148

续表

指 标 项 目	2020 年	2019 年
投资活动产生的现金流量净额	50 203 242.64	53 464 471.28
购建固定资产、无形资产和其他长期资产支付的现金	49 492 215.98	49 538 032.55

从对内投资角度，上汽集团购建固定资产、无形资产和其他长期资产支付的现金同比基本保持稳定，保持在 5000 亿元左右的规模，与经营活动产生的现金流量净额完全不在一个数量级，这必然会导致投资类现金流入或融资现金流入作为差额的弥补。

从对外投资角度，上汽集团聚焦汽车制造主业，没有进行盲目的纵向和横向扩张，属于较为稳健的经营风格。

二、筹资活动现金流分析

筹资活动重点关注以下两个问题：

一是企业的筹资结构，是指能够从现金流量表中看到本期融资获得现金结构情况，即企业是以股权筹资还是债权筹资为主，重点关注股权筹资和债权筹资的相对比例。

2020 年上汽集团筹资活动现金流流入小计 7 044 958.49 万元，其中取得借款收到的现金 5 761 247.86 万元，发行债券收到的现金 1 185 150.42 万元，分别占流入比例的 81.78%、16.82%，可见上汽集团主要融资手段还是银行贷款。同时，筹资活动现金流流出小计 8 630 141.28 万元，其中偿还债务支付的现金 6 147 886.83 万元，分配股利、利润或偿付利息支付的现金 1 962 724.41 万元，分别占流出比例的 71.24%、22.74%，可见上汽集团主要筹资支出依然为债务的还本付息。

二是债务筹资、股权筹资的规模及其成本状况。

对于债务融资情况，可结合资产负债表中有息负债科目，以及利润表中利息费用等科目，判断经营活动净现金流是否可以覆盖债务筹资的利息支出。

对于股权筹资情况，可以结合资产负债表中的股本 / 实收资本、资本公积的变化情况，以及利润表中的股权融资产生的财务费用等的变化情况来进行分析。股权筹资也不是"免费的午餐"，需要根据资本资产定价模型（Capital asset Pricing Model，CAPM）等方式计算股权融资成本，尤其对于企业 IPO 和上市公司增发等，还涉及发行费用等。

2020 年上汽集团筹资吸收投资收到的现金 98 560.22 万元，仅占全部筹资流入小计的 1.4%，其余全部为债务融资，所以在具体分析时可以基本忽略股权筹资情况。如需分析新增债务融资成本，可以根据 2020 年发行债券和新增借款信息进行逐笔分析汇总。在 2020 年上汽集团年度报告中，可以发现如下信息："本公司之子公司上汽金控于 2020 年 10 月 21 日发行了面值为人民币 10 亿元的中期票据，票面利率 4.35%，每年付息，于 2023 年 10 月 21 日到期还本。"除年度报告外，上汽集团所有存续和新增的债券发行信息都可以在公开渠道查询。

🏆 第五节　现金流量表综合评估工具箱

现金流量表分析的综合评估工具中的个别指标在利润表部分已经介绍过，下面介绍其他相关指标。

一、经营活动现金净额占比

该指标反映经营活动产生的净现金流占总净现金流中的比率，在总体现金流和经营活动现金流均为正值的情况下该指标越大，说明企业现金流更依赖主要业务，并不依赖外部融资和投资，更多为内生性增长。

其具体计算公式为：

经营活动现金净额占比 = 经营活动产生的现金流量净额 /（经营活动产生的现金流量净额 + 投资活动产生的现金流量净额 + 筹资活动产生的现金流量净额）

由于各分项净现金流不一定全部为正数，所以存在经营活动净现金流大于 100% 或负数的情况，具体逻辑关系如表 8-7 所示。

表 8-7   经营活动现金流和总体现金流的逻辑关系

指 标 项 目	总体净现金流为正	总体净现金流为负
经营活动净现金流为正	经营现金流占比为正，企业现金流相对稳健	经营现金流占比为负，企业可能主动加大投资支出、还本付息或分红力度，也可能是过度融资导致债务付息负担重
经营活动净现金流为负	经营现金流占比为负，只能通过融资和投资获利等手段维持现金状况	经营现金流占比为正，但经营现金流拖累企业整体现金状况

上汽集团及部分竞争对手经营活动现金流量占比如表 8-8 所示。

表 8-8   上汽集团及部分竞争对手经营活动现金流量占比

单位：%

指 标 项 目	2020 年	2019 年	2018 年
上汽集团	257.75	1182.28	-3061.44
长安汽车	50.06	-1238.44	32.92
比亚迪	2224.04	3117.01	566.99
广汽集团	68.54	5.05	13.60
长城汽车	104.45	660.76	624.03

从表 8-8 可见，2020 年，比亚迪、上汽集团、长城汽车 2020 年的经营活动现金流量占比均超过了 100%，各企业三年间比例波动较大。

二、投资活动现金净额占比

该指标反映投资活动产生的净现金流占总净现金流中的比率，在总体现金流和投资活动现金流均为正值的情况下该指标越大，说明企业现金流更依赖投资收益而不是自身造血能力，更多为外生性增长。

其具体计算公式为：

投资活动现金净额占比＝投资活动产生的现金流量净额／（经营活动产生的现金流量净额＋投资活动产生的现金流量净额＋筹资活动产生的现金流量净额）

投资活动现金流和总体现金流的数值对应关系如表 8-9 所示。

表 8-9 投资活动现金流和总体现金流的数值对应关系

指 标 项 目	总体现金流为正	总体现金流为负
投资活动现金流为正	投资现金流占比为正，如果是由投资回报带来的，同时投资回报率相对较高，那么现金流相对稳健	投资现金流占比为负，企业可能日常经营不善而处置投资，也可能是过度举债投资导致债务付息负担重
投资活动现金流为负	投资现金流占比为负，企业可能在加大投资，通过日常经营和融资等手段维持整体现金状况	投资现金流占比为正，但投资现金流使企业整体现金状况雪上加霜

以上汽集团为例，上汽集团及竞争对手投资活动现金流量占比如表 8-10 所示。

表 8-10 上汽集团及竞争对手投资活动现金流量占比

单位：%

指 标 项 目	2020 年	2019 年	2018 年
上汽集团	−48.85	−1003.23	−3357.91
长安汽车	16.90	1210.64	55.63
比亚迪	−707.70	4443.75	−644.32
广汽集团	−11.13	64.07	59.86
长城汽车	−233.61	−747.28	−318.08

从表 8-10 可见，2020 年，只有长安汽车投资活动现金流量占比为正数，说明其他公司都在扩张，其中比亚迪的相对力度较大。

三、筹资活动现金净额占比

该指标反映筹资活动产生的现金净额占总净现金流的比率。

计算方式：

筹资活动现金净额占比 = 筹资活动产生的现金流量净额 / （经营活动产生的现金流量净额 + 投资活动产生的现金流量净额 + 筹资活动产生的现金流量净额）

筹资活动现金流和总体现金流的数值对应关系如表 8-11 所示。

表 8-11　筹资活动现金流和总体现金流的数值对应关系

指 标 项 目	总体现金流为正	总体现金流为负
筹资活动现金流为正	筹资现金流占比为正，企业短期内实现了外部融资	筹资现金流占比为负，企业的经营和投资均不景气，对企业整体现金流形成拖累，筹资成为主要的"救命稻草"
筹资活动现金流为负	筹资现金流占比为负，说明企业短期内归还了本息或给股东分红	筹资现金流占比为正，一般存在两种可能：一种情况，如果经营活动净现金流为正且规模较大，可能是企业大量造血后，给股东以回报或者给债权人还本付息；另一种情况，经营活动为负，投资活动现金流为正，意味着经营入不敷出，债务压力大，只能出售投资缓解还款压力，开始了恶性循环

以上汽集团为例，上汽集团及部分竞争对手筹资活动现金流量占比如表 8-12 所示。

表 8-12　上汽集团及部分竞争对手筹资活动现金流量占比

单位：%

指 标 项 目	2020 年	2019 年	2018 年
上汽集团	−108.90	−79.05	6519.35
长安汽车	33.04	127.80	11.45
比亚迪	−1416.33	1406.74	177.33
广汽集团	42.59	30.88	26.54
长城汽车	229.16	186.51	−205.95

从表 8-12 可见，2020 年，比亚迪筹资活动现金流量占比绝对值很高，筹资活动现金流 −2 890 741.80 万元，其绝对值位列上述车企中第一。需要结合经营活动净现金流进一步分析。

值得注意的是，查理·芒格（Charlie Thomas Munger）投资股票，不会只看一家公司的账面财务情况，而是利用跨学科的多种思维模型组合来判断。同样道理，财务分析过程中，不能用某一个指标或某几个指标简单判断好坏，需要多维分析，不只是指标，还有报表项目，不只是财务信息，还有非财务信息等。

四、现金流量表常见调节粉饰方式

资产负债表和利润表容易被粉饰和操纵，这是现金流量表最初产生的原因之一，就是为了印证前两张报表的质量与真伪，但目前看现金流量表也有可能被调节和粉饰。常见的调整方式主要集中在经营活动现金流的美化上，下面列举了一些企业粉饰的方式。

（1）在财报截止日前刻意减少采购进而减少现金流支出。

（2）延迟支付供应商，增加应付账款以及应付账款周转天数。

（3）通过改变预收政策，提前收销货款。

（4）向关联方销售，实现虚增收入和经营活动现金流。

（5）对于应收账款保理业务、应收票据贴现等业务，在关键的季报、半年报、年报时点前转让该应收项目，实现销售回款。可以关注应收账款是否大幅减少或与营收不匹配，关注应收账款追索权情况。

（6）现金流分类调节，即通过不同项目的串用等方式来达到调节报表目的。

本章延伸思考

1. 如何区分经营、投资和筹资活动产生的现金流？

2. 经营活动现金流一直为负的企业如何维持经营？

3. 净利润和经营活动净现金流的差别主要表现在哪些方面？

4. 如何判断现金流量表是否被粉饰？

第九章

财务综合分析——
升维和格局

1. 如何打通三张核心财务报表的"任督二脉"？

2. 杜邦分析法的逻辑内核是什么？

3. 杜邦分析法的优缺点是什么？

4. 战略执行为什么需要依托财务评价？

🏆 第一节　三张报表穿透分析

一、从资金循环视角看企业运营和报表关系

　　资金在企业运营过程中会变换成不同的报表项目，流转于三张财务报表之间。具体过程如下。

　　在资金投入阶段，企业涉及设立公司注册资金，形成现金流量表上的收到股东注入的现金，以及资产负债表上的现金及实收资本。然后，企业在购置设备、雇佣人员、采购材料等情况下，会发生现金流量表中的资金流出，同时导致资产负债表中的现金、固定资产、原材料等项目变化。

在资金回收阶段，企业通过生产、销售实现收入，带来了资产负债表上存货、现金等的变化，现金流量表上销售商品收到的现金等的变化，以及利润表上收入、费用以及利润的变化。

企业通过不断地资金投入、资金回收，形成了一个资金循环，在这个过程中积累生产服务经验，打通上下游渠道，积累客户和供应商资源，获得银行信贷和资本市场支持，获得融资，进而不断扩大资金循环的规模。

对于每一期的资金循环，如月度、季度、年度，资金通过不断地收支循环，最终形成了利润表的利润，而这些利润，又将通过不同比例的分红方式分配给股东。

二、如何打通三张财务报表的"任督二脉"

无论是从股东的身份，还是管理者的视角，面对三张报表，都存在一个快速阅读数据顺序和简单验证判断的问题。在实际中，快速阅读报表的顺序应该是怎么样呢？说实话，一千个人心中有一千个哈姆雷特。

如何阅读才能横看成岭侧成峰，从多种角度理解三张报表。

阅读报表要尽可能把握大的骨脉，将关联内容放在一起分析，这样能够更好地分析出不同方面的情况。可以把利润表看作一架飞机的机体，资产负债表和现金流量表看作飞机的两翼，以利润表为机体核心，通过"一体两翼"的模式穿透各报表的关系。

（一）从日常经营视角看

首先要关注前文介绍的利润表中的核心利润，从利润表计算得出的核心利润向资产负债表和现金流量表两翼延伸。从利润的贡献方式看，核心利润对应资产负债表的经营性资产和经营性负债的运转，产生的相关现金流转对应到现金流量表的经营活动现金流。

（二）从投资视角看

利润表中的投资收益、公允价值变动损益一般是企业从投资活动中获得的收益，这些收益是由资产负债表中的投资性资产产生的，对应到现金流量表是投资活动现金流。

（三）从融资视角看

利润表中的财务费用列示了融资成本，而财务费用的产生源于资产负债表中的带息负债以及股权融资，对应到现金流量表是筹资活动现金流。

（四）从净结余视角看

利润表中净利润是企业经营成果，扣除分红后，就形成了期末资产负债表的留存收益，具体表现在盈余公积和未分配利润。而净现金流是整体运转的现金结果。

第二节　财务指标综合分析：杜邦分析法

一、杜邦分析法简介

杜邦分析法是基于财务报表数据，逐步拆解 ROE 这个关键财务比率，进而对企业财务情况进行综合分析评价，通过分解，便于深入地分析股权回报率的关键影响因素。

杜邦分析法如图 9-1 所示。

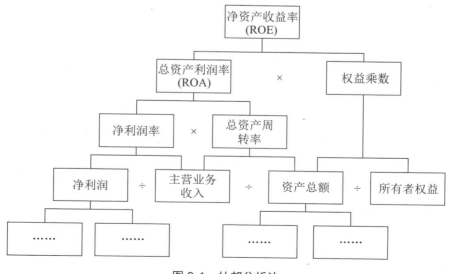

图 9-1　杜邦分析法

下面利用公式来简单说明杜邦分析法的推导体系。

净资产收益率（ROE）=ROA× 权益乘数 = 净利润率×资产周转率×权益乘数

其中：

$$总资产收益率（ROA）= \frac{净利润}{资产}$$

$$权益乘数 = \frac{资产}{所有者权益} = \frac{1}{1-资产负债率}$$

而将 ROA 分解为净利润率和总资产周转率的乘积，是为了更好地通过获利能力和周转能力两个维度来剖析企业情况。

其中：

$$净利润率 = \frac{净利润}{销售收入}$$

$$总资产周转率 = \frac{销售收入}{资产}$$

通过进一步推导，可以继续细化 ROE 的公式。这样通过杜邦分析法能够层层追溯到很细的项目，找到股权回报变化的关键因素。

二、杜邦分析法的解读

通过杜邦分析法对净资产收益率的拆解，发现可以从三个维度入手。

一是效益如何，对应净利润率。理论上，企业的净利润率越高，说明企业提供的商品或服务的不可替代性越强，企业的竞争能力越强。企业所在的行业，如果不是垄断行业，其净利润率都有一定区间值，存在一定的盈利天花板，而更好的净利润率往往需要比较明显的品牌、技术等优势。

二是效率如何，对应总资产周转率。除了总资产运营效率分析外，还可以对资产的各构成部分进行细致分析，包括存货周转率、应收账款周转率、流动资产周转率、固定资产周转率等，研判各项资产周转的问题所在。

三是财务风险如何，对应权益乘数。负债比率越大，权益乘数越高，财务杠杆的效应越强。权益乘数是对净利润率、总资产周转率好与坏的"放大器"，是一把双刃剑。

三、杜邦分析法的优缺点

杜邦分析法为何广为使用，即使在高度信息化的今天，仍然不显过时，综合来看，主要是具备以下几个优点：

第一，杜邦分析法通过最核心的 ROE 指标考虑了股东投入和产出的关系。

第二，杜邦分析法为逐层展开指标分析，提供了详细的流程，即剥洋葱一般层层剥离，寻找影响指标的核心因素。

第三，杜邦分析法的大部分数据和现有财务分析指标紧密联系，没有另辟蹊径，而是基于现有指标的合理性和必要性，对其进行体系化归纳，所以更易于接受。

尽管杜邦分析法有很多优势，但从企业绩效评价的维度看，杜邦分析法过于专注财务信息，不能完全反映企业的实力，有一定的局限性：

第一，杜邦分析法产生于 20 世纪上半叶，本质上是通过拆解净资产收益率这一财务比率指标来实现对企业的财务绩效评估。但随着经济的发展和商业模式的变化，当代企业已不能完全依靠传统财务指标来给予其评价，往往采取财务指标和非财务指标相结合的方式开展综合评价，如基于"环境、社会、公司治理模式"（environment, social and government, ESG）。非财务指标同样会对企业的长期经营环境和业绩影响很大，所以杜邦分析法无法在综合评价体系中占主导作用。

第二，杜邦分析法对企业报表外的人力资本以及报表内的知识产权未来价值等未做更好地覆盖，而如今，这对当代企业提升其长期核心竞争力的重要性越来越大。杜邦分析法这方面尤其具有局限性。

第三，在财务评价的层次内，杜邦分析法基于报表的分析模式也会更关注短期的财务表现。从公司治理角度，股东和管理层是存在代理人关系的，而杜邦分析法会让两者同样更关注企业的短期财务绩效变化，过于纠结于"术"，而忽略因战略缺失造成的短期财务困难，以及企业因为选择独特成长路径而无法在短期内改善净资产收益率的情况。

四、杜邦分析法的应用

为了更清晰地反映杜邦分析法的全貌，从最底层的报表数据逐项拾取相关财务信息，逐项计算，最终达成总体分析。下面以上汽集团为例，使用杜邦分析法对其进行简单分析，观察一下相关指标是如何发挥作用的。

上汽集团净资产收益率分解计算如表 9-1 所示。

表 9-1　上汽集团净资产收益率分解计算

指 标 项 目	2020 年	2019 年	2018 年
净利润率 /%	3.93	4.18	5.37
总资产周转率 /%	0.84	1.03	1.20
权益乘数	2.97	2.82	2.75
净资产收益率 /%	9.80	12.14	17.72

在得出基础数据的基础上，采用基准百分比进行分析，即以 2018 年为基准，分别计算 2019 年、2020 年分别较 2018 年变化情况，如表 9-2 所示。

表 9-2　上汽集团净资产收益率的变化率（2018 年基准百分比）

单位：%

指 标 项 目	2020 年	2019 年	2018 年
净利润率的变化率	−26.82	−22.16	100.00
总资产周转率的变化率	−30.00	−14.17	100.00
权益乘数的变化率	8.00	2.55	100.00
净资产收益率的变化率	−44.67	−31.49	100.00

可以看到 2018—2020 年，上汽集团净利润率逐年下降，企业盈利质量呈下滑趋势，2020 年较 2018 年下降 26.82%；总资产周转率逐年下降，2020 年较 2018 年下降 30%；在净利润率和总资产周转率都下降的情况下，放大了财务杠杆，权益乘数 2020 年较 2018 年增长 8%，风险相对有所增大。综上，上汽集团净资产收益率下滑明显，2020 年较 2018 年下降 44.67%。

五、战略执行的财务评价

财务数据是评价战略执行好坏的量化手段，最终形成财务和战略良好的互动和闭环管理。

下面以前述上汽集团杜邦分析的数据为基础，对战略执行提出部分建议。此处要做一点说明，下面的建议仅从以上相关财务指标角度进行简单分析，在实际评价中，一定要多方面结合其他信息进行综合评价，才会更为科学、合理。

（一）如何提高净利润率

第一是扩大收入规模。企业生存发展的核心就是扩大收入规模，没有收入的持续增长做支撑，相关指标就会变差。应加快抢占两个市场，即新能源车市场和海外市场，充分利用传统龙头车企的社会资源和财务保障，同时利用新能源车的后发优势，尽快对决国内的"蔚小理"，最终形成和比亚迪、特斯拉三足鼎立的状态。

在加大新能源车投入的前提下，可以多措并举，通过各种创新方式，争取客户。例如：实行客户品牌终身积分计划；增程式油电混合新能源车的业务定位和技术积累；尽快研发经济油耗车型，并打开"一带一路"沿线国家销路；等等。

第二是全面压缩成本。作为整车厂，从钢材到零部件各环节可以在成本压缩方面做功课。此外，由于难以向国外车企一样动辄裁员降成本，应进一步优化人员结构，推动人员转岗调岗，合理确定招聘人数等。

（二）如何提高总资产周转率

应降低库存水平，学习准时制生产方式（Just In Time，JIT），适度压缩产能，对效益一般、产能浪费的生产线，考虑转手售出。同时，还应优化供应商、经销商管理模式，缩短物流链滞留问题周期等。

（三）如何选择合适的权益乘数

应对负债有增有减，即减少传统车型债务投入，将新增债务全力投入新能源方向。鉴于良好的信用资质，在当前的市场环境下，申请低息贷款和自主发债用于新能源车研发及投产，是不错的选择。

那么，假设企业对未来一定时期有预算目标安排，该如何分解 ROE 的目标？在实务中，应该先以相对容易控制的变量为基准，对控制变量进行情景分析，进而演绎出不同的结果。

企业战略执行是为了践行不忘初心、价值创造的使命，而财务的量化价值分析是对战略执行结果的阶段性总结与评价。企业可以依据该量化结果，分析过往价值创造的成功与失败，判断企业执行中的关键核心问题，思考未来如何补短板、促发展，以此为基础对战略进行修正与优化，然后再出发。

本章延伸思考

1. 三张报表之间有怎样的数据关系？

2. 杜邦分析法的主要优劣势是哪些？

3. 为什么 ROE 可以作为通用指标衡量不同企业？

4. 以自己熟悉的企业为例，结合其战略定位，利用财务报表项目分析和杜邦分析法评价企业战略执行状况。

第四篇
风险管理：
居安思危

居安思危，思则有备，有备则无患。提升风险预判及规避能力，企业才可基业长青。

第十章 融资风险——放大与约束

1. 企业融资方式有哪些？

2. 企业如何选择合适的融资方式？

3. 为什么"短贷长投"好比在刀尖上行走？

4. 债券融资存在哪些风险？

5. 财务投资者融资存在哪些风险？

6. 引入战略投资者会给企业带来什么影响？

稳定的资金来源对企业发展至关重要。融资就是企业结合自身的实际生产经营情况筹集资金，一般包括债务融资、股权融资或兼备二者性质的混合融资等。

一般来说，债务融资财务风险高，股权融资财务风险低。企业进行融资决策时应合理组合财务风险与经营风险，避免财务风险和经营风险双高。

通常而言，企业设立初期，经营风险处于高位，该阶段若采用债务融资，无疑会增加企业的负债和还债压力，所以此时更偏向于运用股权融资。随着企业逐渐发展成熟，其经营风险有所降低，抗风险能力大大增强，往往倾向于且有一定能力选择借债来满足资金需求。

与经营风险有关问题将在第十一章详细讨论，本章分别从债务融资和股权融资两方面讨论有关融资风险的管理问题。

第一节 债务融资风险管理

一、债务融资有哪些方式

常见的债务融资渠道有银行贷款、发行债券和商业信用融资等。不同类型债务的融资成本及对企业的约束也有所区别。

（一）银行贷款

银行贷款，是目前企业最重要的融资渠道之一。银行贷款的程序相对简单，所需时间较短，企业可以迅速取得资金；相比于债券融资，银行贷款没有发行费、手续费等额外费用。但银行贷款需要按照合同约定的范围内使用，按贷款用途可以分为流动资金贷款、固定资产贷款和专项贷款等。

银行贷款是中小企业解决资金短缺问题的主要途径，其中短期借款占比更高。短期借款主要用于企业生产、经营中的流动资金需求，一般一年内还款。短期借款虽然利率低且便于灵活使用，但一般不能用于企业长期资金需要。这里先埋个小伏笔，之后会再次提到这个问题。

（二）发行债券

债券融资指企业按法定程序向债权人发行的按协议偿还本金并支付利息的有价证券，从而获取资金的一种融资方式。

企业债券种类繁多，在债券发行时，债权的期限、利率、付息方式等关键要素便已被确定。企业通过发行债券，可以获取大额资金，而且可以改善企业资本结构。

我国企业发行债券对发行人类型、净资产、利润、信用评级等有严格要求，通常需要经过向有关管理机构申请报批等程序的准备工作，需要花费很长的时间。

（三）商业信用

商业信用，指对买方延期支付或对卖方提前收取货款，占用交易对方的资金，在实际付款或交货日之前，无偿占用这笔资金，相当于获得一笔无息的短期借款，从而缓解自身资金周转压力。简单来说，就是以应付账款或预收账款的方式进行资金筹集的一种方法。

当企业对主要供应商或客户的依赖程度较低且交易量很大时，上下游为了与企业能够长期合作发展，会向企业提供商业信用融资支持，对上游的应付账款或对下游的预收账款的金额和期限都对企业有利。

二、怎么测算资金缺口

测算资金缺口对企业很重要，在一定程度上能控制因过度融资带来的资金闲置、融资成本高与偿债风险大等问题的出现，同时也能避免出现融资不足导致的经营风险、财务风险等问题。

计算资金缺口需要先预测出来资金需要量，然后扣掉已有资金及其他资金来源，差额就是资金缺口。

预测资金缺口方法有很多，下面介绍一种简单易行的方法。具体资金缺口估算流程如表 10-1 所示。

表 10-1　资金缺口估算流程

第一步	应付账款周转次数 = 销售成本 / 平均应付账款	周转天数 =365/ 周转次数
	预付账款周转次数 = 销售成本 / 平均预付账款	
	存货周转次数 = 销售成本 / 平均存货	
	预收账款周转次数 = 销售收入 / 平均预收账款	
	应收账款周转次数 = 销售收入 / 平均应收账款	
第二步	营运资金周转次数 = 365/（存货周转天数 + 应收账款周转天数 − 应付账款周转天数 + 预付账款周转天数 − 预收账款周转天数）	
第三步	营运资金量 = 上年度销售收入 ×（1− 上年度销售利润率）×（1+ 预计销售收入年增长利率）/ 营运资金周转次数	
第四步	资金缺口 = 营运资金量 − 企业自有资金 − 现有流动资金贷款 − 其他渠道提供的营运资金	

以上融资需求主要是考虑经营所需资金，如果是厂房、机器设备，或者进行并购等活动需要融资，就需要根据专项投资的具体需求再进行详细测算。

三、短贷长投——在刀尖上行走

华源集团危机的爆发

据中国经济网报道，1995 年左右，华源集团开始大规模并购，之后虽然在规模上已经成为纺织和医药行业的龙头企业，但收益却不容乐观。据报表披露，2005 年年初，华源因资金链趋紧陷于整体危机。同年 9 月 16 日左右，因贷款偿还逾期，华源集团遭遇了上海银行、浦发银行等金融机构的诉讼，所涉金额达 12.29 亿元。之后 9 月 22 日，华源旗下 3 家上市公司——华源股份、华源发展和华源制药均发布股权司法冻结公告。后华润临危受命，同意重组方案，间接持有华源集团 70% 的股权。

经过分析，华源集团债务危机的主要原因之一是"短贷长投"，债务结构不合理，导致流动性出现严重问题。

近年来，企业的运营成本不断上升，竞争日趋激烈，导致很多企业资金链紧张，所以很多企业选择了"短贷长投"这种像在刀尖上行走的行为。

（一）什么是短贷长投

短贷长投是企业将短期贷款的资金用于投资长期资产。一般来说，短期贷款的利率低于长期贷款，从而产生的财务费用也会相对较低，看起来举借短期贷款似乎是一种较为划算的融资方式，实则不然。短期贷款和长期投资的期限是错配的，当短期贷款到期时，长期投资无法在那时变现，如果没有其他资金来源，将无力偿还短期贷款，从而导致非常大的财务风险，甚至陷入财务危机。

一些企业选择"短贷长投"是因为管理者对财务风险的不了解或忽视；还有一些企业源于管理者的过度自信，他们对未来抱有乐观估计，认为期望收益能够达成。研究发现，管理者越过度自信，企业的"短贷长投"越多。

（二）为什么说短贷长投是一种危险行为

短期借款的期限较短，需要企业一年内偿还，但长期性的资产投资在一年内一般无法变现，那么短期贷款到期时，除非以新债还旧债或向股东融资，否则企业将会面临资金流断裂的风险。

"短贷长投"相当于企业把生死大权交给了债权人，财务风险大幅上升。资金错配的缺陷所埋下的隐患，随时都有可能使其爆发财务危机且难以自救。

"短贷长投"是很多企业昙花一现、迅速倒下的原因。企业应该结合资金用途，制定科学的融资方案，不要让资金出现错配，规避"短贷长投"引发的财务风险。

四、债券融资——十字路口贴公告

【案例引入】

贵人鸟股份有限公司成立于2004年，并于2014年在上海证券交易所上市。贵人鸟利用其在资本市场下的热度，实施战略转型，耗巨资收购体育产业，快速实现上、中、下全产业链布局。

2019年11月，贵人鸟发布公告称，由于流动性资金紧张，未能按期足额兑付"16贵人鸟PPN001"，已构成实质性违约，发行总额为5亿元。

2019年9月—2019年11月，"14贵人鸟"的评级经过2次调整，由AA-级降至CC级。同年12月，公司发布公告表示，相同原因导致其未能按期兑付"14贵人鸟"债券本息，债券余额6.47亿元。

贵人鸟在2018年净亏损6.9亿元，2019年净亏损10亿元。2020年5月，贵人鸟被实施退市风险警示，其股票名称变更为"*ST贵人"。

因公司仍面临大额债务违约风险，部分债权人向司法机关提出财产保全申请，先后多次冻结公司资产。截至2020年6月13日，公司累计被冻结资产账面价值约为16.6亿元，占公司最近一期经审计资产总额的42.10%。

截至2021年1月11日，共有154家债权人申报债权，申报金额合计约40.8亿元。

2021年7月，贵人鸟收到法院送达的《民事裁定书》，确认重整计划执行完毕。

通过案例可以看到，相比于银行贷款而言，上市公司债券在融资存续周期的很多动态都需要发布公告，包括债券发行、债券跟踪评级、债券付息、债券赎回等，一切都在公众的关注之下。一旦出现负面事项，就容易造成股价下跌，甚至停牌，进而引发一系列不良事件，最终使公司深陷泥沼。即使是非上市公司，债券违约行为也可被公众知晓。

近年来，随着我国债券市场快速发展，金融监管力度加强。企业要避免债券违约风险，除了加强自身经营能力和偿债能力外，还需要对债券融资有更多的了解。

（一）债券融资存在哪些风险因素

债券融资风险很多，以下3个方面应该尤为关注。

1. 发行风险

发行风险，是指企业在融资过程中，受各种因素的影响，导致债券无法在预期内出售所造成的风险。如果出现债券发行风险，不论是对自身还是对相关利益者都会产生影响，同时也会延长债券的发行时间，增大债券运作成本，甚至会导致债券发行失败。

2. 偿债风险

偿债风险是指企业无法按期支付利息或偿还本金而引发的风险问题。企业的经营能力往往决定了其偿债能力。假使企业的现金流状况很差，不具备偿债能力，债权人可能会强烈要求企业以破产清算为代价，来偿还欠资。前面【案例引入】中的贵人鸟就属于这一类风险。

3. 利率风险

受宏观环境影响，债券的市场利率会上下波动。债券一般是固定利率，并且跨越多个商业周期。若债券发行后，在固定利率之下，如果市场利率下降了，而企业还按照之前发的较高的固定利率债券付息，则会导致债务成本相对增加。

（二）如何应对债券融资风险

1. 避免盲目扩张

企业发展自身的核心业务是首要的，要强化核心竞争力，保证营业现金流的稳定，避免盲目扩张。然而，像【案例引入】中的贵人鸟一样，一些企业盲目发展"壮大"，拓展产业链，但并购后的经营能力未得到相应提高，经营成果无法转化为预期的现金流。一旦企业外部环境发生变化，主要依靠债务维持经营的隐"雷"便会爆炸，带来严重的财务危机。

2.优化资本结构

保证融资结构合理是规避偿债风险的重要途径。【案例引入】中的贵人鸟在经营效益不断下降、经营风险不断增大的情况下，仍增加新的债务，使得企业资金链情况持续恶化。这也印证了高经营风险应该配合低财务风险，避免选择债券方式进行融资，要优化资本结构，将负债占比控制在合理范围内，减轻偿债压力，保障企业资金的安全性和稳定性。

3.强化应急机制

当债券成功发行后，企业应及时建立并完善相应的债券融资风险应急机制，以防问题出现时企业措手不及，未能高效、科学地应对事件和解决问题，最终难以控制。【案例引入】中的贵人鸟如果有风控预判和预案，就可以在弱风险出现前及时做好处理，避免风险大面积扩散。

🏆 第二节　股权融资风险管理

一、股权融资渠道有哪些

股权融资指的是通过出售股权获得资金的融资方式。

股权融资按照融资途径分为两大类型。

第一，公开市场发售。通过股票市场向公众投资者发行企业的股票来募集资金，包括上市、增发股票和配股等形式。

第二，私募发售。通过对特定投资人增资而获得融资的方式。因为上市对企业有一定的条件要求，对大多数中小企业来说难以达到。因此，私募成为很多民营中小企业股权融资的方式。

二、向财务投资者融资的主要风险有哪些

财务投资者一般投资周期短，投资行业多元化，并且希望在短期内能够获

得高额的投资回报，更注重短期的获利，寻找机会将股权进行出售。风险投资者和私募股权投资者都是常见的财务投资者。

（一）风险投资

风险投资指投资者通过投资成长性好的企业，并对企业管理有一定程度的介入，待时机成熟时退出并获取收益的一种投资行为。具有高风险、组合性和专业性等特性。

（二）私募股权投资

私募股权投资通过非公开的（私募的）形式，对有发展潜力的非上市企业进行权益性投资。主要包括资金募集、投资运作、投后管理和增值及退出等几个阶段。

（三）风险投资和私募股权投资区别

通常情况下，风险投资的投资阶段相对较早，一般侧重于初创公司，这类公司追求新理念、新概念、新产品和新服务，但尚未产生可观收入，一般也没有产生足够的现金流来支付大部分费用。风险投资一般是在投资后的 5～7 年寻找机会将股权出售退出。

私募股权投资偏好于有一定收入规模和市场份额，现金流情况尚可的公司。私募股权公司通过分析公司的现金流和能力表现进行后期投资，通过投资和运营来扩大被投公司的发展规模和运营效率，这种行为通常被称为"锦上添花"。私募股权投资一般在企业上市后退出。

（四）企业引入财务投资者的风险

财务投资者被企业引入后，在帮助企业研发、降低企业融资成本、扩大企业市场占有率、提升企业知名度等方面发挥着重要作用。然而企业在引入财务投资者时，也会产生一些风险，对企业生产发展造成负面影响。

1. 签署对赌协议给企业带来的风险

对赌协议是一种基于业绩的调整协议，是在投资时投资方与企业管理层（融资方）之间的一种双向约定，通常以企业股权作为"赌注"，以财务绩效指标或上市等作为对赌的评判标准。

对赌协议的签署也会给企业发展带来一定的风险，下面进行详细讨论。

1）对赌标准设定过高，管理层经营压力较大

基于财务投资者逐利的特性，投资方为了锁定自身的投资风险，保障收益，往往会偏向于设定较高的业绩标准。而企业为了筹集资金，一旦接受了高标准的对赌条款，将承担巨大的经营压力。一旦对赌失败，企业将付出沉重的代价用以弥补财务投资者。

2）管理层短期行为严重，企业潜力过度开发

为了赌赢对赌协议，在短期内提高赢利能力，让企业达到设定的业绩要求，企业往往不顾公司长远发展，过分重视短期业绩，同时也无暇顾及企业内部治理与风险控制。

3）容易造成控股权的流失，使企业失去独立性

对赌协议常常以企业股权作为对赌筹码，也就是说，融资企业一旦对赌失败，控股股东股权的控制权可能会减弱甚至丧失。

那么，如何避免对赌风险产生，最根本的一条就是量力而行，保证对赌协议上签的每一个条款，企业是可以通过努力达成的，并且是相对可控的。

2. 投资者退出给企业带来的风险

为了实现资本增值获利或降低损失，投资者在交易实施过程中附带考虑了将来的退出机制。下面简单讨论投资者几种主要退出方式给企业带来的风险。

1）首次公开发行退出风险

首次公开发行退出指企业在财务投资者的指导包装下，具备了符合上市的条件，投资者在企业成功上市后得以退出。

这种退出方式最大的风险就是企业未能按照约定时间、在指定资本市场上市，这时会触发财务投资者对企业、相关股东或实质控制人的相应惩罚。即使上市成功，时间成本和经济成本也都很高，还会因为强制定期对外报告，降低企业的自主性和灵活性。

2）股权转让退出风险

通常情况下，如果企业无法通过首次公开发行方式上市，那么财务投资者往往会通过引入其他投资者兼并收购企业，将其拥有的企业股权转让给第三方，退出企业，确保所投资金顺利收回。这种退出方式具有周期短、风险低、流程简单、成本低等特点。然而这种退出方式可能导致企业产生丧失独立性的风险，

致使并购前后企业的经营管理策略的连续性受到非常大的影响。

3）清算退出风险

财务投资者作为一种高风险的投资行为，投资失败的概率很高。如果一个企业失去了预期的发展可能，或者经营情况出现了不可挽回的风险，则不能再期望获得收益，那么财务投资者会采用清算方式退出。清算退出方式可以在最大程度上减少财务投资者的损失，尽早清算退出可以减少投资失败项目所占用资金的机会成本。

对于经营发展有望、而风险投资者不再看好的企业来说，清算退出使投资人对企业产生重创，使企业不仅失去大量资金支持，而且对于企业自身会打上负面标签，给企业名誉造成严重影响。

三、向战略投资者融资对企业的影响有哪些

战略投资者通常是与被投资公司建立长期战略伙伴关系、寻求长期投资收益的投资者。这种投资者往往是具有强大资本和全面资源的大型公司，能够在各方面为被投资企业提供全方位的服务，使其快速发展，达到其战略目的。企业引入战略投资者获取的融资能与自身的主业相融合或互补，在企业文化、管理理念上比较接近，形成协同效应。

 【案例】

锦江股份引入战略投资

上海锦江国际酒店发展股份有限公司（以下简称"锦江股份"）是酒店餐饮业。弘毅投资具备酒店行业运营的专业能力，与锦江股份的行业特性相匹配。弘毅投资拥有丰富的酒店经营管理经验和酒店行业的渠道资源，在酒店行业中拥有一流的发展战略视野。为获取庞大的资金及先进的战略指导，锦江股份在2014年采用向弘毅投资定向增发的方式引入战略投资者，锦江股份向弘毅投资发行1亿股，锦江股份发展能力得到进一步提高。

具体来说，引入战略投资者会给企业带来诸多影响，有的是有利影响，有的是不利影响。

（1）战略投资者为企业带来大量资金和资源。但也会给企业带来很多限制，比如战略投资者可以加入董事会，或者参与企业管理，改变原有话语权的结构，让原有决策模式发生非常大的变化。同时，由于注入较多资本金，导致原有股东的股权被稀释，甚至失去控股权。

（2）战略投资者还会带来许多有效的管理方式与创新的管理模式，为企业注入新的活力。但是这些会让企业经历一个艰难的适应过程，也可能水土不服，最后一拍两散。

（3）战略投资者投资企业后，一般需要财务规范化，并让财务信息透明化。在提升财务规范性的同时，会让原有股东和企业管理者有诸多不适，同时也让决策流程变得更为复杂。

本章延伸思考

1. 如何测算融资金额？

2. 如果"短贷长投"是既成事实，企业可以采取什么方式缓解风险？

3. 作为被投资企业，如何规避对赌协议中的风险？

第十一章

经营风险——评估
与决策

1. 管理者如何巧用各类成本做决策？

2. 错用成本计算方法会带来哪些问题？

3. 如何测算保本或保利？

4. 如何避免经营风险？

5. 如何进行生产决策才能使成本最低？

6. 如何科学定价？

第一节　成本分类与管理

从财务视角量化分析企业经营风险需要首先做好成本计算与管理。下面对成本及相关管理进行简单介绍。

一、管理者如何巧用各类成本做决策

所有的收益都要付出代价，简单地讲，这种代价就是成本。成本是科学定价的基础，也是度量经营风险、准确计算利润的

前提。成本有很多分类，这些分类在实践中能帮助我们做不同类型的决策。接下来看一下成本有哪些分类，这些分类又能对哪些决策制定起到什么作用。

不同的成本分类服务于不同的管理目的。

（一）目的一：满足对外报告

对外报告是企业的常规工作，上市公司要定期向全社会披露财务报告，非上市公司至少要定期向税务局等监管部门报送财务报告。按照对外报告对成本的核算要求，需要将成本按照经济用途分类。

按经济用途，成本可分为制造成本与非制造成本两类。这种分类主要便于准确计算产品成本，进而更准确定价、分析毛利、计算利润。准确的成本计算是降本增效的基础，也能在进行财务报表分析时，使同行业企业成本水平、获利性更具可比性。

1. 制造成本

制造成本，也叫作生产成本，是企业在进行生产活动时产生的支出，具体包括：直接用于生产该产品的材料费用、生产工人工资及诸如厂房机器折旧类的制造费用。

按照以上方式计算出来的产品成本：在没有卖出去之前，按照商品数量×单位产品成本，被显示在资产负债表的存货项目中；卖出去的当期，按照售出商品数量×单位产品成本，被记录在利润表的营业成本项目中。

2. 非制造成本

非制造成本也叫期间费用，包括销售费用、管理费用和财务费用。

（1）销售费用：包括销售部门的办公费、工资、差旅费，以及广告费、展览费、销售发生的运费等为销售产品而发生的各项费用。

（2）管理费用：包括行政管理部门的办公费、工资、差旅费等费用。

（3）财务费用：包括利息净支出、汇兑净损失、融资手续费等为筹集资金等而发生的费用。

上述3种费用分别显示在利润表的销售费用、管理费用、财务费用项目中。

（二）目的二：精准计算产品成本

成本按照对象划分可以分为直接成本和间接成本，该分类的意义在于对成本的精准把握。如果没有正确划分，就会造成产品成本被高估或低估。

1. 直接成本

直接成本也叫可追溯成本，能够确定为生产某产品而发生的成本，比如生产 A 产品的甲材料成本。

2. 间接成本

间接成本难以追溯到某一产品本身，需要通过计算方法、分摊方式计入某一产品。比如车间管理人员的办公费、工资费用和福利费等。

（三）目的三：成本管理与经营决策

成本可以按性态分为固定成本、变动成本和混合成本三类。成本性态指成本总额随着业务量的变化而相应变化的习性。这种分类方式对管理决策和业绩评价非常重要。

1. 固定成本

这类成本总额不随业务量的增减变动而变动。比如管理人员的工资、厂房折旧、不动产税、办公费、财产保险费、培训费、研发费等。当然这是有前提的，那就是在相关的范围内，即产能、销售量或工时等在一定量的范围内。

固定成本又分为约束性固定成本和酌量性固定成本。

（1）约束性固定成本：简单地讲，就是不得不花的固定成本，比如出租车司机的份钱，是一睁眼睛无论今天能不能拉到活都要交的钱。一般包括固定资产折旧费、财务保险费、财产税、房屋设备租赁费等。这类固定成本往往是在经济下行或者企业生存环境恶化时压倒很多企业的"稻草"。

（2）酌量性固定成本：是指固定成本总额受管理层短期决策影响的成本，包括广告费、技术开发经费、职工培训费、高管薪酬等。这类成本发不发生或金额大小取决于管理者的选择，但是发生与否往往会影响企业未来的核心竞争力。

2. 变动成本

这类成本总额会随着业务量的变化成正向变化。当然这也是有前提的，那就是在相关的范围内。变动成本又分为约束性变动成本和酌量性变动成本。

约束性变动成本包括生产产品需要耗用的直接材料等，也是必须要发生的成本；酌量性变动成本包括新产品研制费、技术转让费等，发生与否由管理者决定。

3. 混合成本

混合成本是指其发生总额随业务量而发生变化，但二者呈现非正比例关系。兼具固定成本和变动成本两种特性。对于混合成本，需要按照一定的方法分成固定成本和变动成本。

那么，接下来具体看区分上述几类成本的意义何在？

首先，有利于正确评价各部门的工作业绩。对变动成本的控制能够反映出生产部门和采购部门的工作业绩，可以根据各类费用的超支或节约，综合考评其部门业绩。

其次，有利于通过企业的成本结构判别经营风险大小，各项成本在总成本中所占的比例即成本结构。固定成本占总成本越高，经济下行时企业将面临更大的经营风险。

通过一个例子来了解一下：企业在城市中心地段拟开办一综合超市，其固定投资如下：年租赁门店费用 35 万元，年员工成本费用 10 万元，店面装修和维护 25 万元（按 5 年摊销，年摊销额为 5 万元）。该超市年固定成本费用共计 50 万元，经市场调研和测算，超市的综合边际贡献率为 40%。那么，保本收入就是 50 万元 /40%=125 万元。如果销售收入低于 125 万元，则该超市的收入将无法弥补成本。而如果调整该超市的经营规模，其固定投资为年门店租赁费用 30 万元，年员工成本 7 万元，店面维修 15 万元（按 5 年摊销，年摊销额 3 万元），那么年固定成本费用为 40 万元，超市综合边际贡献率仍然为 40%。则保本收入为 40 万元 /40%=100 万元，相较上一种方案保本收入减少了 25 万元。由此可见，固定成本的减少直接影响着企业的经营成果。

最后，有利于成本管控。不同的固定成本对公司经营会产生不同的影响。区分固定成本与变动成本还有利于企业进行成本分析，如果深入分析成本结构，了解成本中的每一个分支，则会对成本的每一个可控制节点有充分的认识，对企业进行成本控制和寻求降低成本费用的途径有重要意义。

（四）其他

1. 机会成本：投资决策不能忽略的成本

机会成本是指企业从多个可选择的经营活动中选取一种最佳方案而放弃的次优方案可获得的收益。企业想要做出最优决策时必须要考虑机会成本。收益扣减机会成本是经济利润，它比会计利润要科学，因为经济利润考虑到了钱不用在这个方案而用在其他方案的潜在损失，比会计利润更能说明方案的真正收益。

假定现在有 10 万元资金，可以选择将它投入股市或存入银行获得利息。当将它投入股市时，就无法再获得银行利息，那么银行利息就是投资股市的机会成本。

2. 边际成本：短期定价发决策

边际成本是指产量向无限小变化时成本的变动数额，但因事实上产量不可能向无限小变化，至少应为一个单位的产量，所以边际成本为产量每增加或减少一个单位时所增加或减少的成本额。同理，边际收入是指销量每变化一单位所引起的销售收入的变化量。在短期定价决策时，可以寻找边际成本等于边际收入时的产品定价和销量，此时实现的产品利润是最大的。

3. 沉没成本：避免陷入沉没成本的旋涡

沉没成本是指企业已经发生的、无法收回的现金支出。决策是否需要考虑沉没成本？沉没成本与当前决策无关，属于历史成本的一种。假定某公司几年前支付 1 万元购买一台专用机器，该机器生产的产品现在已经逐渐失去市场，但如果不继续使用这台机器，之前投入的购买费用似乎被浪费了。1 万元的成本已经发生，继续生产过时产品只会使公司蒙受更大的损失。因此，明智的做法是，在决策时不再考虑最初购买设备的 1 万元，避免陷入沉没成本的旋涡。

4. 付现成本：往往会决定企业最终方案的选择

付现成本是实施某种决策，需要未来支付现金。企业在经营决策中，特别是对于支付能力受限的企业来说，相较于总成本，付现成本往往是企业更为着重考虑的因素。

假定 A 公司现急需购入一批专用设备，但公司目前资金十分紧张，并且短期内无账款可以收回。现有两种方案可供选择：

方案一：甲供应商可提供此种设备，需一次性付款 495 万元。

方案二：乙供应商也可提供此设备，设备全价 500 万元，交货时付 20% 的货款，余款在三个月内付清。

根据上述资料，公司管理人员认为第二个方案较为可行。因为该方案所需支付的总成本虽然较第一方案多 5 万元，但现金支出成本较低，是企业现有支付能力所能承受的；而专项设备购入并投入使用所带来的收益，可弥补总成本较高而形成的损失。

5. 专属成本与联合成本

专属成本是指可以明确归属于某种特定决策方案的成本，与特定的产品和部门相联系。如 A 设备是专门用来生产甲产品的，那么 A 设备的折旧就是甲产品的专属成本。

联合成本是指在生产活动中需要多种产品或部门共同负担的成本。如 B 设备能同时生产乙、丙、丁等多种产品，那么 B 设备的折旧就是这几种产品的联合成本。

6. 决策相关成本与决策无关成本

决策时主要考虑的成本类型主要包括机会成本、付现成本、专属成本等，即决策相关成本。

决策不需要考虑的成本类型主要包括沉没成本、联合成本等，即决策无关成本。

二、错用成本计算方法会带来哪些重大偏差

【案例引入】

方盛公司生产单一产品 A，最大产能为 50 000 件。2020 年度，该公司产销售 A 产品 20 000 件，利润表显示 2020 年税前利润为 -9000 万元。公司召开董事会商讨如何扭亏为盈，最终决定任命张勇为新一任总经理，2021 年的任务是提升业绩，扭转企业亏损的局面。如果扭亏为盈，按照利润表上的税前利润的 5% 给总经理张勇发业绩奖金。

2021 年度，张勇努力抓生产，A 产品的年产量增至 30 000 件，但市场状况没有改善，销售量仍然为 20 000 件。其他条件没有发生变化，2021 年度利润表上税前利润为 6000 万元。请问总经理张勇是否完成了 2021 年提升业绩的任务？是否应该给张勇发业绩奖金？

答案是：没有完成，不该发奖金。

一家企业的利润表好看真的代表效益很好吗？并不一定。有的时候，对外报告中所呈现出的利润并不能完全反映出企业真实的盈利情况。在对外报告中，比如上述案例的利润表等，是企业按照要求采用"完全成本法"进行核算成本和利润，这是给企业外部信息使用者看的。那么企业出于内部管理和业绩评价的需要，应该使用什么方法来计算呢？应该选用"变动成本法"计算成本和利润。

那么，什么是"完全成本法"和"变动成本法"？二者有什么区别？

（一）完全成本法：用于对外财务报告

编制对外财务报告时，也就是编制资产负债表、利润表时，必须采用完全成本法进行核算。这种核算方法要求成本按照经济用途划分，即制造成本和非制造成本（或期间费用），也就是前述的第一种成本分类方式。

上述案例中的企业由于使用完全成本法进行核算，仅仅通过加大生产就达到了提升利润的效果。听起来匪夷所思，这是怎么做到的呢？这就和完全成本法对成本的计算方法有关。

企业故意生产比客户需求更多的产品，就会产生大量库存。在完全成本法下，只有产品被销售出去后，相关的固定制造费用才会被计入利润表，而未售出产品的那部分固定制造费用则留在存货成本中。换句话说，在这种方法下，没有卖出去的产品，虽然没有贡献收入，但是却起到了摊薄单位成本的作用。在刚才的案例中，与之前相比，生产量提高，每个产品分摊的固定制造费用降低，虽然销售量及收入不变，但由于单位产品成本降低，相应的销售成本相比之前变少，这样，整体的利润看起来就会更为可观一些。

通过这个案例我们可以看出，完全成本法对于企业内部管理来说不完全适用。如上述案例，虽然利润表扭亏为盈，但是由于部分产品没有卖出去，不仅占用资金没有产生相应的贡献，同时还有可能面临大幅减值跌价的风险。因此，2021 年度张勇总经理并没有真正提升企业绩效。

因此，从企业内部管理、经营决策、业绩考核的角度来讲，主要使用另一种方法——变动成本法。

（二）变动成本法：用于对内管理决策

变动成本法与完全成本法最大的区别就是将固定制造费用划为期间费用，不作为产品的成本构成，在发生当期从利润中一次扣除。

变动成本法是按照成本性态对成本进行分类，其将制造费用分成了变动成本与固定成本两部分。不同于完全成本法，变动成本法下的生产成本包括：直接材料、直接人工和变动制造费用；期间费用包括固定制造费用、管理费用和销售费用。

将上述内容进行总结，如表 11-1 所示。可以发现完全成本法和变动成本法的区别，就在于它们对固定制造费用的分类判定不同。

表 11-1　完全成本法与变动成本法区别

	完全成本法	变动成本法
生产成本	直接材料 直接人工 **制造费用**	直接材料 直接人工 **变动制造费用**
期间费用	管理费用 销售费用	**固定制造费用** 管理费用 销售费用

尽管依照会计准则等规定，利润表必须根据完全成本法核算，但完全成本法与变动成本法并非互斥，企业可以同时使用两种方法，以兼顾对外报告和内部管理决策。

接下来，将通过具体分析两种方法的差异，来证明相较于完全成本法，变动成本法在反映企业盈利情况时更具有优越性。

（三）两种方法的差异

以一家游船生产企业为例，具体说明变动成本法与完全成本法的区别。如果读者朋友们不喜欢烦琐的计算过程，那么可以直接跳到结果（表 11-6）。通过差异对比了解两种方法对决策的影响，对于很多非专业财务的高管来说就已经达到基本目的了。

1. 产量＞销量

画舫船业公司专门为江上游览项目生产观光游船。6 月份，A 款游船共生产 10 艘，销售 8 艘，月末结存 2 艘。每艘游船售价 200 000 元，月初没有在产品和产成品存货。

A 款游船的生产成本与期间费用的资料如表 11-2 所示。

表 11-2 A 款游船 6 月成本费用表

单位：元

成 本 项 目	单位产品成本	总 成 本
直接材料	38 000	380 000
直接人工	10 000	100 000
变动制造费用	2000	20 000
固定制造费用		140 000
管理费用		30 000
变动销售费用	20 000	160 000
固定销售费用		10 000

值得注意的是，在表 11-2 中，计算变动成本项目的成本时，直接材料、直接人工和变动制造费用选取的是产量 10 艘，这是因为材料工费为生产过程中所耗用；计算变动销售费用的项目成本时，变动销售费用只和销售量挂钩，选取的量为 8 艘。

在编制利润表之前，首先要明确产品的单位成本，便于后续计算。在变动成本法下，单位产品的成本不包括固定制造费用，因此计算时只需要加总随产量变动的生产成本。计算过程如下：

变动成本法下的单位产品成本 =38 000+10 000+2000=50 000（元）

完全成本法下并没有将制造费用拆分，因此在计算单位产品成本时，需要对固定制造费用进行分摊。如下式所示，采用完全成本法计算单位成本时，在上述变动成本法计算出的单位产品成本 50 000 元的基础上，加上了分摊到一艘船上的固定制造费用 14 000（140 000/10）元。

完全成本法下的单位产品成本 =50 000+140 000÷10=64 000（元）

或

完全成本法下的单位产品成本 =（380 000+100 000+20 000+140 000）÷10（元）

=64 000（元）

如表 11-3 所示，分别采用变动成本法和完全成本计算税前利润，并对二者进行比较。

表 11-3　两种成本计算法利润计算对比（一）

单位：元

损益计算过程	变动成本法	完全成本法
销售收入 8 艘 × 200 000=1 600 000	1 600 000	1 600 000
销售成本		
期初存货成本	0	0
当期产品成本		
10 艘 × 50 000	500 000	
10 艘 × 64 000		640 000
期末存货成本		
2 艘 × 50 000	100 00	
2 艘 × 64 000		128 000
当期销售成本		
8 艘 × 50 000	400 000	
8 艘 × 64 000		512 000
边际贡献（生产阶段）	1 200 000	
毛利		1 088 000
管理费用		30 000
销售费用		170 000
变动销售费用 8 艘 × 20 000	160 000	
边际贡献（全部）	1 040 000	
固定成本		
固定制造费用	140 000	
管理费用和固定销售费用	40 000	
固定成本合计	180 000	
税前利润	860 000	888 000

其中，表 11-3 中的毛利＝销售收入－销售成本，边际贡献＝销售收入－变动成本，边际贡献的相关内容会在后文中详细介绍。根据表 11-3 我们可以得知，完全成本法下计算出的税前利润比变动成本法多了 28 000 元。这 28 000元是差在什么地方呢？就差在没卖出去的 2 艘船的固定制造费用 28 000（2×14 000）元。

具体地讲：在完全成本法下，只有产品被销售出去了，固定制造费用才会被归为当期损益，计入利润表，否则会被计入存货；在变动成本法下，固定制造费用全部记为当期损益。如上例所示，两种方法计算出利润差异就源于被计入存货成本中的两艘未销售游船的固定制造费用。

用式子表示，即为 888 000-860 000=2×（64 000-50 000）=28 000（元）。

上述画舫船业的例子是"产量＞销量"的案例情景，那么当"产量 ＝ 销量"或"产量＜销量"时，两种方法分别计算出的利润又将呈现出什么样的关系呢？

2. 产量 ＝ 销量

还是采用上述画舫船业的案例。假设 6 月份，该公司的明星产品 A 款游船共生产 10 艘并全部卖出。此时：变动成本法下变动销售费用变为 200 000 元；完全成本法下销售费用合计为 210 000（200 000+10 000）元。计算出税前利润如表 11-4 所示。

表 11-4 两种成本计算法利润计算对比（二）

单位：元

损益计算过程	变动成本法	完全成本法
销售收入 10 艘 × 200 000=2 000 000	2 000 000	2 000 000
销售成本		
期初存货成本	0	0
当期产品成本		
10 艘 × 50 000	500 000	
10 艘 × 64 000		640 000
期末存货成本	0	0
当期销售成本		
10 艘 × 50 000	500 000	
10 艘 × 64 000		640 000
边际贡献（生产阶段）	1 500 000	
毛利		1 360 000
管理费用		30 000
销售费用		210 000
变动销售费用 10 艘 × 20 000	200 000	

损益计算过程	变动成本法	完全成本法
边际贡献（全部）	1 300 000	
固定成本		
固定制造费用	140 000	
管理费用和固定销售费用	40 000	
固定成本	180 000	
税前利润	1 120 000	1 120 000

根据表 11-4，我们可以发现，当产量＝销量时，虽然两种方法具体的计算过程不一样，但是得出的税前利润是相等的。这是由于两种方法中的固定制造费用都记为损益，完全成本法计入销售成本，变动成本法计入期间费用，总之都进入利润表中，所以此时两种方法的利润无差异。

3. 产量＜销量

那么，产量小于销量时的情况是什么样呢？

假设 6 月份，该公司的明星产品 A 款游船共生产 10 艘，月初产成品存货 1 艘，共卖出 11 艘。此时：变动成本法下变动销售费用变为 220 000 元；完全成本法下销售费用合计为 230 000（220 000+10 000）元（表 11-5）。

表 11-5　两种成本计算法利润计算对比（三）

单位：元

损益计算过程	变动成本法	完全成本法
销售收入 11 艘 × 200 000＝2 200 000	2 200 000	2 200 000
销售成本		
期初存货成本		
1 艘 × 50 000	50 000	
1 艘 × 64 000		64 000
当期产品成本		
10 艘 × 50 000	500 000	
10 艘 × 64 000		640 000
期末存货成本	0	0
当期销售成本		

续表

损益计算过程	变动成本法	完全成本法
11 艘 × 50 000	550 000	
11 艘 × 64 000		704 000
边际贡献（生产阶段）	1 650 000	
毛利		1 496 000
管理费用		30 000
销售费用		230 000
变动销售费用 11 艘 × 20 000	220 000	
边际贡献（全部）	1 430 000	
固定成本		
固定制造费用	140 000	
管理费用和固定销售费用	40 000	
固定成本	180 000	
税前利润	1 250 000	1 236 000

从表 11-5 可以得知，当产量＜销量时，变动成本法下计算出的利润高于完全成本法，这是由于完全成本法在计算税前利润时，将期初 1 艘库存卖出，所以相比变动成本法，完全成本法多扣除了上期留存在存货中的固定制造费用 14 000 元，计入了当期损益。

综上所述，可以总结出以下规律，如表 11-6 所示。

表 11-6 完全成本法与变动成本法不同产量下结果对比

产量与销量的关系	对存货的影响	经营利润的对比
产量＞销量	存货增加	完全成本法经营利润＞变动成本法经营利润
产量＝销量	存货不变	完全成本法经营利润＝变动成本法经营利润
产量＜销量	存货减少	完全成本法经营利润＜变动成本法经营利润

其中，产量＞销量，完全成本法下的利润更高，这是因为在完全成本法下存货增加，固定制造费用被吸收到存货当中。

产量＜销量，完全成本法下的利润更低，这是因为在完全成本法下存货减少，固定制造费用从存货中被释放出来计入了利润表中的销售成本。

基于以上分析，就能够理解为什么某些上市公司明知市场状况不好，无法提高销售却还是努力搞生产，就是因为我们看到的都是对外报告，是使用完全成本法算出来的。如果产量大于销量时，即使产品卖不出去也能够提高利润。但是，如果我们能够看到变动成本法编制出来的报表，就知道这只是个数字游戏，并没有真正创造更多的利润。

（四）两种方法差异对管理决策与业绩评价的影响

在"两种方法的差异"这一部分中，比较了两种方法计算出的利润差异，并总结出相关规律。理论方法是需要应用于实际中去的，之前提到，"完全成本法对外，变动成本法对内"，也就是说，相比于完全成本法，变动成本法计算出的利润更适合企业进行内部管理与决策。

那么，为什么企业选择变动成本法用于对内更合适呢？下面拉长时间线，通过一个简单的多期例子来尝试解释这个问题。如果读者不喜欢算一堆数字，可以直接看后面的结论。

1. 连续各期产量相同而销量不同

力源公司是一家小型器械制造公司，仅生产单一产品甲产品。假设近 3 年甲产品产量相同，均为 1000 件。且该企业 3 年的单位产品售价、管理费用与销售费用年度总额均未发生变化，分别为 200 元、50 000 元，为了方便计算，假设其中的管理和销售费用全部为固定成本。这 3 年唯一不同的因素为与产量相对应的销量，分别为：1000 件、900 件和 1100 件。

其他与产品成本计算有关的数据如下：单位产品变动成本，包括直接材料、直接人工和变动制造费用，为 100 元；固定制造费用为 20 000 元 [完全成本法下每件产品分摊 20 000÷1000=20（元）]。两种方法分别计算出的利润如表 11-7 所示。

表 11-7　两种成本计算法税前利润计算对比

单位：元

产量（件）	1000	1000	1000	3000
销量（件）	1000	900	1100	3000
年度损益计算	第1年	第2年	第3年	合计
变动成本法下：				
销售收入	200 000	180 000	220 000	600 000
销售成本	100 000	90 000	110 000	300 000
边际贡献	100 000	90 000	110 000	300 000
固定成本				
固定制造费用	20 000	20 000	20 000	60 000
管理费用和销售费用	50 000	50 000	50 000	150 000
小计	70 000	70 000	70 000	210 000
税前利润	30 000	20 000	40 000	90 000
完全成本法下：				
销售收入	200 000	180 000	220 000	600 000
销售成本				
期初存货成本	0	0	12 000	
当期产品成本	120 000	120 000	120 000	360 000
可供销售产品成本	120 000	120 000	132 000	
期末存货成本	0	12 000	0	
销售成本	120 000	108 000	132 000	360 000
毛利	80 000	72 000	88 000	240 000
管理费用和销售费用	50 000	50 000	50 000	150 000
税前利润	30 000	22 000	38 000	90 000

从表 11-7 可以得出：当采用变动成本法时，变动成本随着产量的增加而成正比例变动，固定成本并不会因为产量而变化；而在采用完成本法时，固定成本与变动生产成本混合在一起，固定成本随产量发生变化，这种计算方法掩盖了固定成本对利润的影响。错误地将完全成本法下的单位生产成本简单地理解为变动成本会引发许多问题，如做出不适当的定价决策、停产实际赢利的产品等。因此，变动成本法更能真实地反映出企业的赢利水平和经营情况，便于企业进行经营与管理决策。

此外，在上述例子中，虽然各期的产销不一致，但是长期的产销实现了平衡，变动成本法与完全成本法计算出的三年利润总额并无差异，这个例子中 3 年的税前利润之和都是 90 000 元。由此可以得出，变动成本法比较适合企业进行短期决策。

2. 连续各期销量相同而产量不同

还是以力源公司为例，但是假设近 3 年唯一发生变化的因素为产量，分别为 1000 件、110 000 件和 900 件。依旧假设其他条件 3 年不发生变化，其中销售量 3 年来都为 1000 件。两种方法分别计算出的利润如表 11-8 所示。

表 11-8　两种成本计算法税前利润计算对比

单位：元

产量（件）	1000	1100	900	3000
销量（件）	1000	1000	1000	3000
年度损益计算	第 1 年	第 2 年	第 3 年	合计
变动成本法下：				
销售收入	200 000	200 000	200 000	600 000
销售成本	100 000	100 000	100 000	300 000
边际贡献	100 000	100 000	100 000	300 000
固定成本				
固定制造费用	20 000	20 000	20 000	60 000
管理费用和销售费用	50 000	50 000	50 000	150 000
小计	70 000	70 000	70 000	210 000
税前利润	30 000	30 000	30 000	90 000
完全成本法下：				
销售收入	200 000	200 000	200 000	600 000
销售成本				
期初存货成本	0	0	11 818	
当期产品成本	120 000	130 000①	110 000③	360 000
可供销售产品成本	120 000	130 000	121 818	
期末存货成本	0	11 818②	0	
销售成本	120 000	118 182	121 818	360 000
毛利	80 000	81 818	78 182	240 000
管理费用和销售费用	50 000	50 000	50 000	150 000
税前利润	30 000	31 818	28 182	90 000

① （20 000÷1100+100）×1100=130 000（元）

② 100×100+20 000÷1100×100=10 000+1818=11 818（元）

③ （20 000÷900+100）×900=110 000（元）

从表 11-8 可以看出，税前利润在变动成本法下只与销量有关。无论产量是多少，相同销量下计算出的经营利润都相同。而完全成本法下的利润表则可能令人疑惑或误解。管理者看上述的利润表时，可能会疑惑为什么这 3 年销售额相同，经营利润却不同？是外部市场环境发生什么变化了吗？还是因为更低的销售成本、更有效的运营或其他因素吗？事实上，仅仅是由完全成本法这一计算方法带来的成本波动，这很容易混淆管理者进行内部管理决策时的视线。

从这个角度也可以得出，变动成本法更能真实地反映出企业的经营情况，便于企业进行经营与管理决策。特别是在进行一年一次的业绩评价时，变动成本法回归了评价的本质与内涵，遵照更加真实的盈利情况，使得当期的业绩评价更为合理公平。

在了解完全成本法与变动成本法的相关理论之后，就可以看出这部分【案例引入】中的方盛公司业绩评价时不应该使用完全成本法所编制的利润表，因为这样容易出现评价不科学的问题，更不应该按照税前利润的 5% 给张勇发奖金。而应该采用变动成本法计算出的利润来判断是否应该给总经理张勇发奖金。

🏆 第二节　盈亏平衡及目标利润分析

一、怎样才能保本

在解决保本问题前，需要先了解一个将企业成本、销量和利润联系起来的量化分析方法："本－量－利"分析。

（一）什么是"本－量－利"分析

利润 = 收入 － 成本

　　　= 收入 － （变动成本 ＋ 固定成本）

　　　= 销量 × （单价 － 单位变动成本） － 固定成本

（利）　（量）　　　　　　　　　（本）

上面展示为"本－量－利"说法的来源。

"本－量－利"分析对企业决策有什么作用？

如果每件产品所消耗原材料和支付计件工资共 1 元，以 2 元卖出，那就有 1 元的利润了吗？乍一看是的，但仔细一想好像不太对。

那什么是利润呢？挣得的减去花掉的就是利润。这里的花销不单是像原材料和计件工资这样的产销一件多一份的变动成本，还包括机器设备折旧、厂房租金、车间管理人员的固定薪酬等这些固定费用分摊到每件产品上的部分，所以企业是无法获得 1 元利润的。

在管理会计上，每件产品的"2 元 –1 元"算得的"1 元"差额并非利润，而被称为"单位边际贡献"，它再乘以销量即为"边际贡献"，即

单位边际贡献 = 单价 – 单位变动成本

边际贡献 = 单位边际贡献 × 销量

或

边际贡献 = 销售收入 – 变动成本

利润 = 边际贡献 – 固定成本

根据上面的分析和公式，企业若想盈利，其边际贡献就必须大于固定成本。

【例 1】甲厂生产销售一种 A 产品，假设产销一致，不考虑期间费用。20×1 年 2 月销售 100 件 A 产品，每件产品的售价为 12 元，单位变动成本为 7 元，总固定成本为 200 元。

边际贡献 = 销售收入 – 变动成本

=12×100-7×100=500（元）

单位边际贡献 = 单价 – 单位变动成本 =12-7=5（元）

利润 = 销售收入 – 变动成本 – 固定成本

=12×100-7×100-200=300（元）

通过计算，单位边际贡献 5 元为正，边际贡献 500 元为正且大于总固定成本 200 元，可以说明甲厂 2 月销售 A 产品可以获取利润，计算的利润为 300 元。

单位边际贡献和边际贡献的概念非常重要，企业做销售决策时，至少要保证单位边际贡献和边际贡献均大于 0。

结合上述的介绍，在衡量企业的盈利能力时，边际贡献率（即边际贡献 / 销售收入或单位边际贡献 / 单价）也具有重要的参考价值。

事实上，企业的真实经营情况极为复杂多变，因此我们在运用"本 – 量 – 利"方法分析的时候，需要化繁为简，设定一些限制条件：在特定时间和一定业务

量范围内，产品的单价、单位变动成本和固定成本皆保持不变；同时各种产品的销售收入在总收入中所占的比重也不变；销量与生产量相同；等等。

（二）售卖多少件产品可以保本

什么是保本呢？不盈利也不亏钱，收入刚刚好能够弥补支出，利润为零的状态就是保本。此时的业务量称作"保本点"，抑或是"盈亏临界点"，这是一个重要的数量界限。

保本点是"本－量－利"分析的核心内容，是企业开展生产经营的最低目标，可以为企业的销售预测、决策、成本控制和利润规划提供必要的财务信息。

根据前面提到的公式：

$$利润 = 销量 \times （单价 － 单位变动成本）－ 固定成本$$

若要求保本点销量，即销售多少产品能够保本，令利润为零，就可以推出下式：

$$保本点销量 = \frac{固定成本}{单价 － 单位变动成本}$$
$$= \frac{固定成本}{单位边际贡献}$$

【例2】接【例1】，甲厂销售多少件产品可以满足保本条件？

$$保本点销量 = \frac{固定成本}{单位边际贡献} = \frac{200}{12-7} = 40（件）$$

即当甲厂销售40件A产品时，可以满足保本，正好处于不盈不亏的状态，企业为了盈利，应将销售量做到40件以上。

由前式可以分析出，固定成本和单位变动成本的增大会提高保本点销量，而单价的提高会降低保本点销量；反之同理。

除此之外，产品品种构成比例等因素也会影响保本点的大小。当产品品种构成比例发生变化时，全产品的加权平均边际贡献率通常也会发生变化，进而保本点随之相应变化。

二、怎样才能得到预期利润

上一部分内容我们讨论了如何才能保本的问题，接下来要在保本的基础上尝试实现获得预期利润。这个问题的讨论依旧需要用到之前提到过的"本－量－利"分析的方法，分析为得到预期利润所需要的销量或销售额，以及相关各因素的影响。

（一）目标利润的销售量怎么算

首先，讨论在不考虑所得税的情况下，假定单价、单位变动成本和固定成本都不变，那只有控制销量来达到预期利润。根据"本－量－利"分析的基本假设，有

$$利润 = 销量 \times （单价 － 单位变动成本）－ 固定成本$$

即

$$目标利润的销量 = \frac{预期利润 + 固定成本}{单位边际贡献}$$

$$目标利润的销售收入 = 目标利润的销量 \times 单价$$

$$= \frac{预期利润 + 固定成本}{单位边际贡献} \times 单价$$

$$= \frac{预期利润 + 固定成本}{边际贡献率}$$

【例3】接【例1】，当不考虑所得税时，假设甲厂目标为3月获得600元预期利润，问需要销售多少件A产品才可以达成目标？

$$目标利润的销量 = \frac{预期利润 + 固定成本}{单位边际贡献} = \frac{600+200}{5} = 160（件）$$

即甲厂3月销售160件A产品就可以达成600元预期利润的目标。

纳税是每个企业应尽的义务。假若希望所得税（假设所得税率为25%）后有150元的税后利润，就需要先根据

$$税前目标利润 = \frac{税后预期利润}{1 － 企业所得税税率}$$

计算出纳税前企业应该获得150/（1-25%）=200（元）的税前利润，之后再去计算目标利润的销量和销售收入，则

$$目标利润的销量 = \frac{\dfrac{税后预期利润}{1 － 企业所得税税率} + 固定成本}{单位边际贡献}$$

$$目标利润的销售收入 = 目标利润的销量 \times 单价$$

$$= \frac{\dfrac{税后预期利润}{1-企业所得税税率} + 固定成本}{单位边际贡献} \times 单价$$

$$= \frac{\dfrac{税后预期利润}{1-企业所得税税率} + 固定成本}{边际贡献率}$$

【例4】接【例1】，假设所得税率为25%，甲厂目标是3月获得600元税后预期利润，问需要销售多少件A产品才可以达成目标？

$$目标利润的销量 = \frac{\dfrac{税后预期利润}{1-企业所得税税率} + 固定成本}{单位边际贡献}$$

$$= \frac{\dfrac{600}{1-25\%} + 200}{5} = 200（件）$$

即甲厂3月销售200件A产品就可以达成600元税后预期利润的目标。

（二）各因素对实现预期利润有什么影响

要想获得预期利润，就需要知道各可控因素对实现预期利润有什么影响，这样才能够有效地改进生产方案，进而获得预期利润。

1. 单一因素变动的影响

①固定成本的影响。在其他条件不变的情况下，固定成本增大，目标边际贡献要求变大，目标利润的销量也会随之增大。

②单价的影响。在其他条件不变的情况下，单价增大，单位边际贡献增大，目标利润的销量减少。

③单位变动成本的影响。在其他条件不变的情况下，单位变动成本增大，单位边际贡献降低，目标利润的销量增大。

而在现实情景中，除了上述因素会产生联系之外，还存在诸如产品品种构成等其他因素会对企业实现预期利润造成影响。

2. 多个因素同时变动的影响

事实上，上述因素很难产生单一变动，因为各因素间相互产生联系，一项因素的变动可能会引起另一因素随之变动，所以需要具体问题具体分析。例如，生产原材料价格上涨时，企业可能会同时提高产品单价，此时若想到继续获得预期利润，就需要衡量原材料价格和产品单价上涨幅度，进而判断目标销量的增减。

【例5】接【例1】，当不考虑所得税时，假设A产品因原材料价格上涨，单位变动成本增加至8.8元，为了达成预期利润600元，则

$$目标利润的销量 = \frac{预期利润 + 固定成本}{单位边际贡献} = \frac{600+200}{12-8.8} = 250（件）$$

但当前最大生产能力是200件，因此就需要购入一台新设备，使A产品销量提高，但固定成本会增加至300元，另外为了确保产品能顺利销售，单价至少应下降至11.8元，则有

$$目标利润的销量 = \frac{预期利润 + 固定成本}{单位边际贡献} = \frac{600+300}{11.8-8.8} = 300（件）$$

也就是说，在单位变动成本增至8.8元、固定成本增至300元和单价降至11.8元的同时，需要销售300件才能够实现预期利润。

上述示例的分析顺序并不是唯一标准，企业应该根据实际情况，按照一定的顺序反复进行分析，直至选择出较为合理的销售方案。

（三）各因素对利润影响程度有多大

这个问题可以用"敏感系数"来解答。

敏感系数提供了利润变动百分比和各个相关因素变动百分比之间的比例，意思是当各个相关因素变动1%时，利润将会随之上升或下降百分之几。比值为正则为同向变动，比值为负则为反向变动；数的绝对值越大，则表示这个因素对利润影响程度越大。若敏感系数的绝对值大于1，则该因素为敏感因素；若绝对值小于等于1，则该因素为非敏感因素。

比如，因素A和因素B分别变动1%，导致利润分别变动5%和-10%，说明因素A与利润正相关，因素B与利润负相关，且因素B比因素A对利润的影响程度更大。因此若要分析问题时，建议先从因素B着手较为合适。

【例6】接【例1】。

①假设甲厂3月A产品销量、单位变动成本和固定成本不变，单价增长10%，则有

利润 $=100×[12×（1+10\%）-7]-200=420$（元）

利润增长率 $=（420-300）/300×100\%=40\%$

利润对单价的敏感系数 $=40\%/10\%=4$

②假设甲厂 3 月 A 产品单价、单位变动成本和固定成本不变，销量增长 10%，则有

利润 =100×（1+10%）×（12-7）-200=350（元）

利润增长率 =（350-300）/300×100%=16.67%

利润对销量的敏感系数 =16.67%/10%=1.67

③假设甲厂 3 月 A 产品销量、单价和单位变动成本不变，固定成本增长 10%，则有

利润 =100×（12-7）-200×（1+10%）=280（元）

利润增长率 =（280-300）/300×100%=-6.67%

利润对固定成本的敏感系数 =-6.67%/10%=-0.67

④假设甲厂 3 月 A 产品销量、单价和固定成本不变，单位变动成本增长 10%，则有

利润 =100×［12-7×（1+10%）］-200=230（元）

利润增长率 =（230-300）/300×100%=-23.33%

利润对单位变动成本的敏感系数 =-23.33%/10%

$$=-2.33$$

根据计算，利润随单价和销量的变化同向变动，随固定成本和单位变动成本的变化反向变动。单价的变化更容易引起利润的变化，因此在分析问题时，建议先从单价入手。

由上面的示例，得出利润对单价的敏感系数最大，即在诸多因素中，单价对利润的影响程度最大。这一规律其实在普遍场景下一般都是适用的，因此企业欲试图增加利润，在产品定价时直接提高单价可能是最见效的方法，不过需要同时考虑到可能会带来的销量下降的情况。

当负相关因素的影响程度达到临界时，企业会处于利润为零、不盈不亏的状态；若负相关因素继续变动，可能会使企业陷入亏损的状态。因此，敏感系数分析的一个目的是确定各因素的变动极限，即销量、单价的最小允许值，以及单位变动成本、固定成本的最大允许值。

有了上述的这些信息，便于生产决策时分清主次，结合企业的自身实际情况，从影响较大的因素循环分析，合理规划预期利润和确定销售目标。

🏆 第三节　经营风险度量与管理

一、如何用数字反映经营风险

🔖【案例引入】━━━━━━━━━━━━━━━━━━━━━━━━━

　　星光剧院可容纳 500 名观众。今年每个月表演 20 场话剧，票价平均每张 100 元，场均上座率 70%。因此，当前星光剧院平均每月的营业收入为 700 000 元。剧院每月房租、水电、工资等固定花销共 400 000 元，并且预计每张售出演出票带来的变动成本是 20 元。

　　作为剧院管理者，需要关注剧院的经营风险大概处于什么水平。为了更直观地衡量企业的经营风险，反映经营安全性，这里引入一个绝对值指标"安全边际"和一个相对值指标"安全边际率"来说明。

──

（一）什么是安全边际

　　当经营状态超过保本点越多时，则经营越安全；而在保本点附近徘徊时，稍有不慎可能就面临亏损的风险，这就是对安全边际的简单理解。专业地讲，安全边际指一定期间内实际或预计销量超过保本临界点的差额。超出保本点的安全边际部分才会形成利润，安全边际越大，企业可实现的利润越多，经营也就越安全。

　　安全边际可以用实物量表示，也可以用金额表示。

　　安全边际销售量＝现有或预计销售量－盈亏临界点销售量

　　安全边际销售额＝现有或预计销售额－盈亏临界点销售额

　　借用【案例引入】来具体说明。

　　首先计算出保本状态下的销量和销售额：

$$保本点销量 =400\,000÷（100-20）=5000（张）$$

$$保本点销售额 =5000×100=500\,000（元）$$

　　根据计算，剧院如果想要保本，至少需要每月售出 5000 张话剧票，即平均每场表演售出 250 张，场均上座率 50%，达成总销售额 500 000 元。

　　之后计算安全边际销量和销售额：

安全边际销量 =500×70%×20-5000=2000（张）

安全边际销售额 =2000×100=200 000（元）

这 2000 张话剧票和 200 000 元的销售额会形成剧院每月的利润。剧院若想要获得更多的利润，需要设法提高这部分的数额。

另外，也可以利用安全边际来计算利润：

利润 = 安全边际销量 × 单位边际贡献

或

利润 = 安全边际销售额 × 边际贡献率

代入上例，可求利润：

利润 =2000×（100-20）=160 000（元）

或

利润 =200 000×（100-20）/100=160 000（元）

即当前剧院每月可获利润 160 000 元。

（二）什么是安全边际率

上面介绍了安全边际这个绝对指标，另外还可以用"安全边际率"这个相对指标来进行衡量。其计算方法如下

$$安全边际率 = \frac{安全边际销量}{实际或预计销量} \times 100\%$$

或

$$安全边际率 = \frac{安全边际销量}{实际或预计销量} \times 100\%$$

继续借用上面的案例，可以计算出剧院的安全边际率：

$$安全边际率 = \frac{2000}{500×70\%×20} \times 100\% = 28.57\%$$

安全边际率越大，企业生产经营的安全程度越高，经营风险越低。那么，案例中剧院的安全边际率为 28.57% 是否安全呢？

按国际惯例，企业安全性的经验数据如表 11-9 所示。

表 11-9 安全性检验标准

安全边际率	40% 以上	30%～40%	20%～30%	10%～20%	10% 以下
安全等级	非常安全	安全	值得注意	危险	非常危险

根据上表，可以得出该剧院的安全等级从经营角度来说是值得注意的。因此剧院可以通过提高上座率、适当提高票价或试图降低成本等方式，使剧院的安全边际和安全边际率变大，进而增强剧院的经营安全性，降低经营风险。

由上文可以看出，安全边际的概念及相关计算可以在企业的经营预测和决策分析中广泛应用。

二、如何进行生产决策才能使成本更低

降成本能够增效益，这是所有企业管理者都知道的一个道理，但是知道容易，做到却不易。现代管理之父彼得·德鲁克（Peter F.Drucker）说："管理的本质不在于'知'而在于'行'；其验证不在于逻辑，而在于成果。"这句话是企业管理者一直应坚守的。接下来就尝试践行这句话，千万不要认为降低成本只在于简单的节约，还有很多是来自科学的决策，应该努力把科学决策刻入企业的基因内。

（一）如何确定最优生产批量

企业如果想要得出最优生产批量的值，就要分析这个过程中发生的准备成本和储存成本。

准备成本指每批产品生产开始前因进行准备而发生的成本；储存成本指为储存零部件及产品而发生的成本。图 11-1 展示了两种成本的具体涵盖范围。

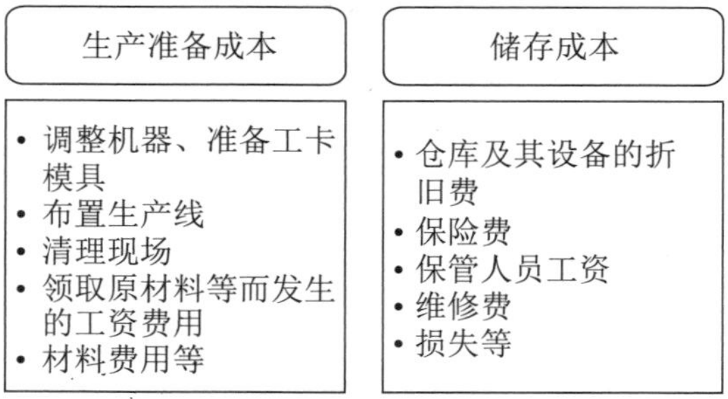

生产准备成本	储存成本
• 调整机器、准备工卡模具 • 布置生产线 • 清理现场 • 领取原材料等而发生的工资费用 • 材料费用等	• 仓库及其设备的折旧费 • 保险费 • 保管人员工资 • 维修费 • 损失等

图 11-1 成本涵盖范围

生产批次与年准备成本总额成正比，生产批量与年准备成本总额成反比；而储存成本与生产准备成本正好相反：生产批量与储存成本成正比，生产批次

与储存成本成反比。

在这样的情况下，企业如果想要实现最优生产批量决策，就必须寻找方法计算出最优的生产批量和生产批次搭配，使得年准备成本与年储存成本之和最低。下面以一种零配件分批生产的经济批量决策为例进行说明。

【例1】蓝天电器厂是一家生产家用电器的中小型企业，面对激烈的市场竞争局面，为了求得生存，像蓝天电器厂这样的中小型企业必须精打细算，做出适当的生产组织决策。蓝天电器厂每年生产 L 产品需用甲零件 14 400 件，每批生产准备成本为 800 元；厂房最大储存量为 6000 件，每件甲零件年储存成本为 10 元。不同批量下的成本如表 11-10 所示。

表 11-10　不同批量下的成本

生 产 批 次	12	11	10	9	8	7	6
批量 / 件 = 需用零件数 / 生产批次	1200	1309	1440	1600	1800	2057	2400
平均储存量 / 件 = 最大储存量 / 生产批次	500	545	600	667	750	857	1000
年准备成本 / 元 = 生产批次 × 每批生产准备成本	9600	8800	8000	7200	6400	5600	4800
年储存成本 / 元 = 平均储存量 × 每件零件年储存成本	5000	5455	6000	6667	7500	8571	10 000
年成本合计 / 元 = 年准备成本 + 年储存成本	14 600	14 255	14 000	13 867	13 900	14 171	14 800

可见，经济批量为 1600 件、最优批次为 9 次时的年成本合计最低（13 867 元）。由上例可知，生产 L 产品时，蓝天电器厂能够运用上述公式法计算出能使成本最低的生产批量与生产批次。该方法便于企业做出科学有效的经济批量决策，避免不必要的物资浪费，减缓企业仓储压力，实现降本增效的生产目标。

（二）如何确定生产工艺

生产同一种产品时，企业往往可以选择不同的生产工艺进行加工。生产工艺指加工制造产品或零件所使用的机器、设备及加工方法的总称。不同工艺的固定成本和单位变动成本是不同的，一般来说，生产工艺的先进程度与固定成本成正比，与单位变动成本成反比。企业需要根据企业的产量进行衡量，计算出不同生产工艺总成本相等时的产量点，从中选择适当的生产工艺，从而实现生产总成本最低的目标。

【**例2**】蓝天电器厂为生产C产品设计了三种工艺方案，三种方案Ⅰ、Ⅱ、Ⅲ分别的相关成本信息如表11-11所示。

表11-11　不同工艺方案下的成本

单位：元

项目工艺方案	专属固定成本	单位变动成本
Ⅰ	20	10
Ⅱ	60	5
Ⅲ	100	2

根据表11-11的资料，可以绘成不同生产工艺成本图，如图11-2所示。其中，x轴代表产量，单位为件；y轴代表成本，单位为元，y_1、y_2、y_3分别对应方案Ⅰ、Ⅱ、Ⅲ产生的成本。

如图11-2所示，产量区域被划分为0～8件、9～10件、11～13件、13件以上四个区域。从图4-2-2可以看出，在0～8件的区域内，Ⅰ方案成本最低，为最优方案；在9~13件的区域内，Ⅱ方案成本最低，为最优方案；在13件以上的区域内，Ⅲ方案成本最低，为最优方案。

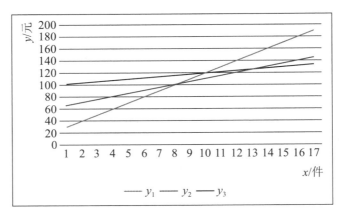

图11-2　不同生产工艺成本图

以上只是列举了两种比较常见的场景的生产决策方法，在企业生产经营中，广泛存在类似的决策场景，应该结合实际情况进行量化测算分析，进而指导生产经营相关行为。

三、怎样科学定价

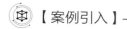【案例引入】

小米的定价策略

2010年小米打造"高性价比"的品牌形象，中低端市场是其产品的主要定位。其运用渗透定价策略迅速占领了市场份额，低价智能手机很快吸引了部分消费者的关注，物美价廉的小米手机成为一些消费者的首选。从第一代手机直至之后推出的数代产品，小米依旧采用低价政策，高性价比的品牌特性标签也使消费者逐渐产生品牌忠诚。而这在一定程度上与小米的定价策略选择有很大关系。

那么，该如何根据企业自身特点科学进行产品定价呢？

一方面，消费者在挑选商品时，产品价格是一个重要的参考因素，较多情况下物美价廉的商品更会受到消费者的青睐。但另一方面，企业追求经济效益，不能一味地降低价格。并且从长远来看，价格会影响产品的销量，交互共同影响企业赢利能力。因此产品的定价是否科学合理，不仅关乎企业的收益多少，也关系到市场对于产品的接受度，进而影响产品的市场占有率和企业在行业的竞争地位。

那么企业应该如何根据自身特点及外部因素制定合适的价格策略，科学确定价格呢？

（一）定价需要考虑哪些重要因素

1. 成本因素

从长远讲，产品的总成本加上适当的利润构成产品的定价；从短期来看，产品单价必须大于单位变动成本的平均水平，减少经营风险。管理者一般会把价格定在既能使公司获得最大利润，又能够吸引消费者购买更多产品的水平上。

2. 需求因素

顾客会根据产品的特性和质量等来判断他们对产品的需求量，进而影响价格的确定。

3. 产品生命周期因素

像人的一生有不同阶段一样，产品在市场中也会有投入期、成长期、成熟期和衰退期。处于不同阶段的产品有着不同的营销目标，自然也会有不同的定价策略。若产品正处在投入期的初始阶段，此时的产品定价不仅要考虑尽快填补前期投入，还需要消费者愿意接受；成长期、成熟期一般采取稳定的价格来实现扩大市场占有率的目标；而对于衰退期的产品，可以通过降价尽量延长其市场留存时间和价值，充分发挥其经济效用。

4. 竞争因素

绝大多数企业经营都存在竞争，通常产品竞争越激烈，价格受影响程度越大。竞争对手的数量主要取决于产品制造的难度及供需情况。竞争对手的生产技术、能力及经营战略等信息都可以为己方产品定价提供重要参考。

5. 科学技术因素

科学技术的探索和尝试运用使得新的材料、工艺、产品等不断出现来改进或替代已有水平，可能会进一步带来新的产品结构、竞争关系和消费选择等。因此，产品定价时需要考虑科学技术发展的影响。

6. 其他因素

除上述几项主要因素之外，还有很多因素也会影响产品定价。比如，国家的价格政策和政府干预限制产品的最高或最低价格、经营目标等。

（二）如何制定价格

成本是价格的重要影响因素和组成元素，可以从成本与销售价格之间的关系出发，为产品定价寻找有用信息。

1. 定价的底线：至少保证有单位边际贡献

根据前面的介绍，只有当产品的单价大于其单位变动成本，即单位边际贡献大于零时，才能随销量增大不断弥补固定成本花销，直至产生利润。因此，在产品定价时，至少要保证有单位边际贡献。

2. 常规定价法：成本加成定价法

企业通常会采用"成本＋利润＋税金"这种方法来确定产品的定价。

根据之前的了解，产品成本的确定也会涉及多种方法和情况。下面主要讨论在完全成本法下的成本加成定价法。

这种方法的运用仅需要知道产品的预期单位成本和成本利润率即可完成定价。首先，可以根据产品总成本和销量确定出产品的预期单位成本；其次，确定产品的成本利润率，即预期利润总额与预测总成本的比值；最后，计算单位成本与（1+成本利润率）的乘积，所得结果即产品的售价。

【例1】某企业预计20万件产品的总成本为500万元，预期销售这些产品获得100万元利润。试计算产品的定价。

$$预期单位成本 = \frac{500}{20} = 25（元/件）$$

$$成本利润率 = \frac{100}{500} \times 100\% = 20\%$$

产品定价 = 25×（1+20%）= 30（元/件）

所以当产品定价为30元/件时，销售20万件产品可实现100万元利润。

成本加价定价法需要的参考数据种类少，计算容易，定价看起来较为简单。但是这种定价方法忽视了顾客的自主选择权，认为不论定价多少顾客都会接受并购买，进而能够实现利润。然而事实上，如果定价过高，顾客可能会去选择竞争对手的产品。

3. 保本/保利定价：损益平衡法

运用损益平衡原理进行产品价格制定，这种方法需要预计销量。销售一定量的产品的最低要求是保本，因此将全部成本分摊到每件产品上的价格即最低价格，也称保本价格，计算如下：

$$保本价格 = \frac{固定成本 + 变动总成本}{销量}$$

当求得保本价格后，企业可以适当调整，最终确定出一个能够获利的定价。如果制定了预期盈利目标，则可利用下式计算确定产品定价：

$$实现目标利润产品价格 = \frac{固定成本 + 变动成本 + 目标利润}{销量}$$

【例2】某企业产销某一产品，固定成本为1000元，单位变动成本为5元，预计销售50件，目标利润为1500元。则该产品单位价格的预测值为多少？

$$保本价格 = \frac{1000+50\times5}{50} = 25（元/件）$$

$$实现目标利润价格 = \frac{1000+50\times5+1500}{50} = 55（元/件）$$

根据计算，该产品的最低价格每件为 25 元，若想达成利润目标，产品定价需达到 55 元。

损益平衡法同样计算简单、易理解，可以为达成预期目标利润的定价最低值的确定提供参考。不过这种方法和上一种方法一样忽视了价格对销量的影响，所以其准确率有所减弱。

4. 利润最大化定价：边际成本定价法

根据市场经济的供需规律：企业想扩大销量，可能需要降低价格；企业想提高价格，可能需要牺牲销量。

从理论上讲，销售总收入减去总成本后的差值达到最大值时，此刻的定价就是最优销售价格，是总利润最大时的价格。

为了计算最优销售价格，需要引入边际收入和边际成本的概念。边际成本为产量每增加或减少一个单位时所增加或减少的成本额。同理，边际收入是指销量每变化一单位所引起的销售收入的变化量。这二者的差值即为边际利润。

当边际收入与边际成本相等时，也就是边际利润等于零时，产品的总利润最大，此状态下的产品价格和销量即为最优。

若边际利润大于零，销售一单位产品，产品总利润还会继续增加，就能说明此时未达到最大利润；若边际利润小于零，则销售一单位产品，销售成本大于收入，那么产品总利润将会减少。

这种利用"边际成本 = 边际收入"时利润最大的原理的定价方法，称之为边际成本定价法。

【例3】某企业生产销售一种产品，单位变动成本为 25 元，固定成本为 300 元。通过产品试销及预测，其在不同价格下的销量和销售收入如表 11-12 所示。

表 11-12　产品在不同售价下的销售数据

价格 / 元	41	40.5	40	39.5	39	38.5	38	37.5	37
销量 / 件	22	23	24	25	26	27	28	29	30
销售收入 / 元	902	931.5	960	987.5	1014	1039.5	1064	1087.5	1110

根据上述资料，可计算编制出边际利润计算相关数据表如表 11-13 所示。

表 11-13　边际利润计算表

销量 / 件	价格 / 元	销售收入 / 元	边际收入 / 元	总成本 / 元	边际成本 / 元	边际利润 / 元	总利润 / 元
22	41	902	—	850	—	—	52
23	40.5	931.5	29.5	875	25	4.5	56.5
24	40	960	28.5	900	25	3.5	60
25	39.5	987.5	27.5	925	25	2.5	62.5
26	39	1014	26.5	950	25	1.5	64
27	38.5	1039.5	25.5	975	25	0.5	64.5
28	38	1064	24.5	1000	25	−0.5	64
29	37.5	1087.5	23.5	1025	25	−1.5	62.5
30	37	1110	22.5	1050	25	−2.5	60

　　由表 11-13 可见，当销售单价下降时，销量不断增加，但边际收入不断下降，进而导致边际利润随之下降。如果边际利润为正数，总利润增加，表明降价有利；如果边际利润为负数，总利润下降，表明降价不利。本例中当产品单价为 38.5 元、销量为 27 件时，边际收入与边际成本最相近，利润最高为64.5 元，因此该产品的最优价格为每件 38.5 元。

5. 闲置生产能力利用：特别订货定价

　　企业可能会遇到在完成正常的销量之后，利用剩余生产能力接受定价较低的订货的情况。对于这个问题，需要具体分析考虑。这种特别订货的定价方法也会因为情况不同而不一样。

　　①只利用闲置生产能力而不影响正常销售。这种情况只要求特别订货的定价比其变动成本高就可以获得利润。不管是否接受特别订货，固定成本都存在并且金额不会改变，因此特别订货价格扣除变动成本后可直接转换为利润。

利润增加额 = 特别订货单位边际贡献 × 订货量

　　【例 4】 某工厂的生产能力可以产销 500 件 A 产品，一般情况下为 300 件，产生固定成本为 9000 元，单位变动成本为 20 元，销售价格为 100 元。现在另有一个 160 件 A 产品的订货，但价格仅为 50 元。是否要接受特别订货呢？

　　特别订货的价格 50 元比其单位变动成本 20 元高，因此可以接受。利润具体分析见表 11-14。

表 11-14　利润计算表

单位：元

项　目	正常销售	特别订货	合　计
销售收入	30 000	8000	38 000
变动成本	6000	3200	9200
边际贡献	24 000	4800	28 800
固定成本	9000	0	9000
营业利润	15 000	4800	19 800

由表 11-14 可见，固定成本全部分摊至正常销售中，这个特别订货产生的边际贡献 4800 元可以完全变成营业利润。

②特别订货不仅需要剩余生产能力，还需要减少一部分正常销售。在这种情况下如果想要获取额外的利润，特别订货的价格必须能够补偿减少的那部分正常销售损失的利润，即

$$特别订货价格 > 单位变动成本 + \frac{减少正常销售损失的边际贡献}{订货量}$$

求得新增加的利润为

利润增加额 = 特别订货单位边际贡献 × 订货量 − 减少正常销售损失的边际贡献

【例 5】若【例 4】中的特别订货量为 220 件 A 产品，价格仍为 50 元，那是否要接受订货呢？

如果接受订货，需要减少 20 件正常销售。只有当特别订货价格 > $20 + \dfrac{20 \times (100-20)}{220}$ =27.3（元）时，该工厂才能获得新增利润。而特别订货价格为 50 元，符合标准，因此可以接受订货。具体分析见表 11-15。

表 11-15　利润计算对比表

单位：元

项　目	不接受特别订货			接受特别订货		
	正常销售	特别订货	合　计	正常销售	特别订货	合　计
销售收入	30 000	0	30 000	28 000	11 000	39 000
变动成本	6000	0	6000	5600	4400	10 000
边际贡献	24 000	0	24 000	22 400	6600	29 000
固定成本	9000	0	9000	9000	0	9000
营业利润	15 000	0	15 000	13 400	6600	20 000

由表 11-15 可见，接受特别订货虽然使正常销售的营业利润减少 1600 元，但特别订货创造的 6600 元利润能够弥补这部分损失，整体可以新增利润 5000 元，所以对接受特别订货是有利的。

③特别订货不仅需要剩余生产能力，还需要新增专属固定成本。在这种情况下，不难想到如果想要特别订货是有利的，那么这笔订货的价格在扣除其变动成本的基础上，还要能够填补其专属固定资产，则

$$特别订货价格 > 单位变动成本 + \frac{专属固定成本}{订货量}$$

求得新增加利润：

$$利润增加额 = 特别订货单位边际贡献 \times 订货量 - 专属固定成本$$

【例 6】若【例 4】中的剩余生产能力还能够生产 B 产品 150 件，但会新增 B 产品的专属固定成本 1500 元，B 产品单位变动成本为 30 元。现有特别订货为 150 件 B 产品，价格为 50 元，是否接受特别订货呢？

若想接受订货后有新增利润，预期特别订货价格 $> 30 + \frac{1500}{150} = 40$（元），实际上特别订货价格为 50 元，符合条件，因此接受特别订货有利，利润新增额 $= 150 \times (50-30) - 1500 = 1500$（元）。

本章延伸思考

1. 变动成本法与完全成本法的差异主要表现在哪些方面？

2. 在内部管理决策时，变动成本法的优点是什么？

3. 为什么变动成本法将固定制造费用列入期间成本，而完全成本法不赞成将固定制造费用列入期间成本？

4. 安全边际率的作用是什么？非制造业可以使用吗？

第十二章

内控风险——预警与制衡

1. 为什么要重视内部控制？

2. 货币资金、存货、往来款涉及哪些内控问题？

3. 怎样发现货币资金、存货、往来款存在内控问题？

4. 如何强化货币资金、存货、往来款的内部控制？

🏆 第一节　内部控制及其作用

一、什么是内部控制

企业很多岗位不能由一个人兼任，比如会计和出纳，经办和审批等，这就是典型的内部控制问题。

要理解"内部控制"这个概念，可以拆开来看。

"内部"指的是企业内部组织和成员，包括企业的董事会、监事会、管理层，甚至是全体员工。"控制"强调的是一个过程，或者是为实现目标而采取的措施。这一过程不仅会受到外部政策、制度等影响，也会受到内部组织和个人的影响。

那么，内部控制的目的是什么？其目的是合理保证企业经营管理遵循法律法规，保护资产的安全完整，保证财务报告及相关信息真实完整，提高经营效率和效果，促进企业践行发展战略。这里的"合理保证"并非绝对保证，意思是要求执行内部控制的代价不可以超过预期执行控制所能得到的收益，即实行内部控制总体是有利可图的。

二、内部控制有什么作用

（一）保护企业资产安全完整

内部控制会采取合适的措施对货币资金的收支、结余，以及其他类型资产的采购、验收、保管、使用、处置等活动进行管理，以防出现贪污、盗窃、滥用、毁坏等不良违法行为，保护企业资产安全完整。

（二）保证生产和经营活动正常开展

内部控制会通过确定各种职责分工，严格规定各类手续、制度、审批流程、监查手段等，来有效地控制生产和经营活动顺利进行，避免出现偏差或失误。

（三）提高所获信息的正确性和可靠性

通过建立内部控制体系提高财务报表及相关会计信息的准确性和真实性。

（四）确保企业战略计划的执行

内部控制可以通过设定办法、审核批准、监督检查等措施，促使领导层在遵循法律法规的前提下确定方针、政策和制度，确保企业能够自上而下地贯彻执行这些战略计划。

第二节 货币资金内控风险管理

一、货币资金内控有哪些常见问题

货币资金可以简单理解为现金，是企业流动性最强的资产，是企业维持生存和发展的物质基础之一，货币资金于企业同血液于人体。虽然其在企业资产总额中的占比不大，但企业发生的舞弊事件大多都与货币资金有关。货币资金内控失控可能会给企业带来巨大的经济损失。

下面从中国裁决文书网中节选部分真实案例判决书，由此展开对货币资金内部控制的相关讨论。

✦【案例 1】

易门县人民检察院以易检二部刑诉〔2021〕6 号起诉书指控张某某犯贪污罪、诬告陷害罪，于 2021 年 4 月 16 日向易门县人民法院提起公诉。

被告人张某某，原系云南政协报社经营中心工作人员。2014 年 1 月—2018 年 8 月间，张某某利用担任出纳的职务便利，先后 110 次冒用他人身份，虚开印刷费、印刷制作费、劳务费发票，模仿职工、领导及其他人员签名的方式填写费用报销清单，侵吞、骗取公款共计人民币 5 042 132.33 元，用于投资经营、日常消费、还信用卡、还贷款及女儿留学等。2020 年 9 月，张某某捏造其涉嫌贪污 894 505.53 元公款的事实，蓄意诬告陷害程某某。易门县监察委调查期间，张某某家属退赃共计人民币 25 万元。

法院认为：被告人张某某为国家工作人员，利用职务便利，采用侵吞、骗取的手段非法占有公款，数额特别巨大，其行为已构成贪污罪；被告人张某某捏造事实诬告陷害他人，情节严重，其行为已构成诬告陷害罪，应当数罪并罚。法院判决，张某某数罪并罚，决定执行有期徒刑十一年零六个月，并处没收财产人民币 80 万元。

✦【案例 2】

被告人王某某自 2010 年开始，在武汉网绿环境技术咨询有限公司负责相关财务工作。2012 年 3 月—2017 年间，其利用一人兼任出纳、会计的便利，在将"彭某""王某""王某某"3 个个人银行账户中共计 40 212 495 元的资金用于公司财务操作的过程中，将其中 11 071 399.96 元转账至其本人或亲属名下，用于购买彩票、境外赌博或消费挥霍，并陆续伪造银行对账单以隐瞒其挪用公司资金的行为。

证人证言，自 2012 年 3 月—2017 年 5 月间，王某某采取直接转账公司资金到其个人账户、涂改支票领用登记表数额、销毁部分财务审批单据、打白条、伪造银行对账单等方式，侵占公司资金 1790 余万元。2017 年 6 月中旬，公司在被收购期间清账时，发现上述情况。王某某自查账目后承认侵占资金 1026.26 万元。

王某某为应付公司查账，伪造银行对账单说明网绿公司 2016 年 1 月 4 日—2017 年 1 月 26 日的收支情况。

武汉市中级人民法院认为，被告人王某某身为公司财务管理人员，利用身兼会计、出纳的职务便利，挪用本单位资金归个人使用，进行非法活动且不能退还，数额巨大，其行为已构成挪用资金罪。法院判决，王某某判处有期徒刑九年，变卖名下一处房产，所获价款发还武汉网绿环境技术咨询有限公司，抵扣损失不足继续追缴。

【案例 3】

2011 年 6 月—2016 年 2 月，杨某某为满足个人赌博、偿还赌债、给特定关系人张某购物消费及解决张某之女田某某医疗费用等开支，利用自己具体负责财务工作、经办单位公务开支、经手资金划拨、管理财务印鉴等职务便利，虚构开支事由并谎称已请示领导同意，以"打白条"方式，先后多次从单位出纳李某保管的备用金中借支公款。在此期间，杨某某多次归还并更换条据，截至案发时仍有 86 笔次共计 2 005 800 元公款被挪用至今尚未归还。

2016 年 3 月—2018 年 8 月，被告人杨某某利用职务便利，通过虚构事由，以"白条"借支、银行汇转及骗取国库支付等方式，先后 61 次骗取国有资金共计 7 280 589.53 元据为己有，用于个人赌博、消费及个人日常开支，和送给张某母女购房买车买礼物。

被告人自述，自 2009 年左右担任巴中市污水处理厂财务科长起，除 2017 年 8 月—2018 年 2 月出纳由其和王某先后兼任过外，该厂的财务科只有会计杨某和出纳李某，并且从未轮岗过。污水厂已有的财务制度在实际实施过程中存在了明显的违规，比如汇票、支票等票据的管理，本来应该由出纳保管，但实际上自杨某担任单位会计后就一直是杨某在保管。2015 年以前，污水厂按照规定一年一审计，但是从 2016 年开始就未对单位财务进行审计。

四川省通江县人民法院认为：被告人杨某某作为国家工作人员，利用职务上的便利，骗取国家财产 7 280 589.53 元，应当以贪污罪追究其刑事责任；多次挪用公款，共计 2 005 800 元人民币归个人使用，用于赌博、偿还个人债务及日常生活开支，超过三个月未归还，应当以挪用公款罪追究其刑事责任。最终法院判决，被告人杨某某决定执行有期徒刑 13 年 6 个月，并处罚金人民币 100 万元。

⊕ 【案例 4】

2020 年 7 月—2021 年 4 月，被告人黎某在担任公司出纳员期间，利用职务便利，采取伪造银行对账单等手段，私自将公司结算卡和支付宝账户内的资金转入其个人和其朋友的账户，挪用本单位资金共计人民币 133 000 元用于个人生活开支和归还网贷，超过 3 个月未归还。

赣州市章贡区人民法院认为，被告人黎某利用职务上的便利，挪用本单位资金归个人使用，数额较大，超过 3 个月未归还，其行为已构成挪用资金罪，应当依法惩处。法院经过多方衡量，被告人黎某犯挪用资金罪，判处拘役 5 个月。

⊕ 【案例 5】

被告人齐某某 2011 年 7 月份进入某某公司从事会计工作，主要负责银行贷款和税款缴纳。2013 年 10 月—2015 年 8 月期间，齐某某利用自己分管公司报税业务的职务便利，以税务部门电脑故障、经办人员休假、耽误缴税会影响公司征信等多种理由向公司领导报告，要求公司把税款提前转入自己的个人账户，由其个人到税务部门缴纳税款。在此期间，齐某某先后向公司申请转入自己个人账户的公司应缴税款共 11 笔合计 1 798 522.25 元，实际向税务部门缴纳税款共计 955 541.91 元，其余款项被齐某某私自截留并用于个人消费，且在缴纳税款后未将完税发票提交给公司。2015 年 9 月，某某公司为上市做准备，对公司财务进行审计导致事情败露，齐某某自行从公司离职，后经公司多次催要，仅归还 42 000 元，实际侵占公司资金 800 980.34 元。

襄阳高新技术产业开发区人民法院认为，被告人齐某某利用主管报税的职务便利，将公司应缴税款转入个人账户后，私自截留部分税款归个人挥霍，数额较大，其行为已构成职务侵占罪。最终结合情况，被告人齐某某被判处有期徒刑 3 年 6 个月；责令齐某某退赔被害单位人民币 800 980.34 元。

从上述案例可以看到企业货币资金内控可能存在的问题，企业可以对照检查，吸取案例企业的教训，排除货币资金内控失控的隐患，避免重蹈覆辙。上述案例中涉及货币资金内控问题的总结见表 12-1。

表 12-1　案例货币资金内控问题总结

问　　题	案 例 1	案 例 2	案 例 3	案 例 4	案 例 5
1. 出纳、会计兼任或职责不分		√	√		√
2. 虚开票据	√		√		
3. 伪造银行对账单		√		√	
4. 偷盖、伪造签名与印鉴	√		√		
5. 涂改支票		√			
6. 藏匿会计凭证					√
7. 财务人员长期不轮岗		√	√		
8. 审计缺失	√	√	√	√	√

■ 问题 1：出纳、会计兼任或职责部分

【案例 2】、【案例 3】、【案例 5】违背了内控最基本的岗位设置原则，涉事单位中出纳和会计由一人兼任或职责不分，这样很容易出现通过篡改账目来掩盖贪污或挪用资金的舞弊和犯罪行为，增加货币资金内控失控的风险。因此要求企业不相容的岗位必须分离，即出纳不可兼任会计、稽核、档案保管等岗位。明确相关岗位职责权限，确保不相容岗位相互分离、制约和监督。

■ 问题 2：虚开票据

【案例 1】和【案例 3】中涉案人员均试图通过虚开票据等手段虚列支出，挪用公款，掩盖其贪污或侵占企业资金，将多支出的现金归为己有。案例中的涉事单位的会计稽核人员未能真正发挥作用，会计核算时未做到账账相符、账实相符。货币资金内控要求现金收支要有合理合法的凭证，经办人需要检查相关票据、凭证的齐备性和准确性。

■ 问题 3：伪造银行对账单

【案例 2】和【案例 4】中的涉事人员私自提现，通过伪造银行对账单，使其与银行存款日记账上金额平衡，来掩盖银行存款缺少的事实。企业应由出纳以外的人负责银行对账单对账工作，确保对账的监督效果。

■ 问题4：偷盖、伪造签名与印鉴

【案例1】和【案例3】中涉事人利用偷盖、伪造签名与印鉴等方式达到占用或挪用资金的目的。企业应该重视对印鉴的管理、使用和登记。必要时可以不定期采取随机抽取报销凭据，让相应负责盖章的人员来确认。

■ 问题5：涂改支票

【案例2】中被告人利用涂改支票的手段掩盖其贪污公款的事实。依照规定，支票的记载项一般不能有涂改的痕迹，否则支票作废。因此：一是要求企业加强对支票的管控控制，明确各票据涉及环节的职责权限和程序，专设登记簿记录；二是要求提高相关人员的鉴别能力，由出纳以外的人定期检查支票使用情况，及时发现票据的修改痕迹，查看支票左侧存根与右侧支取信息是否一致，避免造成更大的损失。

■ 问题6：藏匿会计凭证

【案例5】中被告人私自截留税款，并且藏匿完税发票，说明企业在税款内控制度上出现漏洞。企业应该安排他人监督、审核该业务，按需转出税款金额，要求完税后及时交回完税凭证。定期或不定期核查完税凭证中金额和转出税款金额是否相符，同时也与银行对账单核对是否相符。

■ 问题7：财务人员长期不轮岗

【案例2】和【案例3】中涉事单位未按规定安排财务人员定期轮岗轮换，导致会计挪用、贪污公款未能被及时发现，给单位带来损失。单位应当加强监督，实行轮岗制度。轮岗制度能避免同一人长期处于同一岗位，从而遮蔽工作问题。若企业实行轮岗制度，可通过交接对账或轮岗审计等方式进行监督检查，揭露舞弊行为，能防患于未然。

■ 问题8：审计缺失

上述每一个案例均存在审计监控不到位的问题，否则涉事人的行为应该较早被发现。企业应当定期实施外审和内审，按照审计工作规范，揭示企业的违规、违纪、违法行为。

上述案例只是众多货币资金内控失控情形的冰山一角，现实中内控存在的漏洞也不只有上述所涉及的情形。因此，企业必须加强对货币资金的管理：贯彻落实《现金管理暂行条例》等各项法规和规章，建立良好的货币资金内部控制系统，以确保获得全部应该收取的货币资金，全部货币资金支出均按照批准用途使用，并被及时正确记录；库存现金和银行存款得到安全保管；精准预测企业正常经营的现金收支额，保障货币资金余额充足但不过剩。

二、如何实施货币资金内部控制

一般根据货币资金存放地点及用途的不同，将其分为库存现金、银行存款及其他货币资金。对于不同类型的货币资金需要采用不同的控制办法。

（一）加强库存现金内部控制

1. 库存现金控制流程

结合现金收支及审核程序，整合其控制流程，具体如图 12-1 所示。

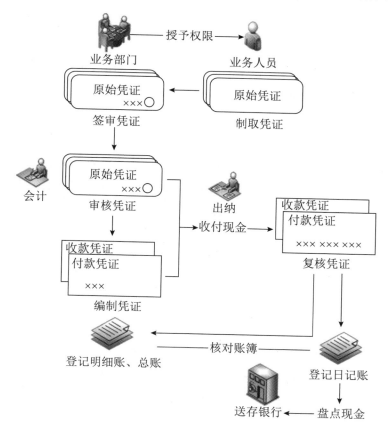

图 12-1　库存现金内部控制流程

2. 库存现金控制措施

1）审查

业务经办人员办理现金收支业务前，须获取业务部门的授予权限。经办人员填制或取得原始凭证后应签字盖章，业务部门负责人审核后签字盖章。提高相关人员的责任感，审查原始凭证以保证现金收支业务真实、合法，避免乱收胡支、伪造收支等现金舞弊等问题的发生。

2）审核

单位会计人员应当对原始业务凭证所反映的现金收支的真实性、合法性，原始凭证的规制和填写是否完整且符合要求进行审核。检查原始凭证以保证后续填写的收付款凭证准确，提供正确的现金收支和核算依据。

3）收付

出纳需审核收付凭证和所附原始凭证，按凭证所列金额收付现金，并在凭证上签字盖章。为加强现金收支内控，出纳、会计、档案保管等职务必须分开。出纳必须依经过审核后的收付凭证收支现金，不能直接依原始凭证结算现金。非出纳人员不得进行现金管理工作等。加强现金收付控制，以保证现金安全，明确现金收付责任，防止贪污、挪用公款或漏收、重付现金等错误出现。

4）复核

审核员应对收付款凭证是否粘附原始凭证，业务是否具有合理性，以及凭证数额是否一致等进行复核，并签字盖章，再次确保现金收支业务的真实性和凭证信息的正确性。

5）记账

根据收付款凭证，出纳登记现金日记账，会计登记相应的明细账和总账。分开登记账簿，起到各职务相互制约的作用，保障现金会计信息的准确性。

6）盘库

出纳需要每天盘点库存现金，并与现金日记账余额进行对照，做到账实相符。如果出现现金不足或过多，应立即调查原因，先报批准再处理。超过库存限额的现金，必须及时交存银行。非出纳核查人员应定期或不定期清点库存现金，与现金日记账结余进行核对，编制现金盘点报告单，填列账实情况。

7）核对

非记账人员核对现金日记账和明细账、总账，保证记录信息、余额等内容账账相符，稽核人员签字盖章。如有误差，需要先报批准再处理。

（二）加强银行存款内部控制

1. 银行存款控制流程

单位内部应该完善银行存款内控制度，具体流程如图12-2所示。

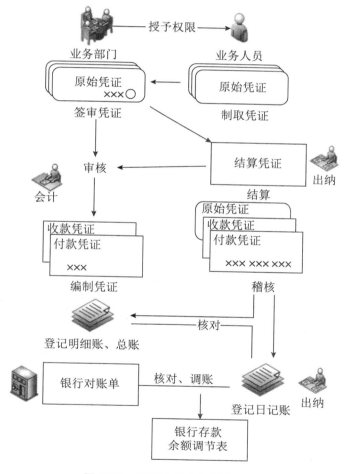

图 12-2　银行存款内部控制流程

2. 银行存款控制措施

1）审查

该环节的控制措施类同现金内控审查控制点，同样经办业务需要获得授权，经办人员和业务部门负责人应在原始凭证上签字盖章，以保障业务的合法性和真实性。

2）结算

出纳应审核原始凭证及相关材料，根据审核签字后的原始凭证制取结算凭证，办理结算业务后签字盖章。凭证必须依编号连续使用。使用电子支付等方式不得简化审批程序。除出纳人员外，其他人员不得办理银行存款业务。加强对银行存款结算管理，对银行存款收付工作实施有效监督，以免出现套取、出借等情况发生。

3）审核

会计审核原始凭证和结算凭证，检查银行存款收支业务的合理性和合法性，以及结算是否正确，保证单位存款的安全和结算的准确有效。审核无误后，会计填制银行存款的收付款凭证，作为后续登记账簿的依据。

4）复核

审核人员复核银行存款收付款凭证与所提供的原始凭证和结算凭证的金额是否一致，记账科目是否正确等，核对无误后签字、加盖印章。对会计凭证进行复核是一项必要的检查，以查明银行存款收付或凭证编制等是否错误。

5）记账

类同现金内控记账控制点，根据收付款凭证，出纳登记银行存款日记账，会计登记相应的明细账和总账。分别登记有关账簿，提供可靠的银行存款信息，谨防结算舞弊行为。

6）对账

由非出纳人员取得银行对账单，审核日记账和对账单的一致性。编制银行存款余额调节表来调整未达款项。对账能够及时发现企业或银行记账错误，保证银行存款的准确性和货款结算的及时性。

7）核对

非记账人员审核校对日记账及相关总账、明细账，要求账账相符，完成后需签字盖章。如发现差错，应及时报告，待批准后进行处理。

（三）加强票据和印章的管理

1. 印章的管理

企业财务专用章应交于专人保管，不得由一人保管收付款项所需的全部印章。加强银行预留印鉴管理。需签字盖章的业务必须严格执行签字或盖章的制度流程，使用印章须得到审批，并进行登记。

2. 票据的管理

①明确票据购买、使用、保管、注销等环节的责任和流程，设立票据登记簿，票据各环节应当有完整记录，便于后续审查，同时防止空白票据或作废票据丢失、盗用等。

②票、章分人负责保管，两方应经常核对使用情况，确保数量相符，严格控制自制票据数量。另外，空白支票不得提前签名盖章。

③作废票据应加盖"作废"印章，存根和各联一同保管，不得随意销毁。若超过规定保管期限，应在履行有关审批程序后，方可按规定进行销毁并登记。

④定期对各类票据进行审查：检查票据是否按照编号顺序使用；票据各项情况是否如实记录；抽取部分票据，询问签字盖章当事人是否属实；检查作废票据有无妥善保存等。

（四）定期轮岗

出纳人员应该定期轮岗，轮岗前应该进行相关对账，认真履行交接工作。

（五）定期或不定期开展内外部审计

为了能够发现货币资金内控是否失控，企业应该开展定期或不定期的内外部审计活动，将货币资金内控风险遏制在萌芽之中，防止出现重大损失。

第三节 存货内控风险管理

一、存货内控有哪些常见问题

存货指原料、在产品、产成品等。存货内控失控可能会带来库存积压、毁损、舞弊贪污等问题，给企业造成损失。

下面从中国裁决文书网、证监局公告、证券交易所监管函、企业公告等中节选部分真实案例，由此展开对存货内部控制的相关讨论。

【案例1】

被告人王某原是京东商城的发货员，曾在通州区马驹桥镇团瓢庄村"江苏京东信息贸易有限公司"3c库房工作。2011年11月至2012年4月1日间，王某趁无人之机，采取将物品放入垃圾箱里混出仓库的方式，分五次从该库房盗窃苹果iPad2平板电脑等物品，涉案金额达1.7万余元。该公司库管韩某在清点货物时发现丢失1部苹果手机，这才调取监控录像发现蹊跷。2012年，北京通州法院以盗窃罪判处王某有期徒刑1年4个月，并处罚金人民币2000元。

【案例2】

2014年3月起，被告人方某、陈某开始密谋勾结格力电器员工莫某、田某等人盗窃公司生产用铜管。被告人莫某、田某、吴某某利用担任小组长职务的便利以生产需要为名从公司仓库内申领铜管，由被告人方某勾结能申领铜管的员工，被告人陈某负责联系保安员王某等运输、销售赃物。上述被告人先后在2014年3月、5月、6月、7月、8月，以分工方式，在格力电器盗窃了生产用铜管合计49吨，合计分赃131.53万元。

广东省高级人民法院认为原审被告人莫某等13人以非法占有为目的，结伙利用田某等9人是格力公司员工的职务便利，将公司财物非法占为己有，其行为均构成职务侵占罪。原审被告人冉某职务侵占数额较大，上述其他原审被告人职务侵占数额巨大，分别判处不同期限的有期徒刑与金额不等的罚金。

【案例 3】

证券代码：300343　　　证券简称：联创节能　　　公告编号：2013-027

山东联创节能新材料股份有限公司
关于收到山东证监局采取责令改正措施的决定的公告

> 本公司及监事会全体成员保证信息披露的内容真实、准确、完整，没有虚假记载、误导性陈述或重大遗漏。

存货管理方面存在的问题及整改要求

公司存货管理存在较大问题，与公司披露的《内部控制自我评价报告》中存货管理账实相符、内部控制健全有效的自评结论不符，具体表现在以下几个方面。

1. 仓储记录与财务记录存在较大差异。公司出入库单编号不连续，产成品出库单与原材料入库单编号均不连续，甚至存在重号现象，且保管混乱。相关财务入账单据打包散乱存放，难以保证存货收发管理的规范性和相关数据的准确性，公司 2012 年财务留存出入库单与仓库留存出入库单（仓库存根联）核对不一致。

2. 未设立仓库保管台账，存货记录不完善。公司产品发货明细由销售部门统计，仓储部门未设立仓库保管台账，未对存货入库、出库及库存情况进行详细记录，无法反映存货收发存的实时状况。

3. 账实难以核对，成本核算不准确，公司财务部门未按照仓库管理的原材料品种进行明细核算，且主要原材料品种串号现象严重，财务数据无法与仓库核对，成本核算也难以反映各种原材料的价格差异，无法保证成本结转及存货余额的准确性。

整改要求：上述行为不符合《中华人民共和国会计法》第十七条、第二十三条，《企业内部控制基本规范》（财会〔2008〕7号）第三条、第三十一条，以及《上市公司信息披露管理办法》（证监会令第40号）第二条的规定。你公司应按照《中华人民共和国 会计法》《企业内部控制基本规范》《企业内控控制应用指引第8号——资产管理》《企业内部控制应用指引第14号——财务报告》的有关规定，结合公司实际情况，完善存货管理及成本核算制度，并加强原始单据保管，确保公司财务报告信息的真实、准确、完整。

【案例4】

深圳证券交易所文件

审核中心监管函〔2022〕4号

关于对常州丰盛光电股份有限公司
的监管函

常州丰盛光电股份有限公司：

2021年6月16日，本所受理了你公司首次公开发行股票并在创业板上市的申请。2021年7月4日，你公司被随机抽取确定为现场检查对象。经查明，你公司在发行上市申请过程中存在以下违规情形。

一、未充分披露存货管理内部控制缺失的相关风险

现场检查发现，你公司存货管理缺乏有效的内部控制，成本核算真实性、准确性难以核实，招股说明书中未充分披露内部控制缺失相关风险。**一是**原材料领用方面，存在两类单据，财务入账使用的领料单并非原材料领用的原始单据；部分领料单存在规律性签名补签、代签等不合规情形。**二是**废料管理方面，2018—2020年废料处置数量分别为1 117.86吨、1 219.83吨、1 060.81吨，但废料的产生、认定、入库、出库均未按照你公司内控要求留存任何记录，仅以发票作为废料处置入账的依据。库管员及仓储负责人均无法合理说明废料处置情况。**三是**企业资源计划（enterprise resource planning, ERP）系统使用方面，不能及时准确反映存货收发存情况，库存商品明细未设置具体的产品和规格，无法将原材料消耗与产品直接对应；生产成本核算采用手工方式将生产工时、原材料消耗及制造费用与产品明细进行分配。

【案例5】

证券代码：000833   证券简称：贵糖股份   公告编号：2013-012

广西贵糖（集团）股份有限公司
关于2012年度计提有关资产减值准备的公告

本公司及其董事、监事、高级管理人员保证公告内容真实、准确和完整，公告不存在虚假记载、误导性陈述或重大遗漏。

根据企业会计准则的相关规定，现按账面价值与预计未来净现金流量的差额计提材料跌价准备金 25 169 038.79元，以前年度已计提32 573 118.41元，2012 年应计提 – 7 404 079.62 元，减少 2012 年资产减值损失为-7 404 079.62 元。（具体见材料减值准备明细表），存在积压及减值情况的材料具体如下。

(1)在包装物糖袋的积压中，2009 年以前旧版积压有 45 043 套，2011—2012 年由于改版积压 272 159 套，积压金额合计 645 728.39元。因积压时间长，塑料存在风化碎裂现象，在测试未来预计可收回现金时，按平均每条袋子可收回 0.2 元计算。

(2)在三造包装物积压中，积压纸箱 20 778只、大袋 10 288 个、手提袋 739 079 个、面巾盒264 020 个、中包2 386 355个、单包12 758 972个、片膜453 986 张、手挽带 77 510 条、纸芯管 5805 条、不干胶2 523 682张等，均为旧版改新版、错版、有免检字样，有些则因生产产品改变长期不领用，其中：2010—2012 年积压金额为338 608.88 元；2003—2009 年积压金额为1 198 229.99元。因生活用纸包材大多为单片塑料薄膜材质型的，在测试未来预计可收回现金时，仅按目前可以回溶再利用纸箱计算，且按平均每个纸箱可收回 0.2 元计算预计可收回现金，其余不计入可回收金额。

(3)在造纸原材料积压中，蔗渣、桉木刨片及大部份浆板因目前市场采购价格下降，而前期库存成本较高产生的减值损失。机械热磨浆板2011.98 吨的积压是从 2011 年 9 月开始至2012 年 12 月止，一年多的时间生产上仅领用了 17 吨，几乎是全部积压。因长期不用及露堆垛中风吹雨淋日晒，该浆板出现潮湿返黄、破溶、溶烂现象。在测试未来预计可收回现金时，造纸原材料积压损失按该类材料折算成生产纸产品后再进行减值测算。

上述案例中涉及存货内控问题的总结如表 12-2 所示。

表 12-2　案例存货内控问题总结

问　　题	案例 1	案例 2	案例 3	案例 4	案例 5
1. 未经适当审批或者越权审批		√			
2. 验收、盘点管理不规范	√	√	√	√	√
3. 仓储监管、存货控制不严密	√	√			√
4. 领料单等单据填写、保管不规范			√	√	
5. 废料处理不规范				√	
6. 相关账目处理不合规			√	√	

■　问题 1：未经适当审批或者越权审批

在【案例 2】中存货出库时，无专人审批，没有严格的签字确认制度，仓库保管环节也没有履行领料出库的手续检查，领料环节存在较大的纰漏，导致大量存货被盗。

因此，要建立库存管理的授权审批体系，对审批的方式、权限、程序、责任及相关的控制措施进行规范。不能越权审批，严禁非经批准的单位和个人从事库存活动。此外，仓库管理员要仔细核对领料单，检查质量，核对数量，在物料发出后，由保管人按照进度记录物料，并将物料的核算记录汇总后，定期上报财务部，以备盘点。

■　问题 2：验收、盘点管理不规范

【案例 1】、【案例 2】、【案例 3】、【案例 4】和【案例 5】中企业存货验收、盘点程序均存在问题。如果验收与盘点程序、流程、执行等程序规范、合理、细致，那么存货的偷盗、毁损、变质、大量积压等问题就会比较及时地被发现。应该说这是存货内控管理特别重要的环节。

因此，企业应当重视存货验收、盘点工作。公司需要制订详细的盘点计划，合理安排人员，明确盘点范围、方法、人员、频率、时间等。

■　问题 3：仓储监管与库存控制不严密

【案例 1】、【案例 2】中由于存货仓储监管不严密，造成存货在外送、盗取的时候不能在发生现场被及时监管、发现。【案例 5】中的公司仓储保管方法不适当、监管不严密，导致部分原材料变质、损坏。

因此，仓库部门要定期检查库存量和产品，并对其进行不定期的检查及详细的记录；存放库存的仓库要相对独立，避免非相关人员进入；凡进入库房者，均须出入登记；如果出现库存短缺的情况，应及时与生产、采购、财务等相关部门联系。仓储人员需对存货分类保管，加强存货的日常保管工作，按仓储物资所要求的储存条件储存，做好防盗、防变质等措施。

■ 问题4：领料单等单据填写保管不规范

【案例3】、【案例4】的相关单据不符合规范。其中，【案例3】企业出入库单、出库单编号不连续，存在重号现象，且保管混乱。【案例4】的原材料入账单据并非原始单据。

因此，企业应该制定存货出入库单据填写、操作、管理规章，为仓库管理人员、财务人员和业务人员提供行为依据和准则。例如：填写出入库单时不得缺漏存货名称、数量、单位等要素，填写要清晰明了，不得简写与涂改；出入库单的编号必须连续；出入库单作废时必须进行标注，不允许经办人或管理人员私自销毁等。

■ 问题5：废料处理不规范

【案例4】中的企业对废料管理失控，废料处置重量较大，却缺失处置的物证和人证。

因此，企业应该制定废品、废料管理规定，明确废品废料的范围，规定废品、废料的归集与处置程序，为相关部门人员提供行为依据和准则。变卖废品、废料时，企业须派遣专门的处置人员，与仓库、财务部、采购部的相关人员共同对废料、废品的重量与数量进行确认与登记，并按规定填写废品、废料发货单。

■ 问题6：相关账目处理不合规

【案例3】中企业原材料入账不及时并且价值计量上存在遗漏，未建立存货台账，存在账实不符等问题；【案例4】中涉事单位在存货相关票据和账簿的执行操作上未严格依照规定，其中包括账簿登记未使用原始票据，原始票据未严格按流程签字确认，库存明细没有具体的产品与规格，以及废料的一系列流程仅以发票为据处理等。

因此，财务人员应在存货的会计处理时严格遵照会计准则的规定，正确计量存货的价值，保证所记会计信息准确无误。若存货状态发生变化时，能够及时做出相应的会计处理。

企业应该加强对存货相关票据的管理，建立健全的存货管理制度。各部门设立相应的账簿，确保各流程票据完整、手续完备、记录准确。落实账实核对、账账核对。若仅由单一部门做账、做表来管理存货，缺乏核对制度，漏失必要核算步骤，就极易出现纰漏和风险。

二、如何实施存货内部控制

存货相关的内部控制涉及采购验收入库、领用发出、盘点清查、处置与存储等方面。对于不同类型的存货环节需要采用不同的控制办法。

（一）存货的取得、验收与入库环节

存货验收入库环节的主要风险有：验收程序不规范、标准不明确，可能导致数量克扣、以次充好、账实不符等。因此，企业在生产计划、采购，以及仓储管理环节的控制措施要点通常包括以下内容。

（1）核对库存的交货时间、订货合同、入库通知单、供应商提供的材料证明，检查合格证、运单、提货通知单等与待检的商品是否一致。

（2）对验货的数量和品质进行检查，如有需要，可以雇用相关专业人员。

（3）按规定数量、质量合格的商品进行入库；对于收到的不合格货物，要及时退货、更换或提出索赔。

（4）对于未经储存而直接投入生产或使用的库存，应当采用合适的方法进行检查。

（5）在验收期间，各工作人员应互相独立，并随时注意不相适应的岗位要分开。对于与验收、入库、保管有关的相关人员，企业要制定相关的工作标准及工作守则，并严格控制人员的流动与工作程序。

（二）存货的生产领用、内部调拨与销售发出环节

存货领用时应限制领用的数量，经由负责人审批签字后进行，避免严重浪费。仓储部门见到领料单据才可发货，超额部分另外办理相关手续。存货领用核算，需保证领用记录的真实完整，领发实物与领料单据一致。在这一环节中可能存在存货领用发出审核不严格、手续不完备，从而导致货物流失等风险。这一环节应重点实施的控制措施如下。

（1）明确存货发出和领用的审批权限，健全存货出库手续，加强存货领用记录和实物管理。存货的生产领用受生产需求的拉动，领用物资、数量、时

间等企业应制定明确的标准。

（2）生产部门应根据需求计划、定额标准等填制"领料单"，经部门负责人批准，交由仓储部门进行领料。

（3）仓储部门核对经审批的领料单据后发料，并与领用人当面点清交付并进行书面确认。

（4）存货领用交接后，随着实物流动的变化，其管理责任归属应同步发生变化，对于存货的库位、状态等信息应进行同步调整。

（5）财务相关部门不定期核查仓库的存货库存情况，审核采购订单、领料单，核对收发单据和库存台账，查看仓库人员是否按相关内部文件规定的制度、程序收发存货。

（三）存货的日常仓储管理与库存控制环节

存货的日常仓储管理主要是确保存货的安全性及可使用性、账目记录的真实性和准确性。存货的安全性及可使用性的常见控制措施包括以下几种。

（1）将不同批次、型号和用途的产品进行分类储存，在现场加工原料、周转材料、半成品等时，应按有利于提高生产率的方式放置。

（2）企业应当按照仓库物料的规定存放，并建立防火、防潮、防鼠、防盗、防老化等防护措施。

（3）严禁非相关人员接触库存，对出入仓库的人员进行登记，未经许可的人员不准接触库存；对贵重物品、关键零部件、精密仪器及危险物品的储存，实行严格的审批制度。

（4）根据企业的具体情况，确保库存的安全性，并合理减少库存意外损失的风险。

（5）加强对仓库印章使用前的控制、使用中的监控和使用后的追溯。

（四）存货的盘点清查环节

企业开展存货盘点清查：一方面是对存货数量和质量真实状态的核验；另一方面可以通过盘点了解真实的存货管理现状，对存货结构、库龄、呆滞等进行分析，了解库存管理水平。存货盘点和清查过程中存在的主要风险是：盘点、清查制度不完善，计划不可行，会造成工作流于形式，无法查清库存的真实情况。

该环节的控制措施要点通常包括以下方面。

（1）企业应当建立合理的盘点系统，明确盘点范围、方法、人员、频率、时间等。

（2）盘点范围涉及多个管理节点的存货存量，需关注盘点范围的完整性。

（3）盘点依据涉及账目、实物两方面的信息核对，需确保两者之一作为盘点依据时信息初始状态的准确性。

（4）盘点的结果与具体的时间点相对应，盘点时要确保盘点数据和库存状况的准确性。在盘点、清查阶段，要制定盘点、清查工作制度，明确盘点周期、流程、方法等有关内容。

（5）盘点清查工作一般由仓储、财务等多部门共同参与，包括盘点计划的制订、盘点工作筹备、盘点实施、盘点报告的编制，以及盘点差异的分析和处理等流程。

（五）存货处置环节

在处置过程中，要定期检查存货，及时了解存货的存放状况。对变质、毁损、报废或流失的处理，要明确责任，分析原因，进行及时处理。该环节的控制措施要点通常包括以下方面。

（1）制定处置业务内部组织分工责任原则，遵循职务分离原则。

（2）遵守业务流程控制。

（3）实施业务单据管控。

（4）实施财务监督。

存货对企业的经营管理来说意义重大，存货内控管理的好坏直接影响企业的成本和经济效益。加强存货管理内控，不仅能够切实提升存货管理体系的规范化建设水平，也能够将存货管理与企业其他管理部门、业务部门运作流程进一步融合，使之有效融入企业的整体管理当中。

第四节　往来款内控风险管理

一、往来款内控有哪些常见问题

往来款指在企业的日常运营过程中，因发生产品交易、提供或接受劳务而形成的债权、债务关系所产生的资金数额。往来款主要包括应收（付）账款、应收（付）票据、预收（付）账款、其他应收（付）款等。

下面从中国裁决文书网、企业公告等中节选部分真实案例，由此展开对往来款内部控制的相关讨论。

【案例 1】

被告人陈某某于 2013 年 4 月—2014 年 6 月担任电力燃料公司董事长期间，违反国有企业"三重一大"决策制度，擅自采取无真实交易依据付款、隐瞒欠款等方式，向杨某控制下的鑫某鸣公司、江某公司支付巨额款项、赊销煤炭等，后因杨某下落不明，导致电力燃料公司巨额货款无法回收，造成巨大经济损失。2014 年 7 月—2016 年 3 月，陈某某与被告人吴某某、邱某某采取开立虚假用途信用证，骗取银行贷款，用循环倒账的手段掩盖鑫某鸣公司、江某公司对电力燃料公司的巨额债务，导致电力燃料公司支出巨额的银行利息。被告人陈某某上述行为造成国有公司经济损失共计 52 788.08 万元，被告人吴某某参与的行为造成损失计 1317.93 万元，被告人邱某某参与的行为造成损失计 922.22 万元。被告人陈某某还擅自决定将单位"小金库"的 390 万元出借给某龙公司范某个人使用。

法院认为：被告人陈某某身为国有公司人员，滥用职权，造成国有公司经济损失 52 788.08 万元，致使国家利益遭受特别重大损失；原审被告人吴某某、邱某某身为国有公司人员，参与陈某某滥用职权犯罪，分别造成国有公司经济损失 1317.93 万元和 922.22 万元，致使国家利益遭受特别重大损失，被告人均已构成国有公司人员滥用职权罪。陈某某身为国家工作人员，还利用职务上的便利，挪用公款 390 万元归个人使用，超过三个月未还，其行为又构成挪用公款罪，情节严重。

【案例 2】

根据《云创财经》报道，博汇科技（股票代码 102064.SH）近年以来的经营当中存在较多的问题，信息披露的质量或堪忧。

据招股书披露，2016 年—2019 年上半年，博汇科技的应收账款呈大幅度攀升的趋势，应收账款各期的余额分别为 4324.88 万元、6946.10 万元、8931.18 万元、9829.39 万元，2019 年上半年的余额较 2016 年暴增 2.27 倍。

其中，博汇科技的部分应收账款还面临着无法顺利收回并需要通过法律途径解决的情况。企查查显示，博汇科技曾发生多起因买卖合同中收款问题与客户对簿公堂的情况，其中博汇科技曾与三奥信息发生合同纠纷并起诉，博汇科技与三奥信息于2014年1月17日签订了购销合同，合同约定三奥信息应支付货款104.55万元，然而三奥信息在支付了10万元货款后，剩余款项则拒绝支付，博汇科技而后将三奥信息告上法庭。

最终法院判决三奥信息应向博汇科技支付剩余货款。但截止到招股书签署日，三奥信息的剩余款项仍未追回。博汇科技随后以"该公司目前没有可供执行的财产"为由对该笔应收账款全额计提了坏账准备。

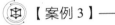 【案例3】

证券代码：002165　　　证券简称：红宝丽　　　公告编号：临 2013-023

南京红宝丽股份有限公司
关于销售收到假票据的公告

本公司及董事会全体成员保证信息披露内容的真实、准确和完整，没有虚假记载、误导性陈述或重大遗漏。

南京红宝丽股份有限公司（以下简称"公司"）销售业务接收银行承兑汇票，在回收货款过程中，发现一份银行承兑汇票是假票。2013年7月9日，公司为防范风险，对该票据及其他银行承兑汇票进行了鉴别，发现还有其他假票据，合计金额6896万元。经初步核查发现，涉及的假票据都是由公司某业务员提供。2013年7月10日，公司已向南京市高淳公安分局申请立案，公安部门已受理。

公司已经启动了核查程序，核查假票据涉及的业务及往来情况，以确定存在损失的可能性。

鉴于核查需要时间，目前还难以确认假票据造成损失的具体数额或损失幅度。该事项可能会对2013年半年报业绩产生一定影响。公司将根据该事项进展情况及时披露相应信息。

特此公告。

南京红宝丽股份有限公司
董　事　会
2013年7月11日

【案例4】

证券简称：劲嘉股份　　　证券代码：002191　　　公告编号：2017-027

深圳劲嘉集团股份有限公司
关于坏账核销的公告

本公司及董事、监事和高级管理人员保证公告内容真实、准确和完整，没有虚假记载、误导性陈述或重大遗漏。

一、　本次核销应收款项情况

1. 根据《企业会计准则》《关于上市公司做好各项资产减值准备等有关事项的通知》《关于进一步提高上市公司财务信息披露质量的通知》等相关规定的要求，为真实反映深圳劲嘉集团股份有限公司（以下简称"公司"）的财务状况，按照依法合规、规范操作、逐笔审批、账销案存的原则，对经营过程中长期挂账的应收账款进一步加大清理工作力度。

2. 截至2016年12月31日，公司对公司全资子公司中丰田光电科技（珠海）有限公司（以下简称"中丰田"）及控股子公司昆明彩印有限责任公司（以下简称"昆明彩印"）共计人民币1 882 567.27元的应收账款进行核销，具体核销情况如下：

单位：元

应收单位名称	所属子公司	核销金额	核销的原因
深圳市金洋纸品有限公司	中丰田	193 583.60	账龄较长，难以收回
东莞市邦柏工艺品有限公司	中丰田	155 363.54	账龄较长，难以收回
郑州绿城机械包装材料有限公司	中丰田	150 593.97	账龄较长，难以收回
东莞市龙晟彩印包装有限公司	中丰田	81 174.06	账龄较长，难以收回
深圳市顺辰实业发展有限公司	中丰田	55 200.00	账龄较长，难以收回
广州迅龙贸易有限公司	中丰田	15 466.67	账龄较长，难以收回
中山市志丰印刷实业有限公司	中丰田	159 173.96	账龄较长，难以收回
湖北中信京华彩印股份有限公司	中丰田	150 000.00	账龄较长，难以收回

二、本次核销应收账款对公司的影响

本次申请核销的坏账形成的主要原因是账龄过长，皆属逾期3年以上的应收账款，已形成坏账损失。公司通过发催款函等多次催收方式催讨逾期应收账款，但目前该部分款项仍然催收无果，确实无法回收，因此对前述应收账款予以核销，公司对前述应收账款仍将保留继续追索的权利。公司对本次所有核销明细建立备查账目，保留以后可能用以追索的资料，继续落实责任人随时跟踪，一旦发现对方有偿债能力将立即追索。

除昆明彩瑞印务公司的应收账款在当年度直接核销，减少公司当期净利润238 722.43元外，其余的应收账款均已全额计提了坏账准备，不影响公司当期损益和财务状况。本次核销坏账符合会计准则和相关政策要求，真实反映了公司财务状况，符合公司的实际情况，不涉及公司关联方，不存在损害公司和股东利益的情况。

试从上述列举的众案例中，了解往来款内控可能存在的问题，企业可从中吸取经验和教训，认清企业往来款可能面临的各类风险，防患于未然。

上述案例中涉及往来款内控问题总结如表 12-3 所示。

表 12-3　案例往来款内控问题

问　　题	案例 1	案例 2	案例 3	案例 4
1. 无真实交易依据或虚假收付款凭证	√		√	
2. 采购与销售的各环节未做到职责分离	√			
3. 授权、申请、审核不规范	√		√	
4. 应收账款的催账、账龄管理缺失		√	√	√
5. 坏账数额巨大、回款难	√	√		√

■ 问题 1：无真实交易依据或虚假收付款凭证

【案例 1】中，该企业在董事长授意之下，在无真实交易依据的情况下，支付给两家公司巨额货款，当巨额货款无法回收时，又采取开立虚假用途的信用证骗取银行贷款，循环倒账的手段掩盖之前的重大错误，导致背负巨额银行利息。【案例 3】企业收到假的银行承兑汇票导致巨额损失。

因此，在采购与付款、销售与收款的业务处理中，需要利用内部控制手段保证交易，以及相关凭证的真实与存在是内部控制体系建设的底线。

■ 问题 2：采购与销售的各环节未做到职责分离

【案例 1】中，该企业是在董事长主导下产生的一系列问题，意味着采购与销售的各环节未能做到审批、执行、监督各岗位各司其职，比如董事长是管理监督者，又是这个事件的经手人之一，这样不符合内控基本规范。

因此，采购与销售的各环节中不相容的岗位必须分离，才能保证审批、执行、验收、监督等岗位顺利开展内控工作，并保证得到相应的内控效果。

■ 问题 3：授权、申请、审核不规范

【案例 1】、【案例 3】中的相关票据、实物等审核不到位，才导致不真实的货物采购和虚假票据仍然能够蒙混过关，给企业带来巨额损失。

因此，企业应加强授权、申请、审核方面的管理。比如，在销售环节，严格审查销售环节的票据的真实性、合法性和有效性。需要查验票据上的填写内容是否缺失、错误，是否缺少规定的印章与签字；票据是否过期等；如果发现异常，应当及时拒绝或退回无效的票据，避免出现资金损失。在采购环节，还要保证有真实的货物流转。

■ 问题4：应收账款的催账、账龄管理缺失

【案例4】中的公司核销了逾期3年以上的应收账款。【案例2】也存在类似问题。

因此，企业应警惕账龄过长的应收账款，账龄时长越长，收回账款的可能性越低。做好账龄管理，例如：对于金额较大的应收账款，定期对其回收期进行重新评估；将应收账款按照1年以内、1～2年以内、2～3年以内、3年以上进行分类，分别对应不同等级的预警机制；引入适合企业账龄分析法，加强对账龄长的应收款进行催款，为企业账龄管理提供科学的管理。

■ 问题5：坏账数额巨大、回款难

【案例1】、【案例2】和【案例4】中企业出现很严重的应收账款回款难的问题，带来大额坏账，严重影响企业的经营效益。

因此，企业在进行交易前应对客户的财务状况、信用质量做好充分的调查，科学划分客户的信用评级，避免后期回款难，给企业带来损失。同时，还要做好应收账款账龄分析与催账管理。

上述案例只是众多往来款内控失控的极小部分，现实中内控存在的问题各种各样。企业可以进行专项诊断，防止往来款内控失控。

二、如何实施往来款的内部控制

企业往来款主要涉及企业收款和付款两方面的业务活动，由于往来款相关业务发生频繁，需要从不同环节、各个角度分别采用不同的方法防范往来款风险，切实加强对往来款的内部控制。

（一）采购与付款

1.职责分离

企业应根据业务环节，明确各自的职责与权限，确保业务相互分离。建立分级授权审批制度。采购与验收、付款审批与付款均不由同一个部门、同一个人全程办理，确保不相容岗位相互约束、相互监督。

2.授权控制

企业应制定完善的规章制度，明确审批人员对采购付款的授权批准权限，制定明确的规章制度规范业务人员的职责。

3.采购申请与审批控制

建立采购申请制度，确定各个部门应负责的物品种类，使各部门获得相应的采购申请权，同时应确认相应的请购流程。

4.采购与验收控制

在选择供应商时应采用科学严格的方法，采购人员应调查并搜集各供应商的相关背景资料，在全面、客观地考察过后选择合适的供应商，后交授权审批人员审批。验收是维护采购人合法权益的重要环节，企业必须建立相应的验收控制制度，验收人员核实采购合同的编号、内容等信息，核实货物是否与相应采购合同对应，质检部门对物料进行质量检验和验收，确认无误后办理入库手续。

5.发票入账及付款控制

财务部门对采购发票、验收证明、入库单据等相关凭证的合法性、真实性、完整性进行严格审核，确定符合要求后才能办理发票入账记录。企业应合理选择付款方式，保障资金的安全性。

6.定期进行应付款、预付款的对账

企业应定期对账分析，由会计人员对账，如果是大额往来款采用现场方式核对，小额可以采用函对方式，能有效避免采购、出纳、库管等相关岗位存在失控问题。

（二）销售与收款

1.职责分离

企业应明确整个业务过程各环节应承担的责任。建立岗位分离制度，避免同一人控制一项交易的各个环节。仓储与发货、销售与收款、销售与发货均不由同一个部门、同一人全程办理。

2.授权控制

明确各部门责任主体在各个环节中承担的责任。明确审批人员对销售收款业务的授权批准权限，不得超过审批权限。

3. 销售预算控制

销售预算旨在对采购业务起到指导作用。建立预算制度，制定销售目标，控制销售费用，提高利润。

4. 销售定价控制

建立销售定价体系，制定统一的赊销政策、优惠政策与收款政策。在对市场进行全面调查分析的基础上选择合适的定价，并明确销售价格，不可随意变动。

5. 销售发票控制

由专人负责发票的管理和领用并定期核对盘点。对发票的取得、贴现等活动制定明确的章程。建立发票复核制度，由其他人对发票的构成要素进行复核。

6. 客户信用管理

选择客户时要充分考虑客户的信誉、财务状况等，对客户的信用进行调查与评级，确保客户资料的真实性，降低账款回收的风险。

7. 签订合同控制

应当对合同标的认真审核，规范操作流程，确保合同中的价格与实际交易价格相同。同时充分考虑可能形成往来款的财务风险，建立相应的合同评审制度，对合同签订、销售过程、收款等环节严格把关。

8. 应收款与预收款控制

收取的现金、汇票等应及时缴存银行并登记入账，避免销售人员直接收取款项。企业应定期对账分析，由会计人员对账，如果是大额往来款采用现场方式核对，小额可以用函对方式，有效避免销售人员、出纳、库管等相关岗位存在失控问题。

本章延伸思考

1. 如何测试货币资金内部控制是否失控？

2. 如何科学地对存货进行盘点监督？

3. 企业应如何进行往来账款清理工作？

4. 结合熟悉的相关案例谈谈对内部控制最核心思想的理解。

第十三章

投资风险——扩张与整合

1. 对内投资包括什么?

2. 对内投资决策方法有哪些?

3. 企业为什么要并购?

4. 并购包括哪些类型?

5. 企业投资并购时需要注意什么风险?

🏆 第一节　对内投资风险管理

一、对内投资包括什么

对内投资是指投放资金于企业自身,以满足企业生产、管理需要的经济活动,包括因新产品开发或现有产品增产而新添置固定资产、设备或厂房更新、研究与开发等。

不同类型的投资项目采用不同的具体分析方法。固定资产的投资项目比较常见,本节主要围绕固定资产投资来探讨。

一般按照投资项目之间的关联性分为独立项目和互斥项目。

独立项目是指投资的项目相互之间没有关联，也不相互影响。

互斥项目是指受到一定条件限制，为解决同一问题设计的多个备选方案只能选择其一。比如，生产新产品需要购置新设备，市场上现有两种设备可选，但其价格、生产能力、使用寿命等属性均不同，企业仅需购置其一就可以满足生产需求。互斥项目需要从多个可行方案中选出最优方案。

二、如何对投资项目进行评价

（一）独立项目是否该投

当打算添置一项新设备时，一般会考虑该不该购买，设备后续创造的价值能不能弥补其投入，能给企业带来多少收益等问题，那么有哪些方法可以帮助我们进行决策？

1. 以投资收回时间来判断是否该投——回收期法

静态回收期指投资项目未来靠现金净流量收回原始投资额所需要的时间。其计算公式：

$$静态回收期 = X + \frac{第 X 年尚未回收额}{第 (X+1) 年现金净流量}$$

其中 X 为收回原始投资额的前一年

【例1】甲公司为满足市场需求，计划购置一条生产线用于生产新产品。目前正处于项目可行性研究阶段。该生产线无需安装，并且可以使用 5 年的时间。该新添生产线项目全寿命年限现金净流量及计算出的累计现金净流量如表 13-1 所示。

表 13-1　项目有关数据

单位：万元

年　　份	第 0 年	第 1 年	第 2 年	第 3 年	第 4 年	第 5 年
现金净流量	-5200	870	1008	990	1020	3260
累计现金净流量	-5200	-5200+870 =-4330	-4330+1008 =-3322	-3322+990 =-2332	-2332+1020 =-1312	-1312+3260 =1948

由表 13-1 可以看出，该项目在第 5 年累计现金净流量大于 0，可以收回原始投资额。因此，该项目静态回收期 =4+1312÷3260=4.4（年）。

利用静态回收期计算的结果，这个项目 4.4 年就能回本，而这个投资项目可使用时间是 5 年，据此可以接受该投资。

这个结论正确吗？

其实忽略了一个重要的问题：货币的时间价值。因为整个投资时间跨几个年度，所以必须考虑货币时间价值，不能用今年投入的 1 万元和明年取得的 1 万元直接进行比较，需要统一时间点，先计算出明年取得的这 1 万元折算到今年的现值是多少钱，然后再进行比较。

考虑货币时间价值的回收期指标，叫作动态回收期。其计算公式如下：

$$动态回收期 =X+\frac{第~X~年尚未回收额的现值}{第~(X+1)~年现金净流量现值}$$

其中 X 为收回原始投资额的前一年

其中，折算现值所用到的折现率是根据项目的筹资方式确定的。如果投资所需资金依靠借款，那么折现率采用利率计算；如果同时采用借款和留存收益等方式筹集资金，则折现率为加权平均资本成本率。

【例 2】接【例 1】，甲公司拟通过借款的方式筹集项目资金，利率为 10%。该项目有关数据如表 13-2 所示。

表 13-2　项目现金净流量现值计算表

单位：万元

年　　份	第 0 年	第 1 年	第 2 年	第 3 年	第 4 年	第 5 年
现金净流量	−5200	870	1008	990	1020	3260
折 现 系 数	1	$1/(1+10\%)$ $=0.9091$	$1/(1+10\%)^2$ $=0.8264$	$1/(1+10\%)^3$ $=0.7513$	$1/(1+10\%)^4$ $=0.6830$	$1/(1+10\%)^5$ $=0.6209$
现金净流量现值	$-5200×1$ $=-5200$	$870×0.9091$ $=791$	$1008×0.8264$ $=833$	$990×0.7513$ $=744$	$1020×0.6830$ $=697$	$3260×0.6209$ $=2024$
累计现金净流量现值	−5200	$-5200+791$ $=-4409$	$-4409+833$ $=-3576$	$-3576+744$ $=-2832$	$-2832+697$ $=-2135$	$-2135+2024$ $=-111$

由表 13-2 可以看出，该项目到第 5 年末累计现金净流量现值仍然小于 0，也就是说，到该项目使用期结束了还没有收回成本，因此不应投资该项目。这个结论和前面使用静态回收期的结论刚好相反。所以考虑货币的时间价值非常

重要，动态回收期更为科学合理。有的企业忽略货币时间价值，以为投资可以赚钱，但实际上从投资决策一开始就是错的。

一般来说，回收期限越短，项目越有利，因为时间越长，估计准确性越差，风险也就越大。快速收回的项目资金可以再投于其他项目，能够为企业的资金带来较大的灵活性。因此，回收期法可以在一定程度上衡量项目的流动性和风险。

另外，通过上面的例子可以看到，这种方法只能看到多长时间收回投资，却无法衡量项目盈利性，容易导致短视行为，甚至可能放弃长期战略项目，所以不能单靠回收期这个指标来进行项目评估。

2. 以报酬率判断是否值得投资——会计报酬率法

会计报酬率，是根据估计的项目整个寿命期年平均净利润与估计的资本占用之比计算而得。相比其他方法而言，这种方法比较简单。

会计报酬率有以下两种计算方式：

$$会计报酬率 = \frac{年平均净利润}{原始投资额} \times 100\%$$

这种方法在实践中经常被使用，考虑了整个项目寿命期的全部利润，能够衡量盈利性。然而这个方法虽然很简单，但准确性低。因为投资从开始到终止往往会经过几年，十几年，甚至更长的时间，会计报酬率没有考虑未来多年收益的货币时间价值，所以得出的结果很难保证准确科学。

通过对前面内容的逐步了解，在评估投资项目时需要考虑货币的时间价值。下面讨论的两种方法，考虑了货币时间价值，是常见的、比较科学的投资决策方法。

3. 考虑货币时间价值计算项目投资收益——净现值法

净现值就是将运营期的现金折算的现值和建设期的原始投入金额的现值进行比较，判断产出是否能弥补投入，是盈还是亏。

因此，

净现值 = 未来现金净流量现值 - 原始投资额现值

如果净现值大于零，说明可以为投资者带来收益，则项目方案可以采纳；如果净现值小于零，说明项目会减少投资者财富，所以应予以放弃。

【例3】接【例2】，甲公司项目有关数据如表13-3所示。

表 13-3　项目有关数据表

单位：万元

年　份	第 0 年	第 1 年	第 2 年	第 3 年	第 4 年	第 5 年	合计
现金净流量	-5200	870	1008	990	1020	3260	1948
折现系数	1	$1/(1+10\%)$ =0.9091	$1/(1+10\%)^2$ =0.8264	$1/(1+10\%)^3$ =0.7513	$1/(1+10\%)^4$ =0.6830	$1/(1+10\%)^5$ =0.6209	
现金净流量现值	-5200×1 =-5200	870×0.9091 =791	1008×0.8264 =833	990×0.7513 =744	1020×0.6830 =697	3260×0.6209 =2024	-111

①如果不考虑货币时间价值，那么：

未来现金净流量 =870+1008+990+1020+3260=7148（万元）

项目净现金流 =7148-5200=1948（万元）

可以看到，如果不考虑现金的货币时间价值，投入 5200 万元，未来将赚得 7148 万元现金，净赚 1948 万元。

②如果考虑现金的货币时间价值，那么：

未来现金净流量现值 =791+833+744+697+2024=5089（万元）

项目现金流现值（净现值）= 未来现金净流量现值 - 原始投资额现值 = 5089-5200=-111（万元）

可以看出，当考虑现金货币时间价值时，结果完全变了，投入 5200 万元，未来赚得的现金折成现在的价值只有 5089 万元，不仅不赚反而亏了 111 万元。那么不该投资这个项目，放弃才是对的。

根据这个例子可以看到，考虑货币时间价值与不考虑货币时间价值得到的结论是完全相反的。考虑时间价值不仅得不到收益，反而会使公司产生亏损。因此，在实际中不能简单加减，一定要重视货币时间价值。

当然，净现值反映一个项目按现金流量计量的净收益现值，它是一个绝对数指标。因此，其在比较不同投资额的项目时具有一定的局限性。

因此，引入一个新的指标——现值指数，其计算公式如下：

现值指数 = 未来现金净流量现值 / 原始投资额现值

现值指数是一个相对数指标，能够反映投资的效率。如果现值指数大于 1，则投资方案应予采纳；反之则应予放弃。

【例4】接【例3】，则

该项目的现值指数 = 未来现金净流量现值 / 原始投资额现值 =5089/5200=0.98

因为该项目的现值指数小于 1，所以应予以放弃。

4. 项目收益能力如何——内含报酬率法

什么是内含报酬率？内含报酬率（internal rate of return，IRR）是使得项目净现值为 0 的折现率，反映项目本身的赢利能力。这种方法不会受到设定折现率的影响。

那么，内含报酬率达到多少才应该投资这个项目呢？至少要大于资本成本率，比如说，若是借款筹资，报酬率至少要大于借款利率。

内含报酬率的计算公式为：

$$\sum_{t=1}^{n} \frac{NCF_t}{(1+r)^t} - C = 0$$

其中，NCF_t 表示第 t 年的净现金流量，r 表示内含报酬率，n 表示项目使用年限，C 表示初始投资额。

计算该公式中的 r，即内含报酬率通常需要使用逐步测试和插值法，较为复杂。而在实际中，可以借助 Excel 函数轻松得到该结果。此函数为"=IRR(values,[guess])"。其中"values"代表在 Excel 表格中选中的一组现金支出（负值）和收到的现金（正值）的数值；"[guess]"为选填项，代表接近 IRR 结果的一个估值。

【例5】接【例2】，使用项目的现金净流量和 Excel 中 IRR 函数求得：

项目内含报酬率 =9.31%

因为项目内含报酬率小于借款利率 10%，所以该项目应予以放弃。

前面讨论的三个基本指标之间也存在着区别，具体内容如表 13-4 所示。

表 13-4　基本指标之间的区别

指　　标	净　现　值	现　值　指　数	内含报酬率
指标性质	绝对数指标	相对数指标	
指标反映的收益特性	反映项目投资效益	反映项目投资效率	
是否受到设定折现率影响	是 （折现率可能会影响方案优先次序）		否

不论是净现值法还是内含报酬率法，都考虑了货币时间价值和项目期限内全部的现金流量，并且在评价单一方案可行与否时结论一致。

（二）投资项目如何多中选优

上面介绍了四种评估独立项目的方法，下面将讨论当面临多个项目方案时，该如何选择的问题。

如果项目寿命相同，而初始投资额不同，一般优先选择净现值法进行评估，需要选出能给投资者带来更多实际财富的方案，投资者更在乎收益，而非效率。

如果初始投资额和项目寿命都不同，其净现值没有可比性。这时可以选择共同年限法来解决。这种方法的原理是重置投资项目使比较项目的年限相同，一般为项目寿命年限的最小公倍数，调整后再比较它们的净现值。

例如，M 项目的寿命为 4 年，N 项目的寿命为 8 年。为了比较评估这两个项目，假设 M 项目终止后再重置一次，使其重置后的总项目年限与 N 项目相同，此时再计算两者的净现值进行比较决策。

用一个例子来说明这种方法的运用。

【例 6】假设筹资成本为 10%，乙公司有 E 和 F 两个互斥项目，项目具体有关数据如表 13-5 所示。

表 13-5　投资项目各年现金净流量

单位：万元

	年份	第 0 年	第 1 年	第 2 年	第 3 年	第 4 年	第 5 年	第 6 年	净现值	内含报酬率
E 项目	现金净流量	-49 500	18 000	23 000	20 000	—	—	—	—	11.01%
	现金净流量现值	-49 500	16 364	19 008	15 026	—	—	—	898	—
F 项目	现金净流量	-54 000	11 000	13 000	15 000	11 000	14 000	12 000	—	10.62%
	现金净流量现值	-54 000	10 000	10 744	11 270	7513	8693	6774	993	—

E 项目的寿命为 3 年，净现值为 898 万元，内含报酬率为 11.01%；F 项目的寿命为 6 年，净现值为 993 万元，内含报酬率为 10.62%。两个评价指标的结论出现矛盾，F 项目净现值大，E 项目内含报酬率高，无法比较出哪个项目更优。怎么办呢？可以假设 E 项目终止时再重置一次，使其年限延长至和 F 项

目相同。重置后现金净流量数据如表 13-6 所示。

表 13-6 投资项目调整后各年现金净流量

单位：万元

	年　　份	第 0 年	第 1 年	第 2 年	第 3 年	第 4 年	第 5 年	第 6 年	净现值
重置 E 项目	现金净流量	-49 500	18 000	23 000	-29 500①	18 000	23 000	20 000	—
	现金净流量现值	-49 500	16 364	19 008	-22 164②	12 294	14 281	11 289	1573
F 项目	现金净流量	-54 000	11 000	13 000	15 000	11 000	14 000	12 000	—
	现金净流量现值	-54 000	10 000	10 744	11 270	7513	8693	6774	993

① 20 000+（-49 500）=-29 500（万元）。
② -29 500÷（1+10%）^{3} = -22 164（万元）。

通过计算，重置后的 E 项目净现值为 1573 万元，F 项目净现值为 993 万元，因此 E 项目优于 F 项目。

第二节　对外并购风险管理

一、什么是对外并购

兼并与收购简称并购，一般来说包括兼并、新设合并和收购。兼并，又称吸收合并，即一家企业吸收其他企业，使其成为自己的一部分。新设合并指两个或两个以上的企业合并成为一个新设立的企业。收购，又称控股合并，指一家企业购买其他企业的股权或者资产，从而获得其他企业的控制权。三种并购方式如图 13-1 所示。

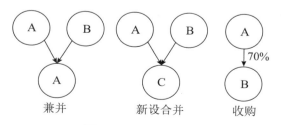

图 13-1　并购类型图示

例如，燕京啤酒并购月山啤酒，并成立燕京啤酒（月山）有限公司，这就是兼并；神华与国电重组为中国能源投资集团，这属于新设合并；吉利集团通过其子公司星纪时代科技有限公司购入魅族科技79.09%的控股权，这类案例为收购行为。

二、并购包括什么类型

根据不同的标准，并购可以被分为不同的类型，常见的分类标准如图13-2所示。

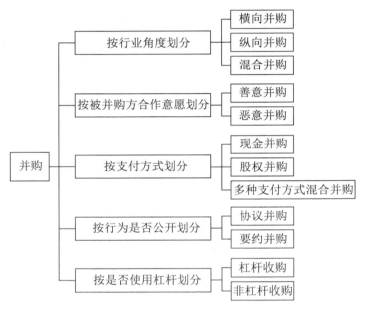

图 13-2　并购行为分类

（一）按行业角度划分

1. 横向并购

横向并购指两个或两个以上生产和销售相同或相似产品公司之间的并购行为。例如：国内十大零售商之一的国美为了扩大其电器销售板块的业务，并购电器销售商永乐；以酒店、餐饮服务、旅游客运业为核心产业的锦江国际集团并购美国喜达屋酒店集团。

2. 纵向并购

纵向并购是发生在同一产业上下游，彼此之间是供应商和需求商的关系。

例如，致力打造从田间到餐桌的全产业链粮油食品企业，中粮集团为了丰富产业链收购乳制品供应商蒙牛公司。

3. 混合并购

混合并购是发生在不同行业企业之间的并购。混合并购可以帮助企业分散风险，实现多元化发展的目标，为企业提供一条进入其他行业的捷径。例如，全球最大的互联网服务提供商美国在线并购了娱乐及传媒巨人时代华纳公司。

（二）按被并购方合作意愿划分

根据该分类标准，并购可以被分为善意并购和恶意并购。

善意并购指双方对于并购此事拥有共同的意愿，在经过友善地协商与谈判后达成的并购行为。

恶意并购指并购方暗地里收购目标企业的股票，成为大股东，迫使目标企业出让控制权的并购行为。例如，在宝万之争中，宝能系对万科的"野蛮人入侵"就属于敌意并购行为。

（三）按支付方式划分

根据该分类标准，并购包括现金并购、股权并购、多种支付方式混合并购三种类型。

现金并购指并购方通过支付现金来实现对目标企业的并购，是企业并购活动中既简单而又迅速的一种支付方式。例如，汤臣倍健溢价 34 亿元人民币并购 LSG（Life-Space Group PtyLtd），美的历时 6 年半耗资 315 亿元跨国并购库卡机器人。

股权并购是指并购公司以增发本公司股票作为支付手段来收购目标公司的一种支付方式，分为股票购买资产和股票交换股票。例如，宝钢股份并购武钢股份，中粮地产并购大悦城地产均采用股票交换股票的形式实现并购。

多种支付方式混合并购则不仅仅局限于一种方式，而是选择将多种支付方式组合起来，从而实现对目标公司的并购。企业不仅可以组合现金和股票这两种支出方式，还可以组合公司债券、优先股、认股权证和可转换债券等形式实现并购。

（四）按照行为是否公开划分

根据该分类标准，并购可以被分为要约并购和协议并购。

要约并购是指并购方通过向被并购方股东公开发出愿意，按照一定条件购买被并购方股份的一种并购行为；协议并购是指并购方与目标公司的股东私下协商并达成协议，从而获得被并购方控制权的一种并购行为。

要约并购和协议并购二者的区别如图 13-3 所示。

区别	要约并购	协议并购
交易场地	只能通过证券交易所的证券交易进行收购	可以在证券交易所场外通过协议转让股份的方式进行收购
股份限制	在收购人持有上市公司发行在外的股份达到30%时，若继续收购，必须向被收购公司的全体股东发出收购要约；当持有股达到90%以上时，收购人负有强制性要约收购的义务	对持有股份的比例无限制
并购态度	要约收购的对象则是目标公司全体股东持有的股份，不需要征得目标公司的同意	收购者与目标公司的控股股东或大股东本着友好协商的态度订立合同收购股份以实现公司控制权的转移，所以协议收购通常为善意的
并购对象的股权结构	收购倾向于选择股权较为分散的公司，以降低并购难度	协议并购方大多选择股权集中、存在控股股东的目标公司，以较少的协议次数、较低的成本获得控制权

图 13-3　要约并购和协议并购对比

（五）按是否使用杠杆划分

根据该分类标准，企业并购行为分为非杠杆收购和杠杆收购。

顾名思义，杠杆收购指并购方以少量的自有资金，将被并购方的资产和未来收益能力做抵押贷款，从而撬动巨额资金来实现收购的行为。一般来讲，企业在进行杠杆收购时，其所利用的外部资金的比重占到并购总价值的70%以上。由此可见，杠杆收购具有高负债、高风险、高收益、高投机的特性。典型的例子就是龙薇传媒以 50 倍的杠杆收购万家文化。

三、企业为什么要选择并购

企业并购行为的选择往往依托于三种理论，即协同效应理论、多元化经营理论和市场势力理论。

可以把协同效应理论简单地理解为"1+1>2"，即并购方完成并购后获得的收益大于并购前两家或多家企业收益的总和。

多元化经营理论是指企业为了分散经营风险，选择不把鸡蛋放在同一个篮子里，通过并购其他行业的企业来丰富企业业务和产品种类，实现在多个产业的布局。

市场势力理论认为，企业规模小，其经营范围和收入来源范围就会受到限制，营业风险就会增大。通过并购，企业可以快速扩大规模、增强与上下游合作方议价的能力，形成规模经济效应，占据更多市场空间，实现长期经营目标和可持续发展目的。

了解上述理论之后，就知道了企业并购行为产生的理论根据。了解基本理论之后，结合几个案例来加深对企业并购行为的理解。

在分析并购案例时，一般先要对其并购动因进行分析。在现实情况中，企业会被多种因素驱动从而产生并购的设想。常见的并购动因有：提高市场占有率、多元化经营、收购低价资产、避税、发挥协同作用、降低过剩生产能力、管理层利益驱动、谋求利润增长、获得专项资产等。

以宝钢股份并购武钢股份为例，如图 13-4 所示，从内部、外部两个角度详细分析其并购动因。

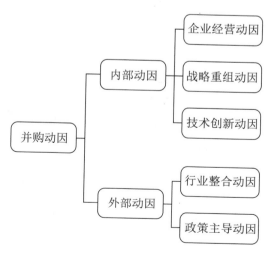

图 13-4 并购动因

国资委通过了宝武重组方案。合并方案的核心内容是：宝钢将扮演整合者的角色，吸收合并武钢，武钢整体并入宝钢。新成立的集团拟命名"宝武钢铁集团"，原武钢集团成为新集团的子公司，拟更名为"武钢新产业发展公司"。（摘自：财新网——宝钢吸收合并武钢方案将公布新公司拟命名宝武钢铁集团）

根据宝钢收购武钢的具体情况，如图13-5所示，具体总结出以下并购动因。

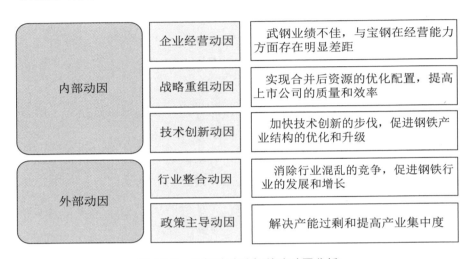

图 13-5 宝钢收购武钢并购动因分析

四、企业投资并购时需要注意哪些风险

由于企业在并购中面临着决策随意、信息不对称等多方面问题，所以企业对外并购投资时就面临着种种风险，如果不做好风险管理，就可能会陷入投资陷阱。因为并购对于一家企业来讲是重大决策，稍有不慎，就会给企业带来损失，甚至带来不可挽回的严重后果，影响到企业后续的生产与发展。

根据并购的流程来探讨企业投资并购中应该注意的要点。并购的基本流程包括以下六个步骤，如图13-6所示。

并购过程各阶段企业面临不同风险，为了将损失降低到最小化，企业需要掌握不同阶段的并购要点与基本方法，这样才能帮助企业正确科学地处理相关信息，尽可能地规避风险。

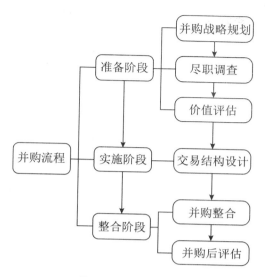

图 13-6　并购流程

（一）并购战略规划

在并购准备阶段，企业相关决策机构应事先充分掌握并购相关要点。管理层应事先审视企业的长期发展战略，并定位企业目前所处的发展阶段，然后再规划并购战略。否则后续收购目标公司后，可能会陷入子公司地理位置分布过于分散而难于管理、公司规模过大而运转阻塞、并购整合难度过大而产生亏损等困境，达不到预想的并购效果。

以汤臣倍健并购 LSG 为例，阐述一下企业是如何在并购战略规划阶段规避风险的。汤臣倍健是我国保健品行业的龙头企业，其计划收购的 LSG 的产品涵盖益生菌、鱼油、膳食补充剂、精油、婴儿护理产品、化妆品等，其中益生菌 Life Space 是澳洲第二大的益生菌品牌。

汤臣倍健根据其并购动因——国内外健康食品行业规模提升空间较大，健康食品线上销售渠道异军突起，国内细分市场发展前景较为光明，进行并购战略规划。如图 13-7 所示，希望通过并购实现"增加企业经营生产线，促进业绩长效增长，占据更大的市场份额"的战略目标。该并购规划与总体战略匹配，因此对总体战略产生了良好的支撑效应。

图 13-7　汤臣倍健并购战略目标

（二）尽职调查

尽职调查的主要目的是详细了解目标公司，发现问题、发现价值，这个过程应主要规避并购双方信息的不对称风险。调查形式主要包括现场、书面、电子媒体或第三方中介。并购方可以通过尽职调查获取被并购方完整和准确的信息，尽量避免信息不对称的不良影响，避免估值无效。尽调期间最大的风险来自于信息不对称，虚假的财务相关信息会导致严重的误判。与财务相关的尽职调查包括但不限于以下角度，对被并购方进行详尽的调查，取得对企业全方位的认识。如图 13-8 所示。

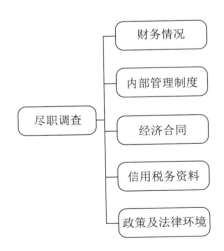

图 13-8　尽职调查分析角度

1. 财务情况

并购方需要调查被并购方近 3 ~ 5 年的财务报表，掌握被并购方股权结构和现金流等财务情况。详尽调查判断收入真伪，判断银行流水的真伪，理性对待银行流水，注意现金质量的判断细节等。具体判断方法可参照第三篇相关内容。

此外，并购方在进行尽职调查时还需要注意将被并购方与其所处行业中的龙头企业和同水平企业进行对比分析，关注与同行业严重偏离的异常值，以此作为重点对象，进行深入实地调查。

2. 内部管理制度

并购方需要尽调被并购方的内部管理制度，透过现象看本质，判断其是否存在内部控制不完备或失效等风险。此外，企业还需要判断被并购方与其自身内部管理制度是否具有同质化的内容，如果二者差异过大，将大大增加并购方后续整合的难度与风险，产生大量整合成本，影响并购后企业的运转效率和盈利能力。

3. 对外经济合同

并购方应该通过尽调对外经济合同，掌握被并购方的经济活动，验证被并购方财务报表信息的真实性和准确性，从而把握企业真实的经营状况，识别被并购方虚构交易带来的风险。

4. 信用税务资料

并购方需要尽调被并购方的工商税务信息资料，往往从资产抵押及股权登记等资料入手。通过工商信息资料，并购方能够较全面了解企业的基本情况，明确被并购方属于谁，抓住企业财产线索，追溯被并购方的信用历史，查询被并购方是否存在不良记录和偷漏税记录，从而避免陷入债务陷阱、受到行政处罚等风险。

5. 政策与法律环境

并购方需要尽调并购双方所处地的政策与法律环境，判断并购行为是否符合并购双方所在地的法律法规。比如补贴方面的风险，由于并购前没有调查完备，并购后补贴退坡，造成价值下滑。如果贸然进行并购，并购方可能会前功尽弃，付出大量不必要的沉没成本。

例如，美的集团并购库卡机器人时组建了尽调小组，按照如图 13-9 所示的步骤，充分地掌握了被并购方的财务、内部管理制度、工商信息资料等方面的基本情况，对被并购方的风险进行了全面的识别。此外，美的还聘请了企业外部的会计师事务所来帮助其进行尽调，尽力保证尽调效果的可靠性，因此取得了良好的并购效果。

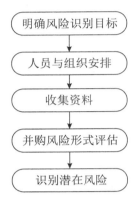

图 13-9　识别风险步骤

（三）价值评估

对被并购方进行科学的估值很重要。由于估值过高导致并购后商誉大幅减值的事例比比皆是。例如，时代华纳收购美国在线后，形成了约 1300 亿美元的商誉，并购后商誉发生巨额减值，给时代华纳造成巨大亏损，最终导致并购失败。为了规避这类风险，需要了解科学的估值方法，帮助企业在一定程度上避开并购交易中的一些坑，规避估值风险。表 13-7 展示了常用的估值方法。

表 13-7　公司估值常用方法

方法	账面价值法	估值乘数法	净现值法	实物期权法
说明	会计账面净值资产值	市盈率法（PE） 市净率法（PB） 市销率法（PS） 企业价值倍数法（EV/EBITDA）	自由现金流贴现法（DCF） 收益贴现法	Black-Scholes 期权理论在企业中的应用
应用情况	中国国有资产估值常用方法	投行、企业做粗略估值或价值对比时	被理论界和应用者广为接受的估值方法	适用于大型资本投入项目

上述方法中，账面价值法比较简单，以账面净资产作为主要价值评估依据，必要时对个别项目进行调整。下面对其他方法进行具体介绍。

1. 估值乘数法

该方法指在市场上选取与目标公司经营类似业务的上市公司，通过查找这些上市公司的财务数据，从而确定与市价相关的比率，并在此基础上确定目标公司的价值。

表 13-8 展示了该方法的具体内容。

表 13-8 估值乘数法常用方法

	种 类	公 式
市盈率法（PE）	市价 / 净利润比率模型（市盈率模型）	目标企业股权价值 = 可比企业平均市盈率 × 目标企业盈利
市净率法（PB）	市价 / 净资产比率模型（市净率模型）	目标企业股权价值 = 可比企业平均市净率 × 目标企业净资产
市销率法（PS）	市价 / 收入比率模型（收入乘数模型）	目标企业股权价值 = 可比企业平均收入乘数 × 目标企业的销售收入
企业价值倍数法（EV/EBITDA）	EBITDA 倍数法	目标企业股权价值 = 可比企业价值倍数 × 目标企业的 EBITDA

2. 净现值法

利用该方法估值的主要风险在于对各计算要素，如净利润、销售收入和息税前利润的估计偏差，或者对可比企业的选择不够科学。

（1）自由现金流贴现法（discounted cash flow，DCF）

该种方法本指通过预测公司未来现金流，并按照一定的折现率公式换算成现值，这种方法比较适用于现金流增长相对稳定的企业。

$$企业当前价值 = \sum_{t=1}^{\infty} \frac{FCFF_t}{(1+r)^t}$$

式中，$FCFF_t$ 为预期的第 t 期自由现金流量；企业自由现金流量 = 息税折旧摊销前收益（EBITDA）- 所得税 - 资本性支出 - 营运资本净增加；r 为贴现率，贴现率 = 无风险利率 + 风险溢价，可根据情况取相应的资本成本 K 或加权平均资本成本 WACC，也可以参考行业平均收益率等；t 为收益年限。

利用该方法估值的主要风险在于对各计算要素如贴现率、自由现金流等的估计偏差。

（2）收益贴现法

在现实中，该方法是企业估值的常用方法，应用范围较为广泛，同样适用于企业并购估值。具体评估方法如下：

$$P = \sum_{i=1}^{n} \frac{F_i}{(1+r)^i} + \frac{F_n(1+g)}{(r-g)(1+r)^n}$$

式中，P 为被并购方企业价值；n 为预测期年限，一般为 5 年；F_i 为未来第 i 期的预期收益额；r 为折现率；g 为收益的预期增长率，若 n 年后 F_i 保持不变，$g=0$。

该方法的缺点是它极易受到主观决定的影响，如果公式中的一个元素数值选择判断错误，其结果准确性将大幅度下降。此外，如果被并购方出现了赤字，此方法将失去效果。

3. 实物期权法

当并购方运用实物期权法对被并购方进行价值评估时，考虑的是其产生的现金流量所创造的利润，该利润不仅来自于被并购方目前所拥有资产的使用，还来自于其对未来投资机会的选择。在不确定性较强、实施路径可能有较多分叉的灰色区域的情况下，企业使用该方法进行估值效果会更好。利用该方法估值的主要风险在于风险要素考虑不全面。

（四）交易结构设计

什么是交易结构设计？举个简单例子，假设并购时需要付出对价 20 亿元的资产来取得 A 企业 70% 的股份，那付出什么东西来换呢？是用现金、固定资产、股权置换、代其还债还是其他形式来交易？选取的这几种支付形式又分别占支付比例的百分之几？

仅仅采用单一的支付方式进行股权交易可能会给企业带来不同的风险：现金支付可能会增加并购方的资金压力导致现金流紧张甚至断裂。例如，山东如意为收购以色列男装制造企业 Bagir，承诺投资 1650 万美元，但仅支付 330 万美元后，便由于现金流紧张不能如期支付而被告上法庭。股权置换可能会稀释并购方的股权，影响对自己原有公司的控制权和话语权；通过代被并购方偿债来支付可能会加大并购方的偿债压力，并附有数额不小的须偿还的利息等。所以，丰富交易方式，合理地布局股权交易结构对其来讲十分重要。

企业并购的交易结构还受到并购方目前可持有的现金的影响。如果该公司持有大量的现金且融资能力很强，那么该企业会倾向于增加现金支付的比例，因为现金支付可以减少并购行为对其股权结构的影响，向市场传递出资金充足的利好信息，稳定并购方股价。

以携程网并购去哪儿网为例。在并购前，百度为去哪儿网的第一大股东，拥有其 45% 的股权。并购后，股权结构如图 13-10 所示。百度与携程进行了以股权置换为主，债券融资为辅的并购活动，携程网从百度手中获得去哪儿网 45% 的股权，对被合并方可施加重大影响；百度获得了携程网 25% 的股权，成了携程网的第一大股东。并购完成之后，并购双方实现了共赢：携程网如愿完成了并购计划，百度则缓解了去哪儿网亏损的压力，解决一大负担，而且未来还能通过股权置换分享携程网未来的盈利。

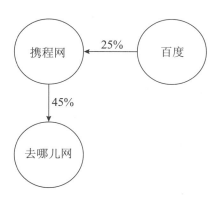

图 13-10　并购后股权结构简易图

（五）并购整合

并购实施阶段之后，企业需要进行并购整合。整合阶段出现的风险一般由并购准备阶段和实施阶段的行为所引发。

1. 经营整合风险

如表 13-9 所示，不同类型的并购经营整合风险不同。

表 13-9　不同并购类型与经营整合风险的联系

并 购 类 别	横向并购	纵向并购	混合并购
经营整合风险	小	中	高

相较于纵向并购和混合并购：横向并购的风险一般比较小，因为双方的主营业务往往高度一致；纵向并购的风险为中等，因为上下游企业主营业务的关联性高，可以进行资源共享；混合并购相较来说风险最高，因为并购方会进入一个并不熟知的全新领域。

以携程网并购去哪儿网为例，如果并购双方在经营上的业务不能得到有效整合，他们可能并不能发挥并购所能带来的协同效应，从而引发并购失败的不良后果。例如，并购前携程网的客户主体为中高端，去哪儿网为中低端，双方需要重新整合经营模式，来保证企业的顺利运营。

2. 财务资源整合风险

财务整合时，并购方需要调整双方的财务制度、财务人员构成，调整被并购方债务与股东权益比例，使之符合主体公司的管理目标。整合人员需要通过出售、购入、交换、托管、回购、出租等多种形式对被并购方的资产进行处理，特别是对固定资产、长期投资、无形资产的整合进行重点关注。此外，企业还需要保证整合时间不要过长，避免其影响并购双方正常经营。

3. 人力资源整合风险

并购后如果不能做好人力资源整合，就可能会引发并购双方的员工的不满，影响其工作积极性，甚至导致人才的流失。

4. 文化整合风险

如果不能有效整合并购双方的企业文化，则不能使员工对并购后企业的价值观产生认同感，对企业产生归属感，进而影响员工的工作积极性和对企业的忠诚度，使并购效果大打折扣。例如，TCL 并购法国阿尔卡特，阿尔卡特注重管理的人性化，而 TCL 的管理风格为军事化。双方的文化差异导致矛盾重重，最终以失败告终。

（六）并购后评估

企业做好并购整合后，就可以实现企业资源的有效整合，进而帮助企业降低生产成本，提高利润，提升市场竞争力。

258

如图 13-11 所示，企业一般从财务和非财务两个角度进行并购后评估。

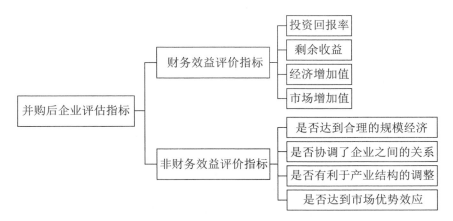

图 13-11　并购后企业评估指标

一般情况下，从企业合并财务报表上获取具体财务数据，至少按照图 13-11 罗列的方法对其进行评估，关注合并后相关财务效益指标的变化，评价并购对效益带来的贡献度，从而使相关人员能够综合、全面地掌握合并后整个集团企业、母公司、子公司的生产经营状况。

本章延伸思考

1. 企业面对更换新设备还是继续使用旧设备选择时，该如何进行投资决策？

2. 企业计划对内投资时，需要考虑哪些风险要素？

3. 并购过程的风险主要有哪些？

第五篇

智能财务：
先利其器

有一首美丽的诗，诗中有一句话："你见，或者不见我，我就在那里，不悲不喜……"人工智能时代也是如此，无论你接受，或者不接受，它就在那里，不舍不弃。

第十四章

智能财务——
未来已来

1. 什么是智能财务？

2. 为什么要财务智能化？

3. 与现有会计信息系统相比进阶在哪儿？

4. 智能财务涉及哪些基本技术？

5. 优秀企业利用智能财务取得了哪些成效？

6. 开展财务智能化需要做哪些规划？

🏆 第一节　知己知彼，百战不殆

一、什么是智能财务

智能财务时代的脚步声越来越近了。但它的出场方式好像红楼梦中的王熙凤一般，虽先闻其声，但未见其人。它究竟"长"什么样子呢？

智能财务是一种新型的管理模式。它基于先进的管理理论、工具和方法，借助智能机器（包括智能软件和智能硬件）和人类财务专家共同组成的人机协同智能管理系统，通过人和机器的有机合作，去完成企业复杂的财务管理活动，并在管理中不断扩大、延伸和部分替代人类财务专家的活动。

用更加通俗的话来说，以人工智能为代表的新一代信息技术，使得财务有能力更好地达到企业对于财务的工作要求。

面对企业的财务工作，仅靠财务人员在信息系统上简单的牵拉拖拽，已显出许多弊端。如何乘上智能时代这艘巨轮，助力企业乘风破浪，便是智能财务要给出的答案。

二、财务为什么要智能化

在企业实际工作中，财务总是"数到用时方恨少，账到对时总难平"。到了月底、年底，更是惯例性地忙到昏天黑地，加班加点地做数据、赶报表。可仍旧被领导嫌弃不能及时看到数据，被业务部门吐槽财务要求多、报表无用。总而言之，企业有着提高财务效率、减少重复作业及财务支持业务等迫切需求。同时，"大智移云物"等信息技术也日趋成熟。在需求与技术的双重推动下，企业财务由信息化向智能化阶段迈进。财务智能化驱动因素如图14-1所示。

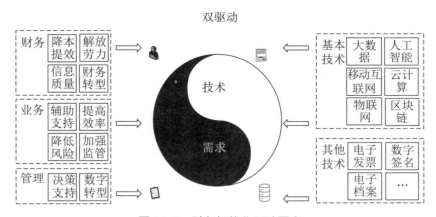

图 14-1　财务智能化驱动因素

图14-1的左侧为需求端。在财务方面，企业有着降低财务成本、提高财务工作效率、减少财务人员低价值重复性作业、提高财务信息质量，以及促进财务从核算会计向管理会计转型的需求。在业务方面，企业有着财务为业务提

供支持、提高业务效率、降低财务风险、加强业务监管的需求。在管理方面，企业有着财务为管理者提供决策支持、促进企业数字化转型的需求。

图 14-1 的右侧是技术端，基本技术包括大数据、人工智能、移动互联网、云计算、物联网等。其他还有综合多种技术的电子发票、数字签名及电子档案等。

第二节　匠心独具，事半功倍

一、与现有会计软件／系统相比进阶在哪

与传统的中小规模的财务软件或者 ERP 系统相比，智能财务的进阶主要在以下几个方面。

（1）在数据方面，传统的会计信息系统大多采集结构化数据，而智能财务借助于大数据技术可海量采集结构与非结构化数据，数据源也从内部的采购、销售和人力等系统扩展到企业外部。除了拓宽数据源，智能财务在实时敏捷地分析和展示数据方面也更胜一筹。

（2）在传统会计信息系统方面，为获取服务，一般需要购买服务器和软件。而在智能时代，大数据对海量算力的要求驱使会计信息系统被逐步搬到云上。企业利用公有云、私有云或混合云获取计算能力，而无需花费大量资金购买硬件设施。

（3）在业财融合方面，传统的会计信息系统主要是对会计数据的加工，只达到业财融合的初级阶段。而智能财务将实现业务与财务高度的信息集成和共享，灵活响应海量业务，提供准确、实时、安全、敏捷的财务支持。

（4）在具体财务作业方面，目前部分会计信息系统实现了从记账凭证到报表的自动化。而智能财务更进一步，从原始凭证到不同维度的财务报告及分析全部实现自动化，智能化程度也将大幅提高。大大减少重复性作业的人力投入，使得财务人员转向更高价值和更具创造力的工作。

（5）在辅助决策方面，传统会计信息系统受到数据和技术限制，很难提供有效的决策支持。随着信息技术的逐步成熟，智能财务通过数据、算法及模型，挖掘数据价值，以多样、可视化的方式辅助管理层经营决策。

二、涉及的基本技术

（一）大数据

1. 什么是大数据

国务院发布的《促进大数据发展行动纲要》中提到，大数据是以容量大、类型多、存取速度快、应用价值高为主要特征的数据集合，对数量巨大、来源分散、格式多样的数据进行采集、存储和关联分析，从中发现新知识、创造新价值、提升新能力的新一代信息技术和服务业态。

IBM 提出，大数据的 5V 特征：数量（volume），多样性（variety），速度（velocity），价值（value），真实性（veracity）。数量指大数据采集、存储和计算的量大；多样性指包括结构化、半结构化和非结构化数据，比如，Excel 的表格就是典型的结构化数据，视频、音频等是非结构化数据；速度指数据增长速度快，处理速度也快，时效性要求高，比如，个性化推荐算法会实时完成推荐；价值是可以从海量数据中挖掘其价值；真实性指数据的准确性和可信赖度，即数据的质量。

2. 大数据与智能财务

大数据技术使得财务能够对海量数据进行采集和分析，灵活响应业务需求，支撑企业发展。如图 14-2 所示，促进大数据与智能财务相融合可以从以下三部分着手——基础设施、关键技术及财务应用。

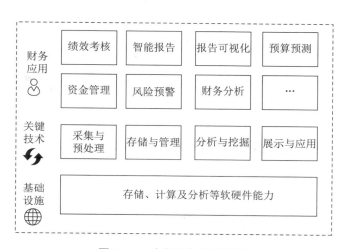

图 14-2　大数据与智能财务

首先，在基础设施方面，企业需具备数据存储、计算与分析的软硬件能力。

其次，在关键技术方面，包括数据采集与预处理、存储与管理、分析与挖掘及展示与应用。用接地气儿的话来说，数据采集就是把系统外部数据抓取到系统内部。数据展示就是把信息用图、表等形式表达出来，以达到一图/表胜千言的效果。

最后，在财务应用方面。财务部门利用大数据，对业务部门的经营进行考核分析，以帮助业务部门优化经营行为，提高绩效；使用数据分析和数据挖掘工具，自定义维度和颗粒度，快速生成报表；实现报告可视化，满足各业务部门用于管理决策的信息需求，促进业财融合；建立模型，预测企业现金流；利用大数据技术，进行企业风险预警，根据特定风险的相关特征，提示风险存在的可能性等。并且随着信息技术的不断演进，大数据所涉及的财务应用范围会更加广泛。

（二）人工智能

1. 什么是人工智能

1956年，"人工智能"的概念于达特茅斯会议上诞生。经过60多年的演进，在新理论新技术及经济的驱动下，人工智能不断发展。对于人工智能，大部分人首先想到的可能是"阿尔法狗"，它战胜李世石和柯洁后，使得人工智能话题再掀热浪。那么到底人工智能是什么呢？较为通俗的解释可以引用麻省理工学院的温斯顿教授的话："人工智能就是研究如何使计算机去做过去只有人才能做的智能工作。"

人们经常听到的机器学习是人工智能的算法。它是用统计理论，采用归纳和推理的方法使机器获取知识。此外，人工智能主要的技术有计算机视觉、语音处理、自然语言处理。例如：光学字符识别（optical character recognition，OCR）、人脸识别是典型的计算机视觉技术；苹果的"Siri"、百度的"小度小度"是常见的语音处理技术有；机器翻译是人们较熟悉的自然语言处理技术的应用。

2. 人工智能与智能财务

机器流程自动化（robotic process automation，RPA）可以模仿人的操作，在系统之间架起一座沟通的桥梁。比如说，合同信息本来需要人工录入相应系统，而 RPA 可以识别合同信息，并自动录入，对比销售订单，提交并进入复核环节。这样一来，不必改变业务或财务系统，就可以实现两个系统数据的连接。在面对外部一些组织时，比如税务局、银行等，也少不了 RPA。比如，在进行纳税申报时，RPA 可以自动登录税务申报系统，录入发票信息，填写并提交纳税申请及核对缴纳税款，解决了无法与税务系统高度集成和人力重复作业消耗的难题。

光学字符识别可以帮助我们将票据、合同、表格等纸质文档电子化并进行关键信息的自动检查，减少人工录入，提高效率与数据准确性。

（三）移动互联网

移动互联网是我们比较熟悉的技术。随着技术的不断发展，通过手机、平板等终端设备，可以随时随地的上网。1G 让人们可以方便地打电话；2G 增加了短信和彩信业务；3G 时代人们便可以在终端设备上快速下载 app、看视频等；4G 时代人们可以看高清视频，移动支付得以普及，催生了打车、外卖平台，还爆发了短视频及直播浪潮等。现在拥有了 5G，那么它又会对社会产生什么影响呢？引用科技博主何同学的一句话："5 年之后，我们会发现，速度也许是 5G 最无聊的应用。"

（四）云计算

在介绍大数据和人工智能时都能看到云计算的影子，它为大数据、人工智能、物联网等提供基础设施支持。

那么什么是云计算呢？维维克·昆德拉（Vivek Kundra）为奥巴马时期联邦政府首席信息官，他对"云"的解释比较生动："曾经，每一个家庭，农庄，村落，城市都必须有自己的水井。今天，你仅仅打开水龙头，干净的水就通过公共供水管道输送给我们。云计算也是这个道理，就像我们厨房里的水一样，可以根据需要随时打开或者关上。在自来水供应公司，有一群专业人员负责水的质量、安全，以及 24 小时不间断供应，当关上水龙头时，不仅节约了水，也不需要为没用的水付费。""计算"，则指计算机的计算能力。所以云计算实质上就是共享计算能力，使得数据存储和数据分析能力更加方便获得。

云计算的三种服务模式包括设施即服务（IaaS），平台即服务（PaaS），软件即服务（SaaS）。如图 14-3 所示：如果客户选择 IaaS，则无需斥巨资购买服务器等基础设施。如果选择 PaaS，服务商会把基础设施层和平台软件层准备好。如果选择 SaaS，服务商则负责基础设施层、平台软件层及应用软件层，客户通过网页浏览器或编程接口直接使用软件即可。

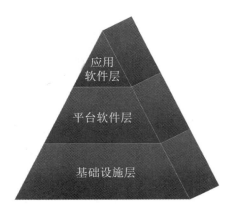

图 14-3　云计算服务模式

（五）物联网

1. 什么是物联网

物联网（internet of things，IOT）是基于互联网、应用智能感知技术将物体相互关联起来，实现对物品的智能化感知，识别和管理。IOT 包括设备、互联性、计算能力及应用程序和软件，其核心技术有射频识别（radio frequency identification，RFID）、传感器等。RFID 可以"让物品说话"，无需人为干预，物与物之间自动识别目标和数据交换。温度传感器、红外传感器及运动手环等是常见的运用传感器技术的例子。

2. 物联网与智能财务

利用物联网相关技术可以进行资产管理，实时盘点固定资产，便于了解资产的位移和闲置信息。除此之外，企业可以建立基于物联网的仓库管理信息系统，货物入库、盘点、出库的信息在业财部门之间共享，也可完成查询、备份、统计、报表制作和报表管理等工作。

🏆 第三节 运筹帷幄，决胜千里

一、优秀企业利用智能财务取得了哪些成效

一些优秀企业已经利用智能财务达到了很好的成效，华为是一个典型代表。华为在财经领域主要经历财务四统一变革、财经共享中心的建设、集成财务变革、PB&F变革（全面预算管理）等阶段，逐步建立起科学的、规范的、高效的和能驾驭风险的财经管理体系，有效地支持了业务的快速增长。

为提高财务效率、加强内部控制，华为于1999年开始了财务四统一变革，改革的内容主要是统一会计政策、统一会计流程、统一会计科目和统一监控。

为加强集团财务管理、资金管理、集中监控，降低成本及提高效率，华为于2005年开始建立财务共享中心，在全球范围内建立了7个共享中心。

为提升财务服务与监督业务、项目财务管理能力等，华为于2007年开始集成财务变革，改革内容包括：梳理机会点到回款、采购到付款等流程；建立数据系统；设计责任中心，明确每个预算单元的责任中心类型和关键的财务指标等。

为支撑业务发展、提升管理水平，华为于2014年开始进行全面预算管理变革，内容覆盖从战略制定到执行的端到端闭环管理的各个环节。

目前，华为仍在促进财务智能化发展的道路上不断前进着。构建财经集成架构，满足业务对财务的要求；建立数据治理体系、培养分析师队伍，辅助业务决策；内部管理方面，利用新一代信息技术加强内部的信息共享，提升管理水平，进行预测，揭示风险，促进财务向实时、自动、在线、敏捷、自助和共享的目标迈进。

以下从几个具体场景来直观感受华为的智能财务带来的效用。

场景一：员工自助报销

在费用报销方面，华为使用自助报销系统（self service expense，SSE）处理年平均约120万单的员工费用报销。得益于移动互联网的发展，员工随时随地通过二维码传递单据，机器自动生成会计凭证。考虑成本效益原则，只审查部分单据，对于虚假报销录入的员工进行信用记录并处罚。大大缩短业务人员报销时间。

场景二：RFID 物联资产管理方案

利用射频识别技术，实时掌握固定资产的位置和使用情况，固定资产盘点从数月下降为几分钟，减少人为盘点工作量，提高管理效率。

场景三：iSee 系统

iSee 系统可按照中国企业会计准则、国际会计准则要求出具标准化报告，实现 5 天完成财务报告。也可按照区域、产品等不同需求自定义管理报告，自由选取维度和颗粒度，辅助决策者经营管理。此外，该系统可追溯数据来源，并进行深度分析。使用 iSee，像汽车的"仪表盘"一样，可以实时了解公司情况。

场景四：现金流预测

在资金规划领域，运用大数据技术，通过海量数据和预测模型，实现经营性现金流 12 个月定长的滚动预测，且预测偏差较小。

在《价值为纲》这本书及华为的官方网站上能够看到华为财经领域的建设、变革，对于将要深度开展智能财务建设的企业会很有帮助和启发。

二、开展财务智能化需要做哪些规划？

为达到财务智能化建设目的，企业需要做全面长远的发展计划，以下从实现路径和概念架构大致描绘财务智能化图样。

1. 三阶段

实现财务智能化非一朝一夕之功，前期扎实的基础是不可或缺的。其实现路径大致可以分为三个阶段；业财融合、财务共享及智能财务，具体如图 14-4 所示。

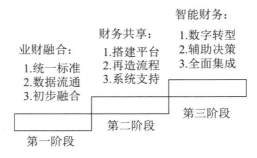

图 14-4　财务智能化路径

在第一阶段，企业在统一会计科目、会计政策、数据标准等的基础上，消除企业"数据孤岛"现象；建设企业数据中台，打破业财之间的部门壁垒，激活业务与财务的初步融合。

在第二阶段，企业通过组织建设、再造流程及引入信息系统等举措搭建财务共享平台。先将重复性高、价值低、易于标准化的财务工作集中到平台统一处理，再依次将平台的业务范围进行立体化的扩展。横向上，逐渐纳入高价值的财务工作；纵向上，稳步延伸至人力、行政、业务等领域；深度上，夯实共享平台技术基础，充分利用新一代信息技术，向智能共享平台迈进。

在第三阶段，以财务数字化转型为契机，完成系统的全面集成，推动企业整体的数字化转型进程。同时，海量的数据、先进的算法和模型助力管理者在决策时胸中有丘壑，腹内有乾坤。

这三个阶段并不是上一个阶段完全完成，才能进行下一个阶段，有可能同步进行。

2. 构建智能财务集成架构

财务智能化概念架构如图 14-5 所示。

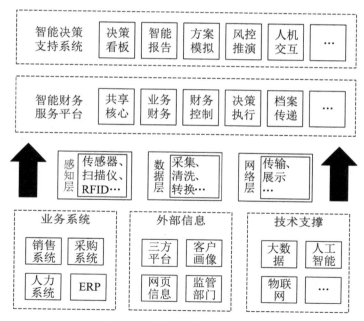

图 14-5 财务智能化概念架构

运用大数据、人工智能等技术，扩宽数据源，从企业的各业务系统、第三方平台、监管平台，甚至从网页信息等渠道采集数据。

感知层、数据层及网络层是公用的技术平台，采取松耦合方式负责数据的采集与预处理，提高自动化程度。

智能财务服务平台负责会计核算与控制、支持并监督业务、执行战略层决策等任务。集成共享中心与业务信息系统，管理信息流与实物流，扫描，传递，保存档案，提升智能化程度。

智能决策支持系统实现智能出具报告、项目方案预测推演、风险预警等功能。通过可视化大屏、友好型人机交互系统，延伸管理者智能，辅助经营决策。

通过构建智能财务集成架构，对外互联互通，对内实现业财一体化经营。系统间信息共享，为业务支持和战略管理提供精准的洞察分析和决策支持。

三、财务智能化是标准化还是个性化工作

虽然企业财务智能化建设会存在一些共性的功能模块，但没有一个"放之四海而皆准"的解决方案。由于行业特点、主营业务、已有信息系统的基础及对会计功能要求等方面的不同，导致企业财务智能化建设是个性化而非标准化的工作。

本章延伸思考

1. 你认为企业智能财务可以提供哪些全新功能？

2. 如何通过财务智能化发展推动企业数字化转型？

3. 财务智能化发展对财务人员有什么能力要求？

第十五章

财务共享——
基础搭建

1. 建设财务共享中心需要做什么？

2. 财务共享中心的作用是什么？

3. 财务共享中心的未来发展方向是什么？

🏆 第一节　勾勒财务共享中心简图

随着业务规模的扩大，企业办公场所逐渐分散，并用多种信息系统，导致内部管理细则和财务流程存在差异，工作重复。2005年左右，在借鉴国外财务共享中心的建设成果上，为了解决上述问题，我国掀起财务共享中心的建设浪潮。共享服务利用信息化手段，把重复性的、易于标准化的财务工作集中到共享中心处理，从而发挥规模效益，降低成本、提高财务效率、加强集团管控。

一、财务共享中心组织架构及实施路径

财务共享中心的建设需要大量的前期准备，扎实的工作才

273

能取得成果。首先，企业需要组织人员到成功建设共享中心并取得良好成效的企业进行实地考察。其次，利用企业内外部的力量，对共享中心建设作出可行性分析。当正式立项时，形成对中心建设的战略性规划。最后，按照规划路径稳步实施方案，并且在落成后不断优化升级。

（一）组织架构

企业可以根据对共享中心的建设规划、业务范围、运营制度等构架共享中心内部组织，以下是 2 种常见的共享中心组织架构模式。

1. 扁平式组织架构

第一种模式是在财务共享中心直接下设相应的专业组，扁平式的组织架构减少中间层级，利于上下级之间的及时交流沟通、政策推行落地，从而提高工作效率。

财务共享中心扁平式组织架构如图 15-1 所示。

图 15-1　财务共享中心扁平式组织架构

如图 15-1 所示，收入组主要负责收入确认、应收账款核销、往来对账等。费用组主要负责费用报销、采购核算等。总账组主要负责成本结转、薪酬核算、税金核算、总账类核算及出具报表等。资金结算组则主要负责资金收付。固定资产组主要负责资产管理，包括资产盘点、巡检，及时掌握资产闲置、位移信息。运营组主要负责财务共享中心的日常运营管理工作。

在共享中心规模扩大到一定程度时，为提高管理水平，这种扁平式的组织结构可能会改变，增加中间层级。先按业务范围划分大的组别，再在每一组之下细分小组，负责相应工作。

2. 综合型组织架构

综合型组织架构是在财务共享中心先按领域划分财务、IT 及人力等部门，再在部门下设置相应组别。这种模式的特点是共享中心不仅局限于财务服务，而且延伸至其他领域。此外,财务共享中心也可对外营运,独立创造价值。

财务共享中心综合型组织架构如图 15-2 所示。

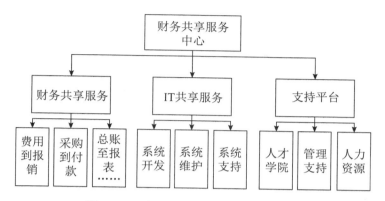

图 15-2 财务共享中心综合型组织架构

如图 15-2 所示,财务共享中心分别设置财务共享服务、IT 共享服务和支持平台等。为之后财务共享中心逐步横向扩展覆盖企业其他领域,形成综合共享服务中心奠定组织基础。单独设置 IT 共享服务平台和支持平台可以为共享中心向外提供顾问咨询,为参与市场竞争提前做准备。

(二)人员管理

企业在财务体系中建立独立的财务共享中心,剥离原本分散在各个子公司的财务部的基础财务工作,集中处理,由此形成三分财务的专业化分工,具体如图 15-3 所示。

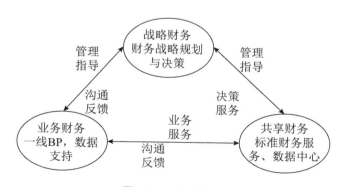

图 15-3 三分财务

从图 15-3 可以看出,企业可组织财务人员成立专家团队,负责站在战略高度对财务定位、方向、布局、路径、政策等进行规划与决策，并对业务财务与共享财务起到管理指导的作用。

业财人员应充分发挥业务伙伴的作用，融入了解业务各环节，为决策者提供财务管理的支撑。同时，利用深入一线的优势，搜集业务数据并向上级部门提供，提高财务数据准确性。此外，业务、财务人员也应负责完善财务制度，使财务报表符合当地规定，协调当地业务单元的财务运营。

财务人员还要负责集中统一处理重复性的、易于标准化的财务工作，从而解放财务劳动力，并且充分发挥共享中心的数据优势，利用大数据、人工智能等新一代信息技术，将数据转化为知识，辅助企业决策。

（三）实施路径

企业在建设实施财务共享中心时，较为常见的路径选择是先试点后推广应用。在不阻碍原有业务正常运行的情况下，选择"由点及面"不失为一种保险的方式。

在最初设立财务共享中心时，企业偏向将共享范围集中在交易性业务流程，比如报销、应收账款、应付账款、总账和报表、员工薪酬、资金管理等。此后，根据建设经验，再将业务范围和试点单位进一步扩大，逐步全面实现财务共享业务，建立完善的财务共享中心运营体系。

也有企业可以一气呵成地建设一个完整的共享服务中心，在总部的统一领导下，统一规划会计政策、业务范围、信息化建设，统筹实施开发设计、硬件平台、功能系统等，建立稳定运行的基础体系，在之后再不断优化共享中心运营机制。

二、财务共享中心流程设计

有关如何站在企业整体角度再造业财协同流程的内容会在本章第三节详细展开，此部分主要介绍财务共享中心流程设计。这是财务共享中心成功建设和运营的重要前提。

首先，需梳理要纳入共享单位的业务流程现状，对关键业务流程进行考察分析，借鉴最佳企业实践，在流程专家、业务专家、一线业务人员及 IT 人员的团队协作下，统一企业内部会计科目、政策及制度，发现并解决流程问题。

其次，建立业务流程基本框架，采用流程图和说明表的方式可视化流程，使得流程角色与岗位职责匹配、编写岗位手册、确定流程关键控制点，进行风险控制。

最后，一次流程变革不可能一劳永逸，需要一线业务人员和专门的流程管理员在运行过程中相互配合，持续优化业务流程。

随着信息技术的不断发展，企业共享中心也开始逐渐纳入一些高价值流程，比如风险管理、税务分析、管理会计及报告、预算与预测等。

特许公认会计师公会（The Association of Chartered Certified Accountants，ACCA）、中兴新云、厦门国家会计学院联合出具了《2020 年中国共享服务领域调研报告》，如图 15-4 所示。财务共享服务中心引入较多的流程分别是费用报销、资金结算、固定资产核算、采购到付款、总账到报表、成本核算、订单至收款。

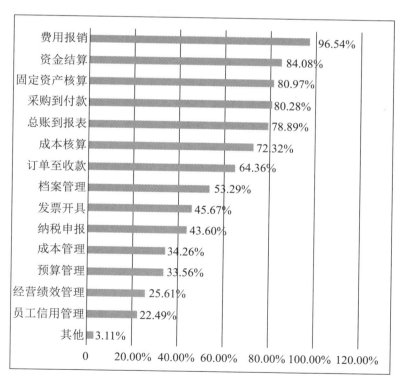

图 15-4　财务共享中心业务流程覆盖情况

资料来源：《2020 年中国共享服务领域调研报告》。

下面以较为成熟的费用报销流程为例，具体看一下财务共享中心是如何在其中发挥作用的。如图 15-5、表 15-1 所示。

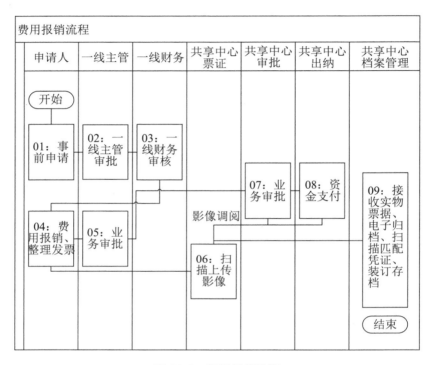

图 15-5　费用报销流程

表 15-1　费用报销流程说明表

流 程 说 明	部门／岗位
01：事前申请 申请人在事前进行所需报销事项的申请	申请人
02：一线主管审批 申请人所在业务部门主管对事项进行审批，对业务真实性负责	一线业务部门审批人员
03：一线财务主管审核 申请人所在部门财务进行审核，对合规性、是否超预算负责	一线财务部门领导
04：费用报销、整理发票 事项发生后，申请人在线提交费用报销申请。并按规定将原始凭证移交给共享中心票证专员	申请人 共享中心票证专员

续表

流 程 说 明	部门 / 岗位
05：业务审批 一线业务主管对费用报销进行审批	一线业务部门审批人员
06：扫描上传影像 共享中心将原始凭证扫描上传系统	共享中心票证专员
07：业务审批 共享中心审批人员根据影像进行审批	共享中心审批
08：资金支付 共享中心出纳人员根据影像进行资金支付审核	共享中心出纳
09：共享中心档案管理 共享中心档案管理员接收实物票据、与系统自动生成的凭证进行匹配打印、进行电子与实物的归档	共享中心档案管理员

通过费用报销流程，可以看到共享中心将报销财务审核、资金支付、生成凭证、存档等基础的会计工作从财务部门剥离出来，使得财务人员把精力放在创造更高价值的工作上，同时也起到了管控报销、降低成本的作用。

像费用报销这类比较成熟的财务共享中心子系统，对于一般系统开发团队来说比较熟悉，因此企业的财务、业务人员与开发团队沟通成本比较低，沟通效率比较高。但对于个性化较强的子系统而言，就需要财务、业务人员更为清晰地描述现有流程、现存问题、预期目标等，以便让开发团队更能理解开发效果，进而更有效地构建财务共享体系。

三、财务共享中心信息系统建设

根据《2020 年中国共享服务领域调研报告》的相关统计，财务共享中心的高效运行依赖于信息系统，通过信息化承载共享中心的组织架构、人员管理、流程设计。如图 15-6 所示，账务核算系统、费用报销系统、电子影像系统、资金系统在财务共享中心中占据重要位置。

需要注意的是，企业的信息化建设是一个系统性工程，并不仅仅是买一个软件那么简单。尤其是在新技术与管理需求层出不穷的时代，管理者更要具备独立思考的能力，不能什么技术火就用什么技术，要从需求侧出发、以问题为导向、技术手段为引领，整体建设共享中心的信息系统。

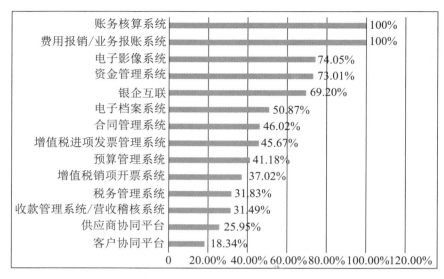

图 15-6 共享中心信息系统使用情况

资料来源：《2020 年中国共享服务领域调研报告》。

下面以中兴新云 FOL 财务云信息系统为例，进一步了解如何建设财务共享中心系统，定义每一个系统在整体架构中的位置和作用，让系统相互配合发挥最大化作用，如图 15-7 所示。

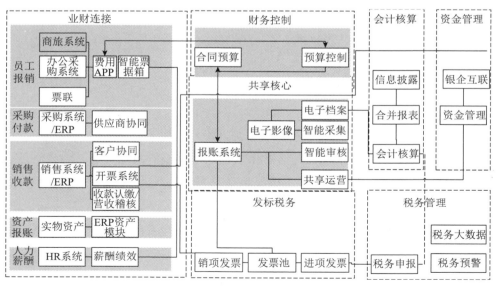

图 15-7 中兴新云 FOL 财务云信息系统核算层架构图

资料来源：《2020 年中国共享服务领域调研报告》。

首先，共享中心的核心系统向前连接商旅、ERP、HR等业务系统，实现业财系统高度融合。

其次，经过共享中心分配任务，向后流入财务控制中心、税务管理、会计核算中心及资金管理中心进行处理，实现业务财务、共享财务专业分工明确。

最后，电子影像、电子档案、智能采集、智能审核完成单据影像扫描与存储，实现电子流和实物流的结合，支持共享中心的运作。

值得注意的是，共享中心建设要预留新技术的接口，支持大智移云物等信息技术，使财务工作既能够消除手工处理，也要满足未来企业业务规模增长、范围扩大的需求，灵活响应业务，更好支撑业务发展，为企业数字化转型奠定良好基础。

第二节　财务共享中心的服务及作用

一、提升财务能力，加快财务转型

财务共享中心大幅提高财务工作效率。其效果包括但不限于单据处理时间大幅缩短，自动生成凭证，快速、准确出具报告，安全、自动、批量支付资金，业务处理方便快捷，自动查验发票及无纸化办公等。

以自动支付资金为例，在业务人员在线填写单据、相关部门领导移动审批、财务人员初核之后，机器人流程自动化（robotic process automation，RPA）自动审批，不符合既定规则就打回，符合则发起支付。对于资金量结算大的企业，在共享中心利用RPA可以节省人力、提高准确性，从而提高财务效率。

在提高财务数据质量方面，随着企业建设财务共享中心，推进业财融合发展，财务可从ERP、HR系统、商旅系统等业务端实时获取数据，并在数据流转的节点安排相应负责人来保证数据的真实完整，使得财务可追溯到业务原始单据，摸清项目真实状况，从而提高财务分析质量。

共享中心将企业部分财务人员集中起来处理基础核算型工作，另一部分财务人员主要从事高价值的、难以标准化的财务工作。且随着共享中心流程标准化和信息系统自动化、智能化发展，人员规模会在一定程度上缩小，企业的财务人员结构会发生变化，从金字塔形朝着纺锤形结构演进，即缩小基础核算财务人员占比，加大管理会计人员占比，推动财务职能转型。

综上，企业建设财务共享中心：可以提升财务效率，不会再出现员工挤在财务部门口等待报销的场景；流程设计及信息系统的建设，使得财务可以做到从前端获取业务数据、数据可追溯、数据流通"透明化"，从而提高财务数据质量，真实反映企业资产状况和经营成果；可以集中部分企业财务人员，降低人力成本，同时也促进财务转型，更好地向管理会计发展。

二、连接企业外部，借势促进发展

企业通过建设财务共享中心，有效打通企业内外部信息。比如利用信息化手段建设商旅系统，对外广泛连接美团、携程等资源，提供机票、酒店、出行服务。员工利用移动设备随时随地获取便捷的商旅服务，系统自动进行预算管控、智能核算、员工信用管理，从而提高企业管理水平。

同时在财务共享中心建设中，优化企业供应链管理。向上连接供应商管理系统，向下打通客户管理平台。外部系统数据与财务共享中心交互，完成业务的审核、付款、记账及归档等环节。有效管理供应商、客户信息，借助企业外部力量，促进企业发展。在面对银行、税务等强势的外部组织时，共享中心利用 RPA 完成系统间的衔接，实现银企直联、税务管理和供应链一体化等功能。

三、利于集团管控，提高管理能力

集团企业在建设财务共享中心，为集团所有下属分子公司提供共享服务时，需统一会计政策、统一会计科目、统一会计流程、统一信息系统、统一数据标准等。

统一会计政策方面，以员工费用报销政策为例，企业需建立适用集团全体人员报销秩序，消除地方各行其是的做法，加强集团对员工费用的管控。统一会计科目、信息系统及数据标准方面，企业需建立集团财务信息化基础，使得财务共享中心更有效率地服务、监督业务。统一会计流程方面，以采购流程为例，企业需建设集团内标准的采购内部控制体系，有效减少集团内部采购腐败行为。

从组织架构角度来讲，财务共享中心独立于地方业务部门，直属集团总部，不会受到地方机构影响。立场独立便于真实反映业务状况，及时对各分子公司、区域进行审核，快速识别舞弊风险，形成有力约束。

从业务支持角度来讲，财务共享中心如"流水线工厂"般为业务提供标准化的服务，包括出具多维度报告、资金管理、应收应付核算及成本核算等。在服务的同时也有效监管业务，减少人为控制，为集团将权力下放到一线提供监管支持。

四、数据互联互通，为业务决策提供支撑

财务共享中心通过信息化、智能化建设，打通信息流，使得数据真实反映业务，实现企业业务信息快速传递、共享。并在此基础上，挖掘数据价值，实现数据的三级转换——从数据到信息再到知识，从而发现市场机会点、激活业财数据融合及辅助管理决策。譬如，沃尔玛超市通过分析销售数据，发现啤酒和尿布总是出现在同一个购物篮中。原来，在父亲为家中婴儿购买尿布时，总会用啤酒来犒赏自己。所以，沃尔玛将啤酒和尿布放在同一区域，提高了商品销售量。"啤酒和尿布"的经典案例说明挖掘数据价值的重要性，企业建设财务共享中心，应充分利用历史积累数据，发现机会点，利用财务与数据的天然联系，推动财务共享中心向企业数据中心转变；纳入人力共享、IT共享等模块，扩展中心共享范围边界；同时借势上下游，推动企业数字化转型，在信息技术的时代弯道超车，占领先机。

🏆 第三节　财务共享中心实践

利发公司是一家集研发、生产和销售于一体的大型现代化制造企业。自成立以来，其规模不断扩大，业务划分为六大板块，产销量已位于行业前列。企业遵循"以客户为核心，重视产品研发"的理念，取得多项科技研发专利，品牌获得社会广泛认可。

随着业务规模逐渐扩大，利发公司智能化程度较低的财务管理模式已不能满足需求，亟待通过财务共享中心平台提高财务服务效率。集团内各分、子公司制度不一、核算复杂，需要通过共享中心加强集团管控，促进企业平稳发展。企业信息系统无法高效共享数据，孤岛现象频出，力图通过共享平台整合业财

系统，促进协同发展。

一、组织架构及实施路径

利发公司在建立财务共享中心后，将标准化程度高、规模大的业务纳入共享范围，并采用扁平化管理模式。如图 15-8 所示，在共享中心直接下设应收、应付、费控、总账、资金结算、技术支持、人力资源、综合管理 8 个小组。

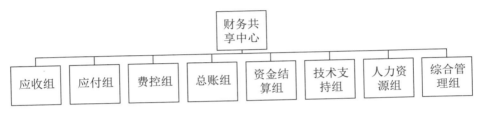

图 15-8 利发公司财务共享中心组织架构图

二、人员管理

利发公司在成立财务共享中心时，"一把手"主导，动员企业各业务主管及财务人员积极加入到建设过程中，为财务共享中心奠定了扎实的人才基础。

在岗位设定方面，利发公司财务共享中心基于组织架构、专业分工及管理需求设置了相应的岗位体系。在绩效考核方面，利发公司建立了系统的绩效考核制度，对于不同层级、岗位的人员制定不同的考核方法，激发了员工的工作热情，从而高效完成工作。

此外，为提高管理能力，利发公司也完善了轮岗制度并疏通职位晋升通道，在把员工流失率控制在合理水平的同时，也为企业培养了既懂财务又懂业务的复合型人才。

三、流程设计

流程设计是共享中心建设的一个重要环节。利发公司共梳理了十大类流程及 108 个子流程，其中主要流程以使用频率较高的费用报销、应收应付为出发点，加入了总账至报表、资金结算、税务管理、成本核算、档案管理、数据管理流程，为财务共享中心的高效运转打下了扎实基础。

以应付业务的流程为例，如图 15-9 所示，申请人在经过单位业务、财务人员审批后，由财务部门寄送发票到财务共享服务中心，档案岗人员集中对票据进行签收、影像上传。核算岗调阅影像后，自动生成记账凭证，交由审核岗审核，同时传递给发票认证岗，确保无误和税务网站申报结束后完成应付流程。

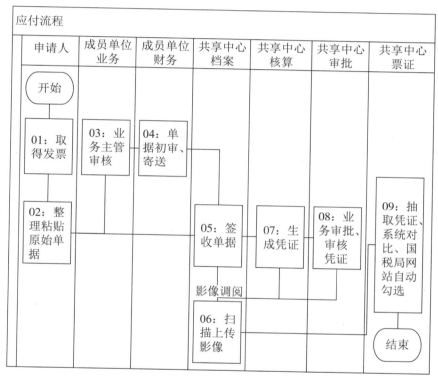

图 15-9　利发公司应付业务主流程

四、信息系统

为了拉通业务与财务孤立的信息系统，利发公司共享中心以业财一体化为导向，对系统进行整合和再造，向前连接 ERP、HR、客户管理等业务系统，向后搭建费用报销、账务核算、资金管理、人力资源等平台。

如图15-10所示，利发公司财务共享中心的核心部分有运营管理、影像管理、任务管理、基础管理等。

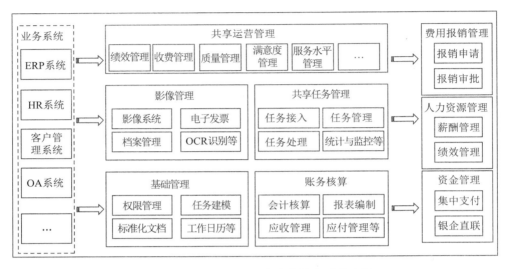

图 15-10　利发公司共享中心信息系统建设

共享运营管理包括绩效管理、收费管理、质量管理、满意度管理及服务水平协议等。影像管理所涉及的有影像系统、OCR识别、电子发票及档案管理等。这几个部分协同配合，共同保证共享中心的高效运营。共享任务管理有接入、管理、处理及统计与监控等。基础管理则包括权限管理、任务建模、标准化文档及工作日历等。

第四节　财务共享中心的发展方向

未来的某个工作日：可以在任何地点，查看虚拟共享中心的任务进度和运营状况。

虚拟共享中心的多名工作人员分布在全球各地，利用网络共同作业。

机器学习系统自动处理所有的标准化、重复性工作，并且弹出一些可能存在问题的风险点，等待管理人员响应并处理。

打开辅助决策模块，借助于强大的信息系统、丰富的数据、算法及模型，智能助手汇报当前的宏观经济走势、竞争对手异动、企业业务实时交易状况，并解释为何不支持投资某项目的提议等。"

以上是对于财务共享中心发展方向的美好想象，但其实未来已来，有的企业已经实现了此设想的部分设计。国务院国有资产监督管理委员会也于 2022 年印发了《关于中央企业加快建设世界一流财务管理体系的指导意见》，其中提到要积极探索依托财务共享实现财务数字化转型的有效路径，推进共享模式、流程和技术创新，从核算共享向多领域共享延伸，从账务集中处理中心向企业数据中心演进，不断提高共享效率、拓展共享边界。加强系统、平台、数据安全管理，筑牢安全防护体系，具备条件的企业应探索建立基于自主可控体系的数字化、智能化财务。

未来财务共享中心将在以下方面深度发展。

一、从财务核算共享向多领域共享延伸

目前已有部分企业将共享范围从财务领域延伸至人事、行政及 IT 等。在人事方面，共享中心为集团内部提供与人力资源管理有关的服务，比如员工招聘、薪酬福利管理、档案管理、劳动合同管理、新员工培训及员工投诉与建议处理等；在行政方面，共享中心将资产管理、资产维护、行政审批及会议管理等重复性较高的工作内容集中到一起处理；在 IT 方面，共享中心为集团总部及下属单位提供系统设计、数据处理、信息技术安全、报告生成及 IT 报障响应等服务，减少重复开发，从而起到降低成本、提高效率的作用。

从这个趋势中，不难看出财务共享中心会成为综合性的共享中心，提供财务、人力、行政、IT、法务、税务等多种服务。不妨设想一下，无论是什么行业或领域，未来的共享中心将剥离企业所有重复性的工作，留下的是极具个性化、特殊化的工作。如此一来，共享中心将蜕变成企业的血管组织，源源不断地为一线输送养料以满足其管理需求，促进企业的稳步发展。

二、向企业数据中心演进

在当前财务共享中心的建设中，仅依靠财务指标、杜邦分析法等进行财务

领域的分析，无法为企业业务提供有效建议，不能被业务部门广泛采纳。在分析模型方面，也未充分根据企业决策需求搭建辅助模型。数据分析能力受限使得财务共享中心无法完全发挥作用。而且，事后进行分析的做法也并不能为企业提供实时，甚至具有前瞻性的决策支持。同时，企业在以往经营过程中产生了大量的数据，这些数据是企业宝贵的资产。而传统会计在原始凭证—记账凭证—明细账—总账—报表的记录中，忽视了大部分数据，数据颗粒度粗、数据量小，无法为企业提供有效的决策建议。

目前部分优秀企业也正在积极探索从共享中心向企业财务数据中心演变的道路。在推动共享中心向数据中心演进时，企业可利用数据中台敏捷灵活地响应海量业务诉求，实现实时、自动、自助的数据处理能力。例如：有的企业借助数据中台采集海量数据，进行数据整合；提供实时计算分析，为企业内部部门、各管理层级提供个性化实时管理分析报告；以可视化手段为数据消费者提供最终数据产品，满足管理者决策需求。

沿着优秀企业开辟的道路，向前远眺，可以看到：未来的共享中心，员工数量屈指可数，数据规模却会十分庞大。到那时，企业数据治理能力不可同日而语，在数据体系、数据分类、数据感知、数据质量、数据安全与数据隐私等方面将形成系统全面的规划布局。采集的数据会自动实现"数据—信息—智慧"的三级跳跃。

首先，在数据采集方面，共享中心不仅记录企业内部数据，外部数据也将有效被获取。共享中心扩宽数据源，为最终数据消费提供丰富的原材料。

其次，共享中心对数据进行清洗、标准化、统计等，并根据企业管理决策需求，利用算法和模型等进行数据关联、挖掘，提供数据产品。

最后，中心的智能机器人还会以可视化或语音交互的形式向数据消费者——客户、管理层、员工等展示相关信息，为经营管理、决策提供辅助支持，洞察和指导企业经营行为，创造价值。

本章延伸思考

1. 谈谈对财务共享中心现在及未来所发挥作用的理解。

2. 财务共享中心建设、实施路径是什么？

3. 财务人员在建设、运营财务共享中心过程中应起到怎样的作用？

第十六章　优化流程——业财协同

1. 为何要再造业财协同流程？
2. 再造业财协同流程的关键点有哪些？
3. 企业主要业务与财务的协同问题有哪些？
4. 如何再造企业供应链管理与财务协同流程？
5. 如何再造产品研发与财务协同流程？

第一节　再造业财协同流程概述

一、为什么要再造业财协同流程

业财协同流程再造是智能财务成功实施的关键，没有科学的流程再造，就无法实现智能财务的成功应用。协同流程再造相当于对智能财务中数据流转的梳理与设计，也是管理思想的表达。对于智能财务而言，"大智移云物"等技术是手段，协同流程再造是内核，提升管理是目标。

在企业中，非流程化的管理存在以下痛点。

在协同配合方面，非流程化管理使得财务部、人事部、市场部、销售部等部门之间壁垒高筑，信息共享存在阻碍，缺乏有效沟通。工作权责划分存在灰区，容易扯皮，进而延缓事项进度。

在规范管理方面，非流程化管理更依赖人工，容易导致在业务执行过程中缺乏规范和约束。

在成果方面，非流程化管理方式更强调各自任务的完成，忽略整体流畅及最终效果。在业务过程中，某一部门或节点产出的优秀成果并不是目的，整体效果符合或超出期待才是目标。

所以，企业应该在再造协同流程、促进业财融合的基础上，推动财务向智能化阶段迈进。对业务、财务部门的结构、职能进行全面分析与梳理后，发现业财融合的阻碍，制定协同发展规划。提升财务智能化程度，使得财务更敏捷高效地响应业务，协同促进企业发展。

二、再造业财协同流程的关键点

首先，再造业财协同流程的原则，可以以财政部发布的《管理会计基本指引》中的一句话来说明：财务应嵌入业务环节，以业务流程为基础，将财务和业务进行逻辑上而非物理上的有机融合，以实现财务业务一体化。

其次，如何再造业财协同流程？应从企业主营业务下手，找到主要流程，梳理现有流程，摸清流程痛点，考虑管理需求，从而再造业财协同流程。并且在企业实践过程中不断对再造的流程进行评价升级，以改造流程中可能存在的不适合实际运营的地方，以及适应不断发展变化的企业。

再次，在具体实践中，需要注意的是，企业应当结合自身情况，判定是否需要进行流程建设及变革，不能生搬硬套，也不要急于求成。协同流程的实质是对业务活动规律的总结，需要持续改善、优化迭代。

最后，财务部门应参与公司所有业务流程的设计，在协同流程中嵌入风险控制点，能够从财务部门的角度通过业务流程实现事前、事中、事后全过程的管理，实现财务和业务的高度融合。

第二节　供应链与财务的协同流程

一、传统会计与供应链的协同问题

近年来，供应链管理逐渐成为企业增强竞争力的重要手段。英国著名供应链管理专家克里斯托弗（christopher）曾说："21 世纪的竞争不再是企业与企业之间的竞争，而是供应链与供应链之间的竞争。"

但是，随着经济全球化的加深、信息技术的发展及企业分工的演进，供应链管理迎来更大的挑战。在实践中，由于供应链管理不善：有的企业的物料供应商可靠性差，物料平均采购周期长，甚至欠料导致停工；有的企业关键客户由少数销售人员掌握，使得客户成为个人资产；有的企业出现断货或库存积压，货物交付周期长，从而导致资金无效占用。

在这种情况下，业务运作流程中各职能部门壁垒高筑，资源调动与信息传达效率低，职责划分不清晰，无法协同配合最大化发挥供应链的效用。财务部门的功能往往只局限于事后核算、支付账款，没有积极主动地融入供应链管理过程中，只把采购、销售、生产视作相应部门的事，"仅扫自家门前雪。"

所以，为了提高企业竞争力，需要精细化供应链管理，再造供应链与财务协同流程，将财务管理融入供应链中，从而发挥财务对业务的服务和支持职能，减少对人的依赖，协调各部门，最大化发挥供应链效用。提高库存周转，减少积压，降低供应链风险成本，提高供应可靠性、客户满意度，从而提升企业价值。

二、供应链是什么

（一）供应链定义

国务院办公厅提出的供应链定义为："供应链是以客户需求为导向，以提高质量和效率为目标，以整合资源为手段，实现产品设计、采购、生产、销售、服务等全过程高效协同的组织形态。"

（二）供应链运作参考模型

供应链运作参考模型（supply chain operations reference，SCOR）是由国际供应链理事会（Supply Chain Council，SCC）首创的一套供应链流程模型。它包括业务流程再造、对标管理、最佳实践及人员技能等。它将供应链分为计划，采购，生产，交付，退返五大流程，梳理了供应链管理所需活动。

计划流程引导采购、制造、配送、退返等执行流程，根据需求制订计划，协调各执行流程；采购流程则是采购所需的一系列业务操作的集合，包括选择供应商，物料入库，支付货款等；生产流程包括领原料、生产、库存、出库等；交付流程包括订单管理、运输、发票等；退返流程包括维修或更换残次品、检查入库、发票等。

三、构建供应链管理与财务协同流程

在供应链流程梳理的基础上，企业应当考虑如何让业务与财务形成合力，提升供应链绩效。在综合了 SCOR 模型和成功的企业实践的基础上，本书在这里给出了一个供应与财务协同活动的设想，以期能够给到企业一些启发，如表 16-1 所示。

表 16-1　供应与财务的协同活动

流程阶段	财务协同活动
计划阶段	财务部门辅助业务部门制定供应计划，引导采购、生产、交付及退返等活动
采购阶段	财务部门辅助业务部门进行供应商管理。选择供应商时从财务角度评价供应商，包括但不限于价格比较、供应商企业财务分析。选好供应商之后，对供应商加强信息沟通、进行持续管理。 对采购行为进行监督。财务人员可以对不同采购方案进行成本分析，向采购团队提供财务建议，完善采购管控机制。引入自助报销系统，提高办事效率，减少财务工作量。 在进入支付流程后，利用信息系统推进支付智能化发展，协助财务人员效率更高地识别财务风险、完成基本财务工作
生产阶段	财务部门协助完成生产计划的编制，提供产品成本分析。并且在生产执行流程中，持续进行成本管理。 此外，为避免库存积压，财务相关人员可定期盘点库存，并及时通知采购、计划等部门做出调整，避免生产不足或过剩

续表

流 程 阶 段	财务协同活动
销售阶段	财务部门辅助业务部门分析主要竞争对手与销售市场相关的财务与经营指标数据。此外，对销售费用进行预算、控制，从而降低成本，提高销售费用的使用效率。 建立科学的回款制度，利用账龄分析等技术方法合理加速现金回流企业。财务部门辅助企业建立客户信用评估系统，对待不同信用等级的客户采取不同售货政策，在降低回款风险的同时也可提高老客户的"忠诚度"
售后阶段	财务部门利用信息系统及时准确地获取、记录跟踪退返处理，提高客户在各个接触点的满意度

在组织建设上，如前文所说，供应链管理需要打破各职能部门之间的"墙"，成立跨职能部门——供应链管理部门，其人员组成包括原先的采购、生产、销售等部门的员工，总体负责供应链运营管理，协调部门之间的活动。供应链管理部门将角色定位与职责界定寓于流程之中，加强内部部门的沟通与合作，提高业务处理效率，共同进行决策。

信息技术支持对于供应链管理来说是必不可少的。随着业务规模的增大，企业需要利用技术来提高管理的效率。

在企业内部，可以由技术部门与销售、交付、财务、采购等部门共同配合建立信息平台，将数据准确高效地传达到流程相关部门，使得企业内部能够实时共享信息，协同配合，达到"1+1>2"的效果。比如，合同信息变更后，业务部门及时准确地向财务部门传递合同信息，防止出现财务部门错记债权金额，多收或少收回款等问题。

在企业外部，获取与供应链各环节有关的信息，助力相关人员精细化管理，提高运作效率。

🏆 第三节　产品研发与财务的协同流程

一、传统会计在产品研发的协同问题

随着时代的不断进步，研发对于现代企业来说越来越重要。但是，国内许

多企业的研发管理状况仍有很大的进步空间。企业产品开发没有掌握核心技术，产品的附加值低，时常被"卡脖子"。体现在企业内部管理方面，则是缺乏系统的产品开发管理理念，各职能部门缺乏有效沟通，缺乏有效的产品开发绩效管理和激励机制。在研发与财务的协同方面，存在以下主要问题。

（1）在产品研发流程中，企业往往只由研发部门进行项目的预算、记录和存档工作，传统会计对于完整且准确的财务数据获取难度较大，无法翔实地核算研发费用，导致出现税务风险敞口。

（2）部分企业在研发过程中没有建立完善的研发管理制度，内部控制薄弱，研发过程缺乏规范和约束，导致产品开发周期长，产品开发成本高，开发成功率低。

（3）研发部门与财务部门独立运作，缺乏沟通。财务人员对研发业务不够了解，无法有效发挥服务与监督的职能。

（4）在研发业务完成后，财务才会进行产品成本的核算，而没有在事前给研发部门提供是否投资的建议，也没有在事中监控资源，从而控制产品成本。

综上，在研发与财务协同方面问题迭出。企业研发管理仅关注结果而不注重过程，对人才依赖性强却忽略程序化建设，这便是没有采用流程管理的痛点。

二、研发流程建设

产品研发是一个从创意到产品的过程，不同企业，即使主营业务相同，也可能因为企业文化、人员构成、历史惯性等不同而采用不同的研发流程。但是当管理者意识到在产品研发方面大大落后于业界领先的公司时，企业不妨借鉴一下市场上先进的研发流程，取其精华去其糟粕，并与自身业务特点相结合，建设出一套适合自己企业的研发流程。这里简要介绍的研发流程叫作IPD。

（一）IPD简介

集成产品开发（integrated product development，IPD）是一套在产品开发方面，业界领先的模式、理念和方法。其思想来源于美国PRTM公司出版的《产品及生命周期优化法》一书。

在企业实践中，最先应用这种方法的是IBM。IBM在实施了IPD之后，产品研发成本降低、费用减少、周期缩短，而质量却普遍提高。在 IBM 获得了成功之后，波音、华为、长虹、美的等公司也采用了集成产品开发的方法。

（二）IPD 的核心思想

（1）新产品开发是一项投资决策。IPD 把产品开发视作投资，为防止企业在中途废止项目上过度投入，需在开发过程中设置评审节点，来决定项目是继续、暂停、终止还是改变方向。

（2）基于市场的开发。IPD 理念重视市场诉求，在流程中将需求拆解融入研发中予以实现。

（3）跨部门、跨系统的协同。IPD 建议打破部门壁垒，成立跨部门团队。团队成员依靠领域优势，相互配合，共同推动产品研发。

（4）异步开发模式，也称并行工程。IPD 为缩短产品研发周期，将研发所需活动进行合理编排，将后续工序提前。

（5）可重用性。对于可以复用的功能模块，在不同产品开发中提取调用，减少重复开发。

（6）结构化的流程。为应对不确定的产品开发，以确定性、结构化的流程来保证产品开发的成功。

（三）IPD 流程的运用

IPD 流程将一个产品从创意到生成的整个过程的主要活动连接在一起。在其中的每个阶段任务结束后建立评审节点，由研发团队进行阶段汇报，评审人员给出继续推进项目、改变方向或终止项目的建议。

为了确保 IPD 流程有效，有的企业还会设计市场管理流程。在 IPD 流程前要先设计好市场管理流程，从一开始就要做"对的事"，目的是确保开发的项目或产品在未来一定要有市场需求，这样才能保证 IPD 流程开发出来的产品在未来能够产生价值。

三、构建研发管理与财务协同流程

在企业经历重重困难建立适合自身的研发流程中，需要考虑如何更好地解决研发业务与财务协同的问题。在综合了 IPD 思想和成功的企业实践的基础上，这里给出了一个研发与财务协同活动的设想，以期给到企业一些启发，具体如表 16-2 所示。

表 16-2　研发与财务的协同活动

流程阶段	财务协同活动
产品规划	产品或产品组合的研发是一项对内投资，财务部门应辅助研发部门对所研发产品出具投资可行性分析报告。 财务部门根据企业的历史经营数据、同行业同产品的利润状况及新的研发进展等进行合理的估算。从成本和效益的角度，预测未来各期成本、效益、利润等数据，为管理层提供是否投资此产品或产品组合的建议。同时在开发过程中通过持续的评审来做出继续、终止或改变方向的投资决定
产品研发	财务部门根据之前的利润预测及后续产品的研发进展进行费用管控，防止研发和其他部门过度重视产品技术和性能而忽略效益。 同时，财务部门对产品进行质量成本管理与评价，在考虑经济效益的情况下使得产品达到合格的质量标准
产品上市	财务部门基于产品成本和外部环境，制定定价战略，支撑企业经营管理和业务目标达成
生命周期管理	在产品的全生命周期中，财务部门发挥核算职能，对产品进行损益评估，反映真实的产品盈利状况

财务部门应对产品的投入、产出、成本、定价等提供全面的财务分析报告，包括产品研发前的预算、产品研发中和研发完成的核算，以及对差异的分析。同时，财务部门也应当辅助其他职能部门完成相应工作，为其他部门提供财务方向的建议。比如辅助市场部门报告市场财务评估、提供销售参考价格等，完成上市规模销售前的准备。

在组织建设方面，企业依据流程建设，明确各部门责任，包括研发、财务、销售、制造、采购、质量、技术等，共同对研发产品负责。各主要职能部门的代表将各自部门的专业知识带入产品开发项目中，从而形成合力。对于项目的绩效考核，主要依靠产品的最终效益。

综上，通过再造业财协同流程，可以形成系统的产品开发管理理念，建立职能部门之间的沟通渠道，形成有效的产品开发绩效管理和激励机制，从而提高企业研发管理水平，使企业不再纯粹依靠人，而是依靠科学合理的流程及制度推动产品的研发。

第四节　业财协同流程再造实践

本章前三节主要从理论上说明该如何进行行业财协同流程再造。下面以鸿丰公司为例，展示协同流程再造的实践过程与效果，期待给企业再造业财协同流程带来启发。

一、背景介绍

（一）公司简介

鸿丰公司成立于 2008 年，主营水泥生产，是一家小微企业，注册资本为500 万元人民币，员工总人数在 80 人左右。

水泥因为其过于笨重，销售半径过短，故有"短腿产品"的称呼。单价低、重量大的特点导致水泥不适宜远距离运输。所以鸿丰公司得以凭借地理位置的优势，赢得周边市场。

（二）组织结构

鸿丰公司规模较小，组织结构扁平且简单。如图 16-1 所示。

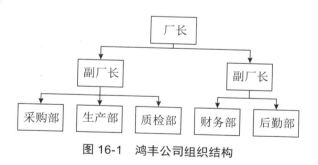

图 16-1　鸿丰公司组织结构

二、问题梳理

（一）鸿丰公司财务特点

工作内容方面，主要是：当采购原料时，依据发票金额付款；当销售产品时，开具销售发票、收取款项；向员工发放工资，为员工提供保险；在账务上，负责记录核算、报税等基础性工作。财务局限于会计核算的基础功能，并没有涉及辅助决策和经营管理的功能，没有充分发挥财务部门的作用。管理者主要依靠自身经验进行决策。

组织方面，没有完善的财务体系，但是财务灵活性高，人员少，工作内容灵活。

信息化方面，因为没有信息化意识，尚未使用 ERP 等系统。信息化程度低、颗粒粗、信息量少，无法用于支持经营决策。主要依靠手工录入进行财务记录，对人依赖性强。

业财协同方面，财务较低的信息化程度，不足以衡量业务运营情况。反而是业务运营产生会计数据，能满足财务需求，财务对企业内部控制监督能力不足。

（二）业务流程上存在的问题

鸿丰公司主要的业务可以分为采购、生产、销售三大流程。

采购方面存在的痛点有以下内容。

（1）缺乏完善的管理制度流程。对于采购环节的制度化约束观念不强，未建立完善的采购管理制度流程。个别员工的权力过多，未进行科学恰当授权，不利于采购环节的内部控制。

（2）大量临时性采购。在进行原料采购时，没有事先对生产需求进行分析，并未制订完善的采购计划，主要依靠历史经验，随意性较大。对采购缺乏合理的统筹，采购次数较多，采购数量小，未能把握住对供应商的议价权，且由于采购计划的缺失，该企业经常出现临时性采购，导致成本升高。

（3）没有供应商相关管理方法，供货质量良莠不齐。在原料供应商的认定、选择方面，缺乏稳定的、与企业长期保持密切合作关系的供应商。对供应商提供的原料验收仅仅要求通过相关标准，采购仅仅关注价格，对质量的把控不严格，从而导致其在采购中存在风险敞口。

（4）采购人员缺乏监督，易滋生内部腐败。在经营过程中，采购决策一般由采购人员按照生产需求进行相关原材料的采购，缺乏严格审批步骤，没有进行合理预算，程序过于简单，这就导致采购人员缺乏监督，易发生腐败行为。

在销售及生产方面的痛点有以下方面。

（1）公司为混合销售，即销售袋装或散装水泥的同时提供运输服务，但本身该企业规模较小，长期雇用车队的成本较高。

（2）销售人员为赢得客户，在进行营销时有时会不注意销售费用的控制，且企业并未建立合理的报销制度，导致企业销售费用偏高。

（3）在生产上不稳定，时常出现库存不足或过剩的情况。

三、流程再造

为解决以上问题，最大化发挥业财协同的效用。在考虑到相关理论、优秀企业实践、水泥行业特点及该企业业务特征的基础上，对采购、生产及销售业务的流程进行梳理与优化，并在运作过程中嵌入财务服务与控制，如表 16-3 所示。

表 16-3　鸿丰公司优化后流程

流 程 阶 段	财务协同活动
计划阶段	采购部、生产部、销售部、财务部可对历史数据进行分析，结合当前市场变化，生成物料需求资源计划，并初步建立起计划采购的管理体系，并在之后不断分析总结计划做大或做小的原因，以求更加科学合理，而不是仅仅靠采购人员的定性分析，增加不必要的成本。在此过程中，财务人员应积极参与，提供历史数据分析、物料成本分析，给予采购人员财务领域的建议
采购阶段	为解决供货商不稳定，供货质量参差不齐及议价权的问题，企业可由采购部、财务部、生产部等相关人员进行供货商的认定工作，形成供货商清单。并对不同等级供货商实行不同的关系管理方法，在后续不断跟踪供货商变化，稳定供应来源，形成议价权，降低企业成本。 占水泥成本 75% 以上的原料管理，是企业管理的一个重点环节。原料入库时，进场检斤、质量验收应进行规范化流程操作，杜绝虚假行为。 为加强对采购行为的监管，财务需将计划采购阶段产生的采购订单，生产部门填写的入库单及发票进行匹配，然后向供货商付款
生产阶段	原料入库后，主要由生产部门和财务部门负责存货的使用与管理。财务部可定期组织原材料盘点，抵制侵害企业利益的行为。 在生产业务流上，财务可辅助生产部门进行成本核算与控制。为避免库存问题，财务人员可定期检查库存，并及时通知采购、生产等部门做出调整，避免产量不足或过剩

流 程 阶 段	财务协同活动
销售阶段	企业可制定销售费用报销制度，合理控制营销成本的发生。财务部门与销售部门协同配合进行客户信用记录，对信用较差的客户进行限制，对信用良好、长期购买的老客户给予优惠。在交货后，财务部门根据业务进度准确确认收入，进行科学的回款管理，采用账龄分析等方法加速现金回流，且不能过多挤占回款空间
售后阶段	财务部门及时准确地获取、记录跟踪退返处理，提高客户在各个接触点的满意度

四、建设效果

（1）采购管理水平提高。鸿丰公司通过制定采购管理制度，提高供应商管理水平，财务监督采购等方法，能在一定程度上降低采购成本，遏制内部腐败，保证原料质量，使得采购工作更加高效、透明。

（2）计划管理水平提高。鸿丰公司对采购、生产实施计划管理，避免大量临时性采购，库存积压或不足，生产不稳定的情况发生，从而减少占用资金，降低采购成本，提升客户满意度。

（3）成本降低，加速现金回流。财务介入核心业务流，提供财务成本分析与建议，降低了运作成本，同时加强客户信用管理、应收账款管理，加速现金回流。

鸿丰公司通过以上协同流程再造，为财务智能化建设提供了重要的基础。

本章延伸思考

1. 协同流程再造对于智能财务的作用是什么？

2. 流程化管理的优点分别是什么？

3. 如何将"业务与财务在逻辑上而非物理上融合"的理念落地实施？

第十七章

辅助决策——服务支持

1. 传统财务在决策支持中的缺点是什么？

2. 智能财务的辅助决策功能主要有哪些？

3. 如何构建智能财务决策支持系统？

🏆 第一节　辅助决策模块布局

　　智能财务不会仅仅止步于减少员工简单重复的标准化劳动，它会一路前行到管理层，以大智移云物等为技术手段，以数据和模型为工具，以协同流程为内核，辅助管理者进行决策。

◈ 【案例导入 ①】 ─────────────

　　2020 年，江苏农垦在第三届智能财务高峰论坛中获得"中国智能财务最佳实践"大奖，充分显示了其智能财务决策支持系统在业内的领先地位。

─────────────
① 经公开资料整理而来。

该智能决策系统在架构设计上主要利用采集技术——ETL、爬虫等从各种数据源中获取数据，再通过人工智能等新一代信息技术进行分析整理，应用于辅助决策、风控管理、资金监管、成本控制、报告分析等场景，满足管理者对财务支持决策的需求，解决企业财务工作效率低、信息滞后、准确性不足的问题，实现了财务智能化的创新。

在系统布局上分为报表管控系统、智慧报告系统、对标预警系统及风险管控系统，并设置管理驾驶舱、智能报表、智慧报告、对标预警、风险管控、预测模型六个模块。智能财务决策支持系统协同财务共享系统助力经营管理，利用数据中台、技术中台、安全中台提高对业务的敏捷响应力。

在功能实现上将财务数据多维度分析、专家分析、智能报告、责任进度分析、绩效考核、行业对标、经营预测、风险预警、人机交互等融合于智能化平台上，并设计为简捷易用的交互模式，满足管理者需求。

一、智能财务辅助决策系统是什么

智能财务辅助决策系统以现代管理科学和信息技术为基础，综合运用人工智能、大数据、物联网、云计算等技术，对业务与财务信息进行分析和挖掘，主要从战略、价值和风险等角度对企业进行辅助决策支持。

可以想象一下，一家企业拥有智能财务辅助决策系统。公司高管出于扩大商业版图、应对竞争对手不断增长的规模等动因，决意要收购某家企业。而智能财务辅助决策系统在综合考虑公司自身与被收购企业的业务范围、公司自身财务状况、竞争对手动态、现金流等因素后，给出了不支持高管收购意向的建议，并以可视化的方式向管理者展示收购行为发生后可能存在的状况——难以形成协同效应、现金流紧张、难以有效整合等。在辅助决策的提示下，管理者最终放弃收购。

二、传统财务对辅助决策的不足

传统财务主要以常见的财务指标和简单模型为工具，依赖财务分析师团队进行数据处理。这样的方式主要存在以下问题，导致财务的辅助决策职能无法有效发挥。

传统财务具有滞后性，无法实时提供相关信息反馈。以月、季度、年为单位编制财务报告，难以满足管理者对信息的时效性要求。此外，传统财务预测预算所提供的信息缺乏准确性，不能适应企业业务发展的复杂变化，以至于部分管理者认为"财务无用"。

　　传统财务因为数据量小、来源无法追溯等因素导致分析不够细致。首先，如果管理者提出更进一步的要求，传统财务则无法及时满足，比如提供具体某项目、某地区的收入状况。其次，不能提供各种维度的动态分析判断，以销售收入为例，无法具体看到地域、客户或市场的详细结构分析。最后，忽略企业非财务数据和外部数据，易导致分析结果不准确，需要借助决策者的直觉和经验加以补充。

　　传统财务主要提供结构化的分析成果——财务报告。非财务出身的信息使用者不易理解大量专业术语，大段篇幅导致重点不突出，不利于管理者快速把握企业经营状况。财务分析师团队在分析某一具体事项时，指标选取往往具有主观性，导致分析结果无法完全使人信服。

三、搭建智能财务决策支持系统

　　智能财务决策支持系统从企业内部系统和企业外部的第三方平台等渠道采集大量数据；通过不同主题连接数据，建立模型分析数据；通过联机分析技术，从多种维度剖析数据；最后以可视化的方式将分析成果予以展示，突出重点，辅助管理者决策。

　　智能财务决策支持系统至少包括生成智能报告、辅助决策者经营管理、预算预测及风险控制管理等主要功能。

（一）智能报告与分析

　　智能财务决策支持系统可快速出具标准化财务报表，也允许用户自由选取分析维度和颗粒度组合，自定义报表，以满足生产车间组长、部门经理、企业高层等不同决策者的需求。

　　系统允许决策者深挖报表各数据来源、含义及原因。比如，决策者查询企业应收账款分析，智能助手便自动展示主要应收客户、应收账款周转率、应收账款账龄分析及应收账款坏账计提情况，并能够根据需求提供相关责任人、客户信用状况、存在问题的可能原因等信息。

系统还提供指标的历史同期、同行业对比，使得决策者了解企业状况的相对变化。以图表等多种方式向管理者直观展示企业毛利率、市值、营业收入、现金流量等横纵向对比情况。

（二）智能决策

通过预设的模型，系统不断筛选出企业运行主要数据、重要项目，并在决策看板上予以展示，就像汽车的仪表盘一样，使得管理者能够清晰掌握企业目前的运行状况。

通过不同主题连接数据，系统为管理者提供有价值的信息。比如：在绩效考核主题，智能助手支持管理者查询各部门和分子公司的责任完成情况及差异分析、项目进度指标分析等；在供应商管理主题，智能助手展示企业与供应商历史往来、供应商财务状况及信用记录等数据；在经营情况主题，智能助手提供企业市场布局、员工规模和结构、产量和销售量等信息。

结合企业内外部信息，对项目的不同方案进行推演，给予管理者可行方案。

（三）智能预测

智能决策支持系统的预算预测模块发挥导航仪功能。智能助手根据历史、实时的数据与预设，向管理者展示未来几年的成本、资金、利润、投融资等预算预测数据。

比如，在对某新产品进行定价时，对于管理者给出的不同价格和目标市场，智能助手反馈产品预测销量、对企业现金流和利润的影响等信息，助力管理者科学决策。

（四）智能风控

通过设置管理模型，根据内嵌的容忍度，系统可及时识别项目、分子公司等的风险点，加强集团管控，增强企业抵抗力。

智能助手自动对所识别的风险点判断风险量级，生成智能分析报告，并向管理者提供应对措施建议。比如，系统对集团下属某子公司财务数据进行分析时，如果发现该子公司可能存在虚构业务、提前确认收入等造假现象，系统就会实时发出预警信号，遏制不良苗头。

🏆 第二节　辅助决策系统实践

下面以几个场景为例，展示人工智能财务的辅助决策功能。

一、辅助成本管理决策

未来企业将建立数字孪生（digital twin）虚拟车间。虚拟车间镜像呈现物理车间的真实状态。根据对物理车间多要素、多尺度、多粒度数据的感知，通过进行仿真、优化、决策等操作，全流程、全方位、全要素的还原物理车间实时状态，对生产状况进行推演和预测，并不断将结果反馈到物理车间，实现物理数据共通互融，不断优化运行，使车间生产达到最佳状态。车间服务系统承载着车间各个应用服务，协调运行车间生产，全面优化和管理车间资源。车间孪生数据融合了物理车间、虚拟车间和车间服务系统的海量数据。数据不断迭代交互形成完整的闭环。

数字孪生车间体系构架如图 17-1 所示。

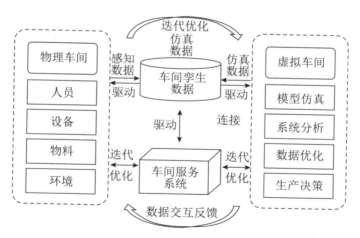

图 17-1　数字孪生车间体系构架

物理车间将实时接收虚拟车间的反馈数据，严格按照虚拟车间优化的生产配置进行生产，在不断地仿真分析反馈进程中优化生产。

以产品质量检测、生产动态监测场景为例，说明如何基于数字孪生技术，辅助成本管理决策。

场景一：生产动态监测

未来在研发新产品时，可以在虚拟车间中模拟运行，从而得知其产量及成品状况，提前预判出错的可能，避免工艺浪费，节省直接材料费用。

在出现加急订单时，生产人员可以应用孪生车间系统模拟生产计划，并根据系统仿真数据，找到最优的生产计划方案，运用最小的人力增加额完成加急订单，有效控制车间管理人员工资，同时最大程度上降低插单对成本计划及成本管理带来的影响。

在对生产状态监测过程中，孪生系统可以直观展现每个班组、每个订单的生产效率与成本支出，对成本管理进行细节规划，选择最高效、最节省成本的模式。

在计算成本时，孪生车间可分别模拟计件模式与计时模式下的每个产品成本，同种条件下，对比并选择成本最优模式。

综上，数字孪生虚拟车间对生产动态的实时管控能满足车间成本核算实时性的新要求，同时能够辅助预判生产耗费的趋势和程度。车间在对生产状态的控制过程中，可进行全局化成本管控，确定每个生产环节的生产状态，获悉每个环节准确的成本支出点，便于企业进行成本精准核算与实时管控。

场景二：产品质量检测

在生产环节中，虚拟车间将抓取生产线中的各个流程产品信息，全流程对产品进行质量合规检测。

若发现产品缺陷，立即定位缺陷产品位置，并根据产品缺陷程度自动归集废品与次品，将信息反馈至管理人员，若存在用料不足等情况及时优化物料分配，减少残次品率。

将废品中的可修复废品回收处理，残料回收。系统精确定位避免误判，提高生产效率，同时自动化检测免去了人工检索的繁杂过程，避免人为操作产生的风险，降低操作难度，减少质量检验人员，从而缩减人工费用。

二、辅助固定资产管理决策

卷积神经网络（convolutional neural networks，CNN）方法由于在其图像识别上的优势，可被应用于固定资产的运行维护及处置场景，为制造行业固定资产业财融合发展、精益化管理提供新思路。利用 CNN 方法及相关技术对图像进行预处理，对处理后的固定资产图像进行分析，并与固定资产真实数据结合，分析综合固定资产的综合状态。这些信息不仅能为制造行业直观接触固定资产的部门所用，同时也能为财务部门服务，打破财务人员对固定资产"看得见数字、摸不到实际"的窘境，使财务人员将固定资产的真实状态更好地反映在账面上，为实现业财融合，为固定资产的个性化和精细化管理提供更多维度、更精细颗粒度的信息支持。

（一）固定资产运行

1. 固定资产异常检测分析

在企业生产经营中，单个设备出现故障可能会造成整个生产线的瘫痪，对企业造成重大损失。因此，需要对固定资产进行定期维修与检测，及时排查设备出现的故障，保障其正常使用；并对固定资产可能出现的故障提前制定应对策略，将因固定资产故障而导致企业损失的风险降到最小。固定资产异常检测场景如图 17-2 所示。

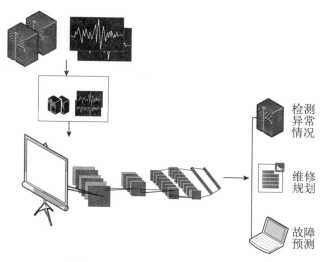

图 17-2　固定资产异常检测场景

企业首先对投入使用中的固定资产图像进行定期采集，利用 CNN 等方法，结合未使用过的固定资产状态进行比较，及时确认投入设备的磨损程度。根据损耗程度，对闲置的固定资产进行排查，又为企业固定资产寿命预测、设备保养与维修计划的制定与其相关费用的投入提供依据。此外，企业还可以对设备运行的电磁信号图、震动信号图等进行采集，识别出故障特征参数，排查设备故障原因。这不仅便于企业对设备维修费用的科学安排，以确保固定资产使用效益最大化，还能对设备将出现的故障进行预测，避免企业不必要的损失。

2. 固定资产利用效率分析

在企业中如有大量闲置资产存积，会造成企业资源的巨大浪费。由于固定资产的使用强度不同，其运行时所阐述的电信号、声信号图也会不同，将这些图像进行搜集处理，再利用 CNN 等方法提取资产运行的特征图像，与正常负荷运行的固定资产的信号图进行对比，从而判断设备的运行负荷情况。对没有充分利用的固定资产，企业可采用部门间统一调配、有偿租赁等经营形式，增加低负荷资产的使用用途，充分利用低负荷资产，提升企业的固定资产使用效率。

（二）固定资产处置

在固定资产处置环节，财务部门并不掌握着某些设备的实际使用情况，导致对这些固定资产折旧的计提不科学：将已提足折旧但仍可以继续良好使用的设备进行了报废处理；或是使用部门对设备使用状态错误判断，使得固定资产的价值没有得到充分的利用，如图 17-3 固定资产处置场景所示。

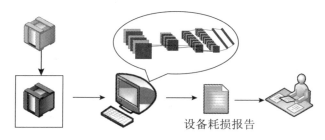

设备耗损报告

图 17-3　固定资产处置场景

利用 CNN 等方法，将投入使用中的固定资产外观磨损、污染、孔洞等图像及运维数据图像进行采集、分析，合理化地判断固定资产使用与耗损情况，将设备真实使用状态呈现给各个部门，提供更加精准的数据支持。便于制造行业更加精确地估计固定资产使用寿命、折旧数、避免固定资产价值的流失与固定资产账面价值进行对比以做到资产的"账实相符"；便于制造行业更加科学、动态地对设备的拆除、搬运和整理等费用进行预测评估，并对设备报废申请，以及固定资产清理与处置计划的制定提供科学且合理的依据。

三、辅助资金预算管理

基于数字化管理，资金预算管理出现了资金管理战略化、指标多样化、流程动态化、结果精准化等新的需求与导向。

辅助资金预算管理系统以企业预算管理需求为导向，以大智移云物信息技术为引领，从企业投融资、研发、采购、生产、销售、费用支出等业务汇集的海量数据中挖掘有价值的信息；以机器学习、深度学习算法为支撑，对海量数据进行主题关联，通过机器自动生成的模型进行企业资金预算预测；以可视化手段呈现资金预算预测报告，使得企业管理者快速清晰地获取预算信息，为决策提供参考。具体如图17-4所示。

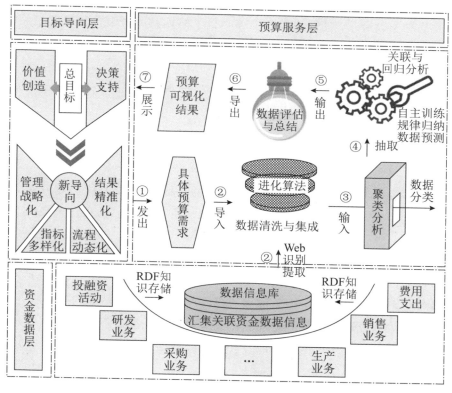

图 17-4　资金预算管理机制运作流程框架

第一步，根据企业资金预算的管理战略化、指标多样化、流程动态化及结果精准化的导向，资金预算管理系统获取资金预算管理详细需求。

第二步，将企业过往业务形成的资金数据进行预处理，通过机器习得的进化算法对数据进行清洗，筛除无用记录，挖掘有效信息。

第三步，辅助资金预算管理系统对清洗后的数据进行聚类分析，将其进行主题关联，揭开海量数据的面纱，提升数据价值。

第四步，将聚类后的数据进行关联与回归分析，系统通过自主训练，总结数据规律，采用归纳、推理的方法，对企业资金进行预算预测，为后续步骤夯实基础。

第五步，将系统形成的报告进行评估和总结，对报告中涉及的各种方案进行可行性分析。对于极端情况设置风险触发提示，有效规避资金链断裂等重大风险。

第六步，系统将报告以可视化手段呈现给企业各级管理者，利用企业看板，将主要信息予以展示，使得决策者能够一目了然地获取资金预算管理相关信息。

基于此，辅助资金预算管理系统为企业资金预算管理提供技术支持，智能化完成"目标—导向—数据存储—数据识别提取—数据清洗—数据分类—数据预测—数据评估—反馈结果—达成目标"的资金预算管理流程，提高企业资金预算管理有用性和准确度。

以上只是借用一些小的场景展示辅助决策支持的局部功能，随着对"大智移云物"等技术的深度应用，智能财务将在全领域升级。

实现智能财务的全面提升需要政府、产品提供商、企业、管理者及员工等多方的共同努力。虽道阻且长，但前途光明，所有期待、畅想在未来终会实现并迭代升级！

本章延伸思考

1. 你认为智能财务提供的智能决策具体有哪些功能？

2. 你认为智能财务提供的智能预测具体有哪些功能？

3. 如何解决数字孪生虚拟车间与智能财务决策支持系统的接口问题？

参考文献

[1] 财政部企业司. 企业财务报告编制指南 [M]. 北京：中国财政经济出版社，2013.

[2] 张新民，钱爱民. 财务报表分析 [M]. 北京：中国人民大学出版社，2020.

[3] 孙茂竹，张玉周. 管理会计微课版 [M]. 北京：人民邮电出版社，2019.

[4] 黄卫伟. 价值为纲 [M]. 北京：中信出版社，2017.

[5] 曹德旺. 心若菩提 [M]. 北京：人民出版社，2017.

[6] 稻盛和夫. 心 [M]. 北京：人民邮电出版社，2020.

[7] 魏炜，朱武祥. 发现商业模式 [M]. 北京：机械工业出版社，2009.

[8] 原磊. 商业模式体系重构 [J]. 中国工业经济，2007（6）：70-79.

[9] 张新民. 从报表看企业：数字背后的秘密 [M]. 北京：中国人民大学出版社，2021.

[10] 稻盛和夫. 在萧条中飞跃的大智慧 [M]. 北京：中国人民大学出版社，2009.

[11] Foss N J，Saebi T. Fifteen years of research on business model innovation： How far have we come，and where should we go?[J]. Journal of Management，2017，43（1）： 200–227.

[12] Teece D J. Business models，business strategy and innovation[J]. Long Range Planning，2010，43（2/3）： 172–194.

[13] Weill P， Vitale M R. Place to space： Migrating to e-business models[M]. MA：Harvard Business School Press，2001.

[14] 董皓. 智能时代财务管理 [M]. 北京：电子工业出版社，2018.

[15] 何绍茂. 华为战略财务讲义 [M]. 北京：中信出版社，2020.

[16] 洪金明，桑倩兰. 管理者过度自信、内部控制与企业"短贷长投"[J]. 统计与决策，2021，37（23）：165-169.

[17] 荆新，王化成，刘俊彦. 财务管理学 [M]. 第 8 版. 北京：中国人民大学出版社，2018.

[18] 刘红霞. 企业内部控制与风险管理 [M]. 北京：清华大学出版社，2022.

[19] 刘宏，韩佳凝，袁翰青，等 . 基于数据价值提取技术的资金预算管理机制设计 [J]. 财会月刊，2021（10）：52-57.

[20] 刘勤等 . 智能财务 [M]. 北京：中国财政经济出版社，2020.

[21] 刘润 . 底层逻辑 [M]. 北京：机械工业出版社，2021.

[22] 吕洪雁，杨金凤 . 企业战略与风险管理 [M]. 北京：清华大学出版社，2016.

[23] 孙凤娥 . "短贷长投"缘何传染：基于行业同群效应的视角 [J]. 南京审计大学学报，2021，18（3）：81-91.

[24] 腾讯研究院等 . 人工智能 [M]. 北京：中国人民大学出版社，2017.

[25] 吴晓波等 . 华为管理变革 [M]. 北京：中信出版社，2017.

[26] 臧玉华，刘宏，熊思佳，等 . 基于数字孪生虚拟车间的成本管理研究 [J]. 财会研究，2022（9）：34-40.

[27] 张炳达 . 创业学：成功创业的新思维 [M]. 上海：上海财经大学出版社，2016.

[28] 张庆龙，董皓，潘丽靖 . 财务转型大趋势 [M]. 北京：电子工业出版社，2018.

[29] 赵磊 . 智能财务决策支持系统：理论、框架、实践 [J]. 财会月刊，2022（6）：103-110.

[30] 中国大数据产业生态联盟 . [R/OL].https://max.book118.com/html/2022/0409/8122045026004071.shtm.2021.

[31] 中国注册会计师协会 . 财务成本管理 [M]. 北京：中国财政经济出版社，2022.

[32] 中兴新云，ACCA，厦门国家会计学院 [R/OL]. https://www.vzkoo.com/document/f433598c21d10520cfef2b09fc4ad70e.html.2020.